문학, 사회, 영화

영화 수용의 사회문화적 맥락

변재길
현재 영산대학교 관광외국어학부 조교수로 재직 중이다.
계명대학교에서 문학박사 학위를 받았으며, 영국 University of East Anglia에서 영화학 박사학위를 받았다.
주요 저서로『영상시대의 문화코드: 삶, 문학 그리고 영화』및『제임스 조이스, 모더니즘, 식민주의』가 있다.

문학, 사회, 영화 영화 수용의 사회문화적 맥락

초판 1쇄 발행일 2018년 8월 30일
변재길 지음

발행인 이성모
발행처 도서출판 동인
주 소 서울시 종로구 혜화로3길 5 118호
등 록 제1-1599호
TEL (02) 765-7145 / FAX (02) 765-7165
E-mail dongin60@chol.com
ISBN 978-89-5506-786-6
정 가 15,000원

문학, 사회, 영화

| 변재길 지음 |

영화 수용의 사회문화적 맥락

도서출판 동인

■본 저서는 2017학년도 영산대학교 교내연구비 지원으로 출판되었습니다.

시작하는 글

　예술은 인간 사회와 문화를 반영한다. 예술이 현실 인식에 근거한다는 가정은 영화를 비롯한 대중문화 예술의 이해에 필수적이다. 시대의 민감한 사회적 시류를 반영한 장르영화 혹은 대중 드라마의 경우는 더욱 그러하다. 속성상 이들 장르영화는 다양한 사회적 이슈와 정의 구현과 같은 주제의식과 관련한 다양한 영화 속의 이미지의 구축은 차치하고라도, 서사를 구축하는 측면에서 스토리텔링을 강조하는 경우가 강하다.[1] 영화는 이미지의 구축과 스토리텔링을 통해 사회 안팎에서 강력한 해석적 차원을 갖는다.[2]

　텍스트에서 컨텍스트로 대치되어야 할 문학과 사회 그리고 영화의 학제적 접근의 당위성은 다름 아닌 여기에 있다. 영화 산업 자체는 영화

---

1) Steve Greenfield, G. Osbom and P. Robson (eds), *Film and the Law: The Cinema of Justice*, London: Cavendish, 2001, p. 22.

2) Jonathan Culler, *Framing the Sign: Criticism and Its Institutions*, Norman: U of Oklahoma P, 1988, p. 148.

텍스트와 가장 가까운 관련을 맺고 있는 환경적 속성 때문에 그동안 영화 연구의 주된 관심과 연구 대상이 되어 온 것은 사실이다. 하지만 기존의 관객의 영화 관람을 비롯하여 영화 산업 자체에 초점을 맞춘 연구는 그것이 영화를 둘러싼 산업적 문맥이 주변의 사회문화 및 역사적 과정들과 어떻게 연결되고 있는지에 대해 근본적인 의문을 제기하지 못하는 한계를 노출한다.

영화 연구의 주된 목적은 단순히 텍스트 속에서 새롭게 맥락화된 의미를 찾아 보존하는 것이 아니라 특정한 사회적 형성물들에 적용 가능한 일련의 해석적 전략을 추적함으로써 텍스트를 해석하는 순간의 역사적 설명을 시도하는 것이 된다.[3]

영화 연구는 사회 문화 역사 그리고 시대에 대한 영화의 유동적이고 변화무쌍한 관계를 고찰하는 것이기 때문이다. 이들 요소는 기원에 대한 의미의 역사성을 실현하는데 필수적이다. 이를테면 그러한 관계가 영화의 초기 개봉 이후 수십 년 동안 어떻게 다양한 제도 기관과 역사적 상황을 통해 계속해서 다시 만들어지는지를 밝힐 수 있다.[4]

클링어B. Klinger는 역사 연구의 이상적 목표이기도 한 폴 리쾨르의 이른바 '인식론적 분별' 개념에 기대어 텍스트에 대한 총체적이고 철저한 접근이 필요함을 주장한 바 있다.[5] 단순히 영화의 차원을 넘어 보다 광범위한 사회 윤리와 도덕과 관련된 이슈와 이에 따른 사회 맥락과의 상

---

3) Janet Staiger, *Interpreting Films: Studies in the Historical Reception of American Cinema*, Princeton: Princeton UP, 1992, pp. 80-81.

4) B. Klinger, p. 112.

5) B. Klinger, p. 108.

호작용에 관심을 유도할 수 있다는 것이다. 이를테면, 의학적 무관심과 소홀을 다루고 있는 〈심판The Verdict〉(1982), 환경 재난과 기업 책임을 다루고 있는 〈시빌 액션A Civil Action〉(1998)과 〈에린 브로코비치Erin Brokovich〉(2000), 동성애 문제와 고용 차별을 다루고 있는 〈필라델피아〉(1993) 등을 예로 들 수 있다. 나아가 직무 윤리와 법적 윤리를 다룬 〈케이프 피어Cape Fear〉(1991)는 정의실현이 주제이고, 〈그린마일The Green Mile〉(1999)과 〈데드맨 워킹Dead Man Walking〉(1995)은 사형제도의 정당성 같은 민감한 이슈뿐만 아니라 법과 윤리의 상호작용을 다룬다. 〈쇼생크 탈출〉과 〈7번방의 선물〉은 사법 정의의 문제뿐만 아니라 자유와 희망의 메시지를 전하고 있으며, 〈타임 투 킬A Time to Kill〉(1996)과 〈미시시피 버닝Mississippi Burning〉(1988) 그리고 〈앵무새 죽이기To Kill a Mocking Bird〉(1962) 등의 영화는 인종차별을 다룬다. 성적 희롱을 다루고 있는 〈노스 컨트리North Country〉(2005), 낙태 문제를 다루고 있는 〈베라 드레이크Vera Drake〉(2004) 등, 사회 내의 다양한 이슈의 도덕적 딜레마는 대중영화의 주요 골격을 이루고 있다. 이것은 하나의 전체 역사에서 특정 사건이나 순간에 연루된 복잡한 상호적 환경들 혹은 사회적 단계를 연구함으로써, 역사적 통합, 즉 공시적일 뿐만 아니라 통시적인 변화를 담은 통합된 그림을 산출해야 함을 보여주는 증거들이다.[6]

영화에 대한 총체적이고 철저한 접근에 의거한 하나의 전체 역사를 아우르려는 통합적인 관점이란, 이를테면 지난 시대의 자료의 발견과 연계된 과거의 복원은 역사화의 과정으로서, 오늘의 시대와 지난 과거를

---

6) B. Klinger, p. 109.

연결하여 통합적인 역사적 성찰의 기회를 제시한다는 것이다.[7] 영화 연구에 있어서 사회문화적 맥락의 총체적이고 통합적인 접근과 시도는 역사에 대한 영화적 해석이 무엇을 통합하고 아우를 수 있을 것인가에 대한 종합적 사고와 상상의 기회를 제공한다. 이것은 영화의 사회적 역사적 실존 조건과 실행에 연계된 맥락에 대한 총체적 관점을 제시하고, 이를 통해 텍스트성에 대한 유물론적 시도에 있어서 정확히 시급한 현안이 무엇인가 하는 문제로 접근하는 것이다.[8]

영화를 이해함에 있어서, 단일한 역사 내지 비평 프레임은 영화가 갖는 의미를 설명하는데 충분치 않다. 그러기 때문에 영화 상영, 당대 소비 그리고 보다 완벽한 사회사에 필요한 수용 요인을 아울러서 검토하는 것이 필요하다. 이를테면 1980-90년대의 자기비판적인 정치 문화 환경 변화는 영화리뷰와 비평에 있어서 작가주의와 다른 사회문화적 맥락과 결합하여 고전영화와 예술영화 그리고 심지어 다양한 사회적 이슈를 다룬 장르영화에 대한 다시 쓰기에 일조한 가운데, 특히 이들 영화의 수용과 관련된 다양한 동시대의 정치적 역사적 문화적 요소들은 대학가를 중심으로 영화에 대한 새로운 정전화의 시도가 일정 부분 있어 왔다. 즉, 영화를 중심으로 한 학제 간 접근은 다양한 장르영화는 물론이거니와, 비교적 낮은 흥행 성공에도 불구하고 한국에 소개된 다양한 고전영화들이 이른바 예술영화의 이름으로 예술적 평판과 위상 복원에 일정 부분 역할을 담당한 바 있는 것이다.

영화 연구의 주된 목적과 관심은 특정 영화에서 다루어지는 다양한

---

7) D. Bordwell, p. 58.
8) B. Klinger, p. 109.

이슈를 재현하는데 있어서 텍스트의 의미와 그것의 정확성이다. 물론 영화가 다루는 이슈는 구체적인 형사상의 이슈 내지 민법상의 이슈가 아니라 동시대의 흥행을 전제로 사회적으로 반향을 일으킬만한 민감한 당대의 주제를 설정하고 제작이 이루어지는 것이 대부분이다.

그러므로 영화의 의미를 둘러싼 공론화된 논쟁과 비평을 통해 개별 영화가 갖는 통시적인 의미를 추적하는 것은 의미 있다. 영화는 단순히 영화 산업이 갖는 상업적 차원을 넘어 텍스트의 사회적 문화적 순환을 가장 잘 대표할 뿐만 아니라 텍스트 의미의 역사적 문맥이 갖는 사회문화적 영향에 매우 능동적이기 때문이다.

클링어B. Klinger는 고전 할리우드 시네마의 역사적 수용 연구를 위한 이른 바 총체적 역사의 범주를 크게 통시적 범주와 공시적 범주 두 가지로 구분한 바 있다. 공시적 범주는 다시 영화적 실행과 상호텍스트 그리고 사회 문화 역사적 맥락과 같은 하위 범주로 구분된다. 영화적 실행 범주에는 주로 영화 제작과 관련된 산업 분야가 포함되며, 상호텍스트 범주에는 기술적으로 산업 외적인 분야를 일컫지만, 영화와 밀접한 관련을 맺고 있는 다양한 영역을 포괄한다. 마지막으로 이들 범주의 경계지역에는 사회 문화 역사적 맥락이 자리함으로써, 영화가 역사적으로 존재할 수 있는 복합적인 상황을 공시적으로 설명할 수 있다. 물론 이들 모든 범주들이 모든 영화에 똑같이 적용될 수 있는 것은 아니다. 그럼에도 불구하고, 이들 범주가 갖고 있는 상호관계의 본질은 상호작용이라는 점에서, 개별 영화가 생산되고 수용되는 맥락을 포괄하는 주요 관계를 재고하는데 특별히 어떤 범주들이 적용 가능한 것인지 살펴보는 것은 의미 있는 시도가 될 것이다.

차례

:1 사회적 행위로서 영화 보기

영화는 기본적으로 중산층의 예술이다.[1] 영화의 수용은 수용의 주체로서 관객의 계급적 신분과 밀접한 관계가 있다. 계급적 요인의 영향은 영화 산업의 경제구조에서부터 관객의 구성에 이르기까지 광범위하게 찾아볼 수 있다.[2] 예술의 소비와 수용은 애초부터 사회적 차이를 일정 부분 정당화하는 사회적 기능을 담당한다. 부르디외가 말했듯, 지식인을 비롯한 지적 관객은 문화 구별을 재생산하는데 일정한 역할을 담당한다.[3]

---

1) Bourdieu, P, "The Social Definition of Photography" in *Visual Culture: The Reader,* Jessica Evans and Stuart Hall eds, London: Sage, 1999, pp. 176-178.

2) B. Klinger, p. 120.

3) 피에르 부르디외, 『구별짓기』, 새물결, 2006, 27-31쪽.

대중문화에 속한 각종 문화적 가치와 현상을 이해하기 위해서는 법 연구의 차원에서 법과 대중문화의 영역을 고찰할 필요가 있다는 인식이 대두된 것은 호가트와 윌리엄스 등이 주도한 영국의 문화연구 운동과도 관련이 있다. 문화연구의 범위와 범주가 어디까지인지 누구도 쉽게 대답하기 어려운 부분은 있다. 심지어 대중문화는 문화연구 차원에서 연구되지만 한편으로는 역사와 문학 연구의 한 부분이라는 주장도 존재하는 실정이다. 그럼에도 불구하고 문화연구는 특정 관심과 방법이 융합된 학제간 분야로서, 융합의 유용성은 기존의 학문 분야를 통해 접근할 수 없던 현상과 관계를 구체적으로 이해할 수 있게 하는 것이 주된 목적이다.

영화가 그동안 관객들로부터 예술로서 정당성을 인정받지 못하고 배제되는 이유는 영화가 가진 대중적 미학 요소 때문이다. 이와 마찬가지로 대중문화는 그 대중성 때문에 엘리트 학자들에 의해 학문적 가치가 없다고 부정된 바 있다. 이 같은 태도는 매슈 아놀드의『문화와 무정부』이후 바꾸지 않은 매우 끈질긴 편견으로 60-70년대 영국의 문화연구 운동이 시작되어 학계의 주목을 본격적으로 받기 시작할 때까지 계속 유지되어 왔다.

사회제도로서 영화, 특히 1990년대 이후 한국에서 영화의 성장에는 다름 아닌 대학생, 학자, 교사 등을 비롯한 젊은 지적 관객이 자리 잡고 있다. 당시 영화의 주된 관객인 대학생, 학자, 교사들은 자신의 신분과 직업과의 관련으로 자연스럽게 영화 관객과 독자가 된 것이다. 그러므로 사회적 행위로서 영화 관람과 이들 관객의 영화 수용, 다시 말해 수용자로서 관객, 텍스트로서의 영화, 사회적 행위로서 영화 관람간의 특수한 상호작용과 사회적 맥락은 영화가 궁극적으로 하나의 사회 제도로서 자리 잡게 된 역사적, 문화적 과정과 관련이 있다.

학제 간 연구로서, 이를테면 영화 관객의 사회문화적 형성과 그 특성을 살펴보는 것이 필요한 것은 관객의 영화 체험은 문화 취향을 기반으로 한 사회적 행위이기 때문이다. 그러므로 지적 관객과 같은 동일한 관객 집단에 속한 구성원들은 특정한 정서적 체험 공유와 유사한 사고방식의 동의는 가능한 것이다.

이 점을 보다 자세히 살펴보기 위해서는 관객과 수용 연구에다 취향과 대중문화에 관련한 논의를 적용하는 것이 필요하다. 문화 소비 맥락에서 관객이 어떠한 '취향'을 가지고 있는지 아는 것은 관객과 수용 연구에서 중요하기 때문이다. 그 중에서도 지식인 집단이 어떠한 가치와 목적을 재생산하고 있는가를 분석하는 것은 의미가 있다고 볼 수 있다. 텍스트가 관객의 능력과 이해도에 따라 접수되거나 거절되거나 하는 것처럼, 텍스트의 수준은 다름 아닌 관객의 수준과 차이이기 때문이다. 이때 사회적 불평등을 생산하고 정당화하고 재생산하는 차이는 개인적 특이성보다는 계급, 성별, 문화적 정체성의 형식에서 기인된다는 점에서 영화가 어떻게 소비되고 수용되는지에 대한 맥락의 이해는 중요하다 할 수 있다.

영화 보기와 영화 관객

비디오의 발명과 대중화 이후, 영화 보기의 경험은 소설 읽기와 마찬가지로 점차 사적 영역의 예술 경험이 되어 가고 있기는 하지만, 기본적으로 관객이 영화를 보러 극장에 가는 것은 일종의 사회적 행위라 할 수 있다. 영화를 보는 것이 사회적 행위라면 관객은 영화의 소비자이자 수용자이기 때문에 '영화를 보는 한 영화의 중요한 일부'인 것이다. 영화에 대한 소비자의 수용시각과 의견은 어쩌면 '영화에 대한 가장 궁극적인 평가'일 수 있다.

영화 관객이란 영화관에 가서 영화를 보는 구체적인 사람들이다. 관객의 영화의 관람은 기본적으로 개인적 행위인 동시에 사회적 행위 내지는 문화적 관습이다. 다시 말해 산업사회의 공적 공간으로서 영화관에 가는 행위, 즉 영화 관람은 비슷한 문화와 예술적 취향을 가진 사람들이 공유하는 사회적 행위인 것이다. 이때 영화관은 이미지의 스펙터클이 관객에 의해 평가 받는 극적 장소가 된다. 이런 점에서 영화관은 사회적 구성물이다.

개인에게 특별한 감정의 순간을 제공 하는 영화 관람이 사회적 행위 내지 사회적 관습인 이유는 영화 관람과 영화 수용은 의미를 생산하고, 사회적 문화적 맥락 속에서 담론이 되기 때문이다. 영화 관객이 영화라는 고유형식에 대한 정서적 반응을 통해 구성된 사회적 산물이라면, 일종의 사회적 제도social institution로서 영화 관객이 된다는 것은 매체 과정에 참여한다는 것, 매체가 매개하는 정보에 참여한다는 것을 의미한다.[4] 즉 사람은 관객 안에 있을 때 관객이 된다.[5] 영화의 결정적 의미는 영화적 기호와 텍스트 그 자체에 본래 내재되어 있는 것이 아니라, 특정 맥락에 의존하는 관습에 따라 관객에 의해 구성되는 것이다. 그런 점에서 영

---

4) R. Stafford, *Understanding Audiences and the Film Industry*, London: BFI, 2007, p. 73.
5) K. Ross & V. Nightingale, *Media and Audience: New Perspective,* Berkshire: Open UP, 2003, p. 6.

화의 소비와 수용은 사회적 행위이다.

집단적인 영화 경험과 소비는 대중(으로서 관객)의 문화적 충동과 긴밀히 연결된다. 영화와 영화관객의 역사적 형성과 성격 파악은 매우 필요하며, 소비 맥락에서 영화를 보는 행위 이해, 영화와 영화 관객 그리고 사회적 맥락 사이의 역사 문화적 상호관계 이해가 필요하다. 영화는 관객을 통해 시장을 만들고 시장은 관객을 통해 영화를 만든다. 영화의 경제적이고 문화적인 야망은 영화관에 모이는 관객을 통해 구현되는 것이다. 관람을 통한 관객의 즐거움은 사회로부터 도피를 열망하는 퇴행적 쾌락이기도 하지만 한편으로는 의미 있는 정치적 힘을 지닌다. 스태포드 Stafford는 "누군가 영화를 보기 전에는 영화 그 자체는 진정한 의미를 가질 수 없다"고 말한다.[6] 영화의 소비와 수용은 그 자체가 이데올로기적이다. 영화 보기가 의미 있는 정치적, 문화적 힘 또는 의미를 지니는 이유는 소비자로서 대중의 개념화는 금전적으로 결정됨으로써 존재의 가치가 결정되기 때문이다.

영화 생산(자), 상영관, 언론, 비평가 등 시장의 주요 매개자들과의 (상업적인) 연관성 속에서 영화의 역동적 존재를 확인하고, 사회 정치, 문화적 맥락 속에서 영화 관객과 영화 수용의 양상을 검토하는 것은 필요하다. 특정한 사회 문화적 맥락과 연관된 영화 관객/수용 연구는 중요한 실천적 과제이다. 왜냐하면 영화의 관람과 상영 환경은 관객 및 수용 연구를 필요로 한다.

사회적 행위로서 영화 보기가 갖는 의미는 1990년대 이후 영화를 둘

---

6) R. Stafford, p. 78.

러싼 학제 간 관심과 수용의 역사와 그 괘를 이해하는데 유용하다. 영화 문화의 사회문화적 맥락과 영화의 수용 양상을 파악함으로써 관객의 관람 수용과 관련한 사회문화적 의미를 들여다보는 것이 가능하다.

특히 문학과 영화를 비롯한 학제 간 통섭적인 관심과 접근은 매우 인상적이다. 영역과 경계를 뛰어 넘어 매체에 대한 관심과 이것의 사회문화적 맥락에 대한 공시적이고 통시적인 시도를 하게 된 것이다. 1990년 대를 지나면서 영화는 단순히 관객들의 엔터테인먼트에 그치지 않고 학계와 대학 강의실로 확대되어 이제 문학 연구나 문학 수업은 말할 것도 없거니와 문학과 인문학 내지 문화 관련 강좌가 아니더라도 혹은 영화와 전혀 상관없어 보이는 분야에서조차 수업 또는 연구의 필수적인 텍스트로 자리 잡게 된다. 이제는 조금이라도 영화를 다루지 않은 과목이나 강좌를 찾아보기 어려운 상황이 되었다. 영화비평서와 에세이를 비롯한 관련 도서의 출판이 일종의 붐을 이루고 문학과 영화를 비롯한 관련 학제 간 강좌들이 생겨나게 된다. 전국의 많은 대학에서 영화를 다루는 강좌들이 생겨나고, 인문학이나 외국 문학을 전공한 교수들을 중심으로 관련 전공의 고전 문학작품이나 고급 문학 작품을 각색한 영화들의 연구와 수업 활용은 필수 과정이 된다.

최근에는 이론적 경험적 측면에서 인문학을 뛰어 넘은 학제 간 영화 연구는 다방면에서 활발히 진행되고 교육 연구 측면에서 광범위하고 다양하게 영화를 다루는 경우가 꾸준히 증가하고 있다.[7] 심지어, 법과 영화의 경우, 초기부터 법학교육의 보조 자료로서 영화를 제공하면서 법률 교육의

---

7) Steve Greenfield et al., p. 16.

하이라이트이자 강조점을 제공하는데 주로 사용되어 왔다. 이러한 문화적 혹은 영화 연구 프레임 워크의 변화는 학제 간 연구의 본질적인 변화를 말해주는 것이며, 이를 계기로 영화를 기반으로 젠더, 인종 혹은 계급 억압을 아우르는 다양한 이슈를 다루고 이해하는 계기를 마련하고 있다.[8]

취향과 대중문화 자본으로서의 영화

부르디외는 고급문화를 알아보는 능력은 특정한 성향에 달려 있는 것이며, 고급문화를 인식하는 능력은 대중미학이나 대중 취향을 거부하는 '순수한 시선'에 달려 있다고 주장한 바 있다. 그가 말하는 '순수한 시선'은 통상적인 태도와의 단절을 함축한다. 이것은 대중적 미학의 일반적 감정의 속성을 거부하고 순수한 시선이 대중적 미학보다 우월하다는 사실을 확인시키려 한다.

그렇지만 사회의 비 엘리트 집단을 관찰하고 다수의 대중문화에 관심을 가져온 강스Herbert Gans는 "고급문화가 대중문화보다 더 나은 것은 아니며, 그 둘은 그저 미학적으로 다를 뿐, 둘 중 어느 한쪽이 수준이 더 높거나 수준이 더 낮은 것으로 판단될 수 없다"고 주장한 바 있다.[9] 그에 따르면 대중문화와 고급문화 두 가지 모두 공통의 미적 가치와 취향의 표준을 가지고 있는 취향문화이다.[10] 강스는 현대 대중문화의 주요 특징으로 통섭성, 이질성, 잡종성을 거론한다.[11] 통섭성이 융합과 수렴을 통

---

8) 상동, p. 21.

9) H. Gans, *Popular Culture and High Culture*, New York: Basic Books, 1999, pp. 3-9.

10) H. Gans, pp. 3-9.

11) H. Gans, pp. 10-12.

해 취향 문화가 비슷해지는 것이라면, 이질성이란 문화의 선택에 있어서 새로운 계급적 취향이 증가하고, 연령, 젠더, 인종이 취향에 영향을 줌에 따라 이질화됨을 의미한다. 이에 비해, 잡식성이란 사람들이 시간, 경제적 여유, 교육 기회의 증가에 따라 문화 취향이 다양해짐을 뜻한다.

현대의 영화 관객은 장르와 형식을 넘나들며 상호 호환의 취향을 형성하고 스스로 텍스트와 복잡한 관계를 맺는다. 혼종 장르의 등장은 이러한 관객의 취향의 경계가 분쇄되고, 더욱 복잡하게 된 관객의 취향을 반영한 것으로 볼 수 있다. 그러기 때문에, 고급문화가 대중문화보다 더 나은 것도 아니며, 그 두 가지는 그저 미학적으로 다를 뿐 더 수준 높거나 더 수준 낮은 것으로 판단할 수도 없다. 즉, 계급에 따른 문화적 선택은 통섭에 의해 점차 계급을 동질화한다.

그렇다면 특정 관객으로서 학자와 학생을 포괄한 지적 관객에게 문학과 영화는 어떤 의미일까? 문학과 영화의 학제 간 통섭의 대상으로서 법정 영화 혹은 영화 속 법과 정의와 인권의 주제와 관련한 관객의 호불호는 위에서 언급한 '취향'과 관련이 있을까? 있다면 어떤 목적과 의의를 찾아볼 수 있을까? 고급문화 내지 대중문화를 알아보고 선호하는 능력은 특정한 성향에 달려 있을까? 최소한 한국에서 영화와 관련한 관객의 취향은 어떤 사회적/문화적 운동과 부분적으로 관련이 있거나 최소한의 어떤 문화적 흐름이나 경향과 관련이 있는 것일까?

이러한 질의와 관련하여 이른바 문학과 영화의 수용의 문제를 다루는 것은 의미가 있다. 문학과 영화의 학제적 맥락의 수용은 부분적으로 (하지만 상당한 측면에서) 기존 아트시네마 혹은 이른바 예술영화의 수용 발전과 연관이 있다. 특히, 영화 문화의 사회문화적 맥락에서 관람 공간으로서 영화의 관람 환경에 대한 사회적 변천 과정과 영화의 학술적 수용과의 상관관계에 대한 접근은 의미가 있다.

실제로, 영화에 있어서 관람의 대상만큼이나 관람의 맥락은 중요하다. 미국의 경우, 60년대 교육 수준이 향상되고 대학생을 비롯한 새로운 영화 세대 관객들이 등장하면서, 아트 시네마는 대안 문화에 대한 열망 속에서 영화 산업 내에서 생존한 저예산 특제 영화의 상영 공간으로 변모한 바 있다.[12] 한국의 경우, 이와 비슷한 변화는 80-90년대 있었다. 특히, 80-90년대 소극장을 중심으로 한 아트시네마의 발전과 90년대 이후 본격적으로 활성화된 복합 상영관의 인기와 그 역할은 대단했다.

영화의 수용과 관람은 관객의 입장에서 보면 소비이다. 영화의 소비가 관객이 스크린에 투사된 영화와 맺는 관계라 한다면, 이 경우 영화의 소비는 영화 관련 체험을 포함하는 것이다. 실제 영화의 수용과 발전은 상영 공간의 변화와 그 특성과 맥을 같이 한다. 특히 도시 공간은 현대적 삶, 문화 지리학, 미디어와 친밀한 관련을 맺어 왔다는 점을 주목할 필요가 있다. 도시 공간의 의미와 기능은 법과 정치 경제 문화적 권력의 국제적인 관계 속에서 형성된 가운데, 현대 도시의 속성은 생산의 장소에서 소비의 장소로 변모되어 왔음은 주지의 사실이다.[13]

영화 소비의 다양한 양태는 이제는 글로벌 문화자본으로서 영화가 갖는 문화 지리의 관점과 그 공간적 위치와 연관되어 있다. 상영되는 영화의 소비 공간으로서 공간의 변화의 인지 과정은 법, 계급, 젠더, 인종, 나이와 같은 다양한 변인에 의해 매개된다. 여기서 영화의 상영 공간은

---

12) B. Wilinsky, *Sure Seaters: The Emergency of Art House*, 2001, p. 134.
13) M. Jancovich, *The Place of the Audience,* London: BFI, 2003, pp. 3-13.

영화 관객 연구와 같은 맥락에서 바라보아야 한다. 특히 영화의 문화적 맥락은 영화(관) 경험과 관련한 여러 가지 다른 유형의 구성 요인을 살펴볼 수 있게 한다.14) 예를 들어, 헌신적 관객에 의해 주도된 영화의 문화적 수용과 발전은 기존의 주류 영화 문화에 대한 강한 반발과 저항, 그리고 이에 대한 대항으로서 상대적으로 잘 만든 영화 내지 예술에 대한 관객의 열망과 선호와 관련이 있다. 그래서 수용의 관점에서 이들이 영화관을 가는 행위는 이를테면 동시대의 현안과 주제를 담은 문학 읽기에 비견할 수 있는 것이다.

이런 점에서 영화의 상영과 수용에 대하여 사회문화적 연구가 갖는 의의를 찾아볼 수 있다. 예컨대 관습적이지 않은 영화를 보고자 하는 일상관객과 다른 특정 장르의 관객 발전과 영화의 수용은 대안적이고 지적이고 예술적인 고급문화 활동의 관점에서 바라보아야 한다. 그러나 문화 소비의 계급적 관계와 재생산과 관련한 작용원리를 살펴볼 때, 지배문화를 가진 권력은 지식층의 주도하에 학교 교육을 통해 특정 문화를 선택하거나 배제하여 불평을 재생산해온 것도 사실이다.15) 이것은 지배문화가 문화적 정당성 부여하는 권력 행사를 통해 고유한 문화적 능력을 인정하고자 함이다. 이 같은 점은 지적 관객 주도의 영화 수용의 맥락을 읽는 하나의 관점으로서 의미가 있다. 다양한 장르영화의 트렌드와 주제적 이슈들이 특정한 역사적 사회적 시기에 명멸하는 것은 당시의 정치적, 경제적, 사회적, 문화적 환경과 무관치 않는 것이다.

---

14) B. Wilinsky, pp. 1-10.

15) Bourdieu, P & Passeron J, *Reproduction and Education, Society and Culture,* (1970), 2nd Edition, trans, Richard Nice, London: Sage, 1977, pp. 5-11.

⦂2 영화의 수용과 영화문화의 탄생

클링어B. Klinger에 따르면 영화의 담론 환경은 사회적 역사적 발전 맥락과 공생적으로 작용한다고 한다.[1] 그래서 영화의 관람과 수용을 좀 더 포괄적으로 이해하기 위해서는 영화의 실행 요소와 주변 맥락—일종의 상호텍스트—이 결탁하여 다양한 영화적 의미 생산을 도모하는 일련의 사회문화적 타협 과정을 이해할 필요가 있을 것 같다. 영화를 둘러싼 상호텍스트적 요소는 각기 독립된 영역과 위치에서 자율적인 목소리를 유지하는 한편, 일정한 사회 역사적 교차 지점에서 상호작용한다.

예를 들어 80년대 말에서 90년대 초 이후 외국 문예물 영화와 고전영

---

1) B. Klinger, p. 123 참조.

화의 수입 상영이 대폭 증가하고 관련 영화에 대한 문화적 관심이 크게 늘어난 것은 단순히 당대 할리우드 영화에 불어 닥친 복고풍 시대극 제작 붐의 결과로만 볼 수는 없다. 공적 영역에서 영화가 갖는 의미가 무엇인지 파악하기 위해서는 영화 관람과 수용의 상황 및 당대의 독특한 사회적 역사적 맥락과 관련하여 법과 정치, 계급, 인종, 역사, 산업 경제, 미디어 및 심지어 언론 매체가 생산해낸 당대의 사회·정치적 이슈 등을 비롯하여 여러 측면과 양상을 살펴볼 필요가 있다. 영화와 그것의 담론 맥락을 정치 환경, 정부 정책, 입법 그리고 국가적, 국지적 혹은 심지어 세계사적 차원과 관련된 다양한 요인과 연계하여 읽을 필요가 있는 것이다.

이 가운데 법적 정치적 문화적 환경 분야의 급속한 변화는 영화의 관람과 수용에 가장 큰 영향을 준다고 볼 수 있다. 실제로 미국의 경우에도 2차 대전 이후 미국의 외국영화 대량 수입은 미국 국내영화에 적용된 리뷰 저널리즘의 표준에 영향을 미치면서 영화 리얼리즘과 주제에 일종의 프리미엄으로 작용했다.[2]

급속한 정치적 환경의 변화가 영화법 개정으로 이어진 사례는 한국에서도 쉽게 찾아볼 수 있다. 영화법 개정으로 인해 물리적인 수량 측면에서 영화의 수입 배급에 가시적인 영향을 가져온 경우는 비일비재하다. 이를테면 1980년대 중반 이후 한국 영화의 가장 독특한 풍경을 만들어낸 시네필 문화와 비디오 문화의 성장은 당시 상영관과 외국영화 수입을 포함한 관련 영화법 개정으로 엄청난 물량의 외국영화가 쏟아져 들어온 것과 그 궤를 같이 한다. 상영공간으로서 극장의 변화는 영화 상영의 및

---

2) J. Staiger, *Interpreting Films*, pp. 178-95.

관람 행태의 변화와 이에 따른 영화 문화의 변화에 주요 맥락 요인으로 들 수 있기 때문이다.

고머리Gomery에 따르면, 영화관 시설의 발전과 변화를 반영한 다양한 영화관 트렌드는 '영화 보기'의 현상과 강력하게 상호작용하는 가운데, 영화의 사회문화적 그리고 역사적으로 이해하는데 큰 영향을 끼치는 요소이다.[3] 영화를 어디에서 보느냐 하는 문제는 다름 아닌 문화와 취향의 문제일 수 있다.

영화관이라는 장소 그 자체의 디자인적인 미학과 위치 그리고 기타 여러 부수적인 요소는 영화관 가기와 영화 보기 경험의 중요한 결정 요인으로 작용한다. 실제로, 80년대 중반 이후, 관련 영화법과 영화 정책의 변화에 따른 극장의 발전과 변신은 예술영화의 본격적인 상영과 수용의 물꼬를 텄다. 상영관의 환경 변화에 힘입어 90년대에 한국에서도 예술영화의 부활이 이어졌기 때문이다. 90년대 중반 들어서도 계속된 아트시네마를 비롯한 소극장 상영관의 증가와 이곳에서의 외국의 예술영화 상영과 회고전 등은 다양한 국가적 맥락과 역사적 상황에서의 옛날 고전영화와 예술영화의 수용을 재활성화 할 수 있게 되었다. 이를 통해 영화를 중심으로 한 학제 간 연구의 토대가 형성될 수 있는 전기를 마련한다.

일부 소극장들은 예술영화 상영을 전문화하는 한편, 다양한 외국 감독들의 영화의 미니 리바이벌을 선보였다. 이들 공간에서의 옛날 고전영화 혹은 예술영화의 재개봉과 회고전은 당대의 영화에 대한 시대적 관심을 대변하였다. 예를 들어, 1980년대 초에도 〈이창Rear Window〉(1954), 〈현

---

3) Douglas Gomery, *Shared Pleasures: A History of Movie Presentation in the United States*, Madison: U of Wisconsin P, 1992. pp. 57-82.

기증Vertigo〉(1958) 같은 알프레드 히치콕 영화를 비롯하여 해외 유명 감독의 영화들을 대형 상영관에서 재개봉한 바 있기는 하지만, 국내 미 개봉된 고전영화를 비롯한 해외 유명 감독들의 영화들이 특별전 내지 회고전의 형식을 빌려 예술영화의 이름으로 재개봉되기도 하였다.

이들 예술 극장의 인기는 이후 등장한 멀티플렉스에 밀려 비록 그리 오래가지 못했다. 그 대신 이들 예술영화들은 텔레비전과 위성방송, 비디오 그리고 90년대 말 이후 DVD를 통해 더욱 풍성하고 다양한 맥락에서 영화 소비 관객과 만날 수 있게 되었기 때문이다. 무엇보다도, 이들 옛날 고전영화 혹은 이른바 예술영화의 초문화적 부활은 예술의 이름으로 영화에 다양한 시대적 문화적 역사적 의미를 부여하는 가운데 학제간 연구를 통해 대학을 비롯한 다양한 제도 기관을 통해 그 문화적 현존을 확보해 왔다.

이와 같이 90년대 이후 급속한 경제와 기술의 발전 덕분에, 영화는 과거와 달리 극장 개봉이 끝난 뒤에도 케이블, 위성, 비디오 및 DVD의 매체 형식으로 계속해서 상영과 수용의 관점에서 관객과의 만남을 계속 유지한다는 점은 주목할 필요가 있다. 그 결과 극장 개봉 이후 영화의 상영은 예술 박물관, 예술 극장, 대학 강의실, 방송 그리고 케이블 텔레비전, 비디오 가게 등을 비롯한 제도권에서 이루어져 왔다. 이를 통해 '옛날' 영화 혹은 이른바 예술영화의 대중적 존재가 가능해지고 이에 따라 영화적 실행 범주는 더욱 일반적으로 미디어 산업과 관련 실행의 통합으로 재 고찰할 필요가 생긴 것이다.[4]

---

4) B. Klinger, p. 123.

방송, 위성, 그리고 케이블 텔레비전을 통한 영화의 방영과 비디오/DVD를 통한 영화의 재생산은 소수의 시네필에 의해 주도되던 영화문화가 본격 대중화 시대를 맞이하는 계기가 된다. 케이블/위성/지상파 텔레비전 방송과 마찬가지로, 비디오/DVD를 통한 영화 출시는 원래의 영화 개봉 순간과는 다른 전혀 새로운 현대적 관람과 시청 포럼을 구성한다. 이들 포맷은 완벽히 다른 양식의 재생산과 상영을 가능하게 하면서, 특별한 매체 산업의 실행이자 변형된 영화 보기 상황에 개입하는 양식이 된다. 이로써 과거와 다른 방식과 양식의 영화 보기가 가능해 지면서, 이른바 시네필 혹은 영화 애호가의 탄생의 주요 계기가 된 것이다.

　　영화의 비디오와 DVD 출시와 수용은 사회적 상호작용, 보다 큰 패턴의 소비, 그리고 특별한 통시적 순간 동안에 영화와 관객 사이의 주변을 아우르고 있는 역사적 발전 내에서 갖는 역할과 의미는 주목할 만한 것이다. 이 점과 관련하여 많은 영화들이 비디오/DVD의 형태로 주로 대학에서 수용, 유통되어 왔음을 감안해볼 때, 영화의 수용 과정에서 이른바 영화문화의 사회문화적 정체성 형성에 끼친 비디오/DVD 영향과 대학의 영향은 매우 크다 할 수 있다.

　　다시 말해 사회문화적 관점에서, 영화문화의 정체성 형성에 상당한 공헌을 한 것은 이들 대학, 출판, 언론계를 포함한 지적 관객이라 할 수 있다. 이들이 쏟아내는 영화평, 논평, 논문, 강의 등은 이른바 예술영화의 수용에 큰 영향을 미치고, 이를 바탕으로 영화의 학교/학술적 수용은 가장 적극적이고 극적인 형태의 초월적, 초문화적 혹은 초국가적 수용의 모습을 형성해왔다.

　　이를 통해, 동시대 영화뿐만 아니라 고전 예술영화들은 다양한 매체를 통해 새로운 관객들을 만나고 새로운 대중적 현존을 실현하게 되면서 이들이 원래 개봉 당시의 의미와 개념들은 사라진 채 영화텍스트에 대해 전혀 새로운 의미를 창조할 수 있게끔 여러 맥락의 다양한 요인들과 조우하게 된다. 극장을 비롯한 전통적 상영관뿐만 아니라 텔레비전, 위성, 케이블 그리고 DVD를 이용한 교수학습 및 강의 등을 통해 시청하는 새로운 유형의 관람 및 수용의 효과가 생겨난 것이다.

특히 다양한 학제 간 분야에서 무엇보다도 교수학습의 도구로서 영화는 학생들의 경험을 향상시키고 지식과 이해의 폭을 확장하는 것이 가능해졌다. 예컨대 초창기 미국의 법과 영화 강좌에서는 어떻게 하면 영화를 잘 사용하여 법을 가르치는지가 주된 목표였다고 한다. 따라서 영화 매체를 통한 훌륭한 법적 모범 사례가 주된 관심사였고 가용성과 접근성의 측면에서 교육적 활용장치로서 영화에 대한 기대 효과는 매우 컸다 하겠다. 물론 한 두 시간의 제한된 시간 안에서 영화를 사용하고 이로 인해 영화에 대한 단순 이해를 초래한다는 약점이 있긴 했지만, 영화 자체의 이론 수업이 목적이 아니라 주어진 의제와 사례에 대한 환기가 주된 목적인만큼 그 효과도 매우 컸다. 강좌의 목적은 학생들에게 다양한 레벨에서 영화에 다가가 해답을 찾는 것이 가능하다는 점이고 강좌가 거듭될수록 학생들이 자신만의 지식을 활용하는 것이 가능해졌으며, 따라서 설령 기초가 부족하더라도 자신감을 회복하여 보다 큰 역할과 공헌을 할 수 있게 된다는 것이다.[5] 이때, 영화는 비평적 논의를 촉진하는 도구로서 학생들은 영화를 보고 듣고 이해하고 논의하고 해석하는 과정을 통

---

5) Steve Greenfield et al., p. 48.

해 흥미롭고 복합적이고 도전적인 경험을 쌓고 경험을 공유하는 매체가 되는 것이다. 영화를 둘러싼 학제 간 교류는 전문적인 법률 훈련에 인문학을 결합하는 것이며 이에 따라 법리 연구는 오히려 추상적이지 않고 더욱 구체적이고 직관적이 된다는 것이다.[6]

이처럼 영화를 중심으로 사회과학과 인문학을 아우르는 학제 간 접근은 대학을 비롯한 다양한 상호텍스트적 지대에서 역사상 새로운 순간을 통해 동시대 영화는 물론이거니와 고전영화의 재등장과 유통에 힘입어 가시화 된 것이다. 영화는 1990년대와 2000년대를 거치면서 새로운 영화문화와 학술 패러다임을 생성하면서 풍족한 시대환경을 지지하는 영화장르의 하나로서 매우 적극적으로 대학을 중심으로 환영 받고 받아들여졌다. 이러한 접근은 텍스트 중심의 비평적 해석과 단선적 관점이 간과할 수 있는 보다 넓은 담론 활동 내에 영화가 어떻게 위치되어 있는지 살펴볼 수 있게 하는 하나의 사례이다.

---

6) Steve Greenfield et al., p. 44.

:3 문학과 영화
사회 문화 담론과 상호텍스트성

1980년대 이후 등장한 문학(수용) 연구와 미디어 문화연구의 접목에 힘입어, 80년대 영화의 개방 이후 예술영화를 비롯한 이른바 고급 영화에 대한 관심과 수요가 증가한다. 1990년대 접어들면 학제 간 수용이 본격 시작된다. 지적 관객에 의한 문학과 영화의 수용은 90년대 이후 학술 커뮤니티 혹은 학술 문화를 특징지을 수 있는 매우 특정한 사회적 체험의 유형 가운데 하나이다. 이 시기에 문학과 영화를 위한 이른바 고전영화, 예술영화 혹은 대중영화는 학교 교육 및 학술적 연구 대상으로 편입되기 때문이다. 이때부터 영화는 다양한 방법으로 교수 학습의 전략의 일환에서 사용되기 시작한다. 예를 들어 〈라이언 킹〉(1994)의 경우처럼 학부생을 대상으로 경영과 조직행동을 교육하고 권력과 리더십 개념을 설명할 때에도 사용되기도 하고, 어학 교육을 위해 강의실에서 무성영화를 사용하는 식이다.[1]

대표적인 경향 가운데 하나가 다름 아닌 문학과 영화, 혹은 예술과 영화와 같은 학제 간 접목이다. 이것은 연구와 교수 학습의 관점에서 하나의 중요한 경향으로 자리 잡으면서 영화 자체에 대해 학술적 문화적 정당성을 부여하는 계기가 된다. 무엇보다도 문학과 영화의 수용이 문화적 역사적 학술적 관점에서 의미가 있다면, 관람의 대상 자체뿐만 아니라 영화를 관람하게 된 (혹은 수용하게 된) 사회문화적 맥락의 탐구는 매우 중요하지만, 그동안 사회문화적/역사적 맥락에서 영화와 영화관객 그리고 영화의 수용과 상호작용에 대한 고찰은 등한시 되어왔다. 예컨대 대중적인 법적 실행의 영상 이미지를 통해 법의 실행이 윤리적 결과를 내포할 수 있으며, 동시대의 법과 정의의 문제를 보다 현실적으로 영화를 통해 보여줄 수 있다는 점이다. 이를 통해 심리와 도덕, 인물과 맥락 사이의 연계를 영화와 더불어 작업할 수 있다는 것이다.[2]

이런 점에서 지적 관객에 의해 주도적으로 이루어진 문학과 영화의 학술적 수용을 둘러싼 사회적 문화적 상황의 이해뿐만 아니라, 이들의 주도하에 생산된 영화의 문화적 학술적 의미의 양상을 찾을 수 있다. 이러한 사회 문화 및 접근은 특정한 사회문화적 상황 맥락에 의해 구축된 해석적 공동체의 수용 양식과 전략을 드러낸다.[3] 예를 들어, 최종 변론

---

1) Steve Greenfield et al., p. 40.
2) Steve Greenfield et al., p. 46.
3) J. Staiger, *Perverse Spectators: The Practices of Film Reception*, New York: New York UP,

의 교차 분석 교육을 위해 〈앵무새 죽이기〉를 다루거나, 〈시빌 액션〉을 통해 환경 보건의 문제를 다룬다든지, 편협한 도덕적 사회 환경 내에서 뒷골목 낙태 문제를 비롯한 사회문제를 다루기 위해 〈사이더 하우스 룰즈〉(1999)에 초점을 맞추는 식이다. 심지어 배심제도가 없는 한국의 경우에도, 〈12인의 성난 사람들12 Angry Men〉(1957)을 통해 살인 사건 재판의 결정 과정에서 배심원이 느끼는 심리 변화와 감정, 특히 법적 결정과 관련한 공적 책임을 살필 수 있다.

수용 담론의 관점은 실제 독자와 텍스트, 실제 관객과 영화 사이의 상호관계에 대한 통섭적인 맥락을 제공하면서, 관객과 영화 사이의 관계를 좀 더 심도 있게 이해할 수 있도록 도모한다. 이러한 접근의 목적은 단순한 영화 텍스트 자체의 해석이 아니라, 관객이 영화를 보는 맥락에서 좀 더 통시적이고 통합적으로 텍스트의 의미 해석이 가능하게 해주도록 하는 것이다.[4]

이런 점에서 영화의 맥락 연구는 영화가 갖는 사회문화적 의미를 밝히는데 매우 필요한 것이다.[5] 즉, 단일 의제와 산업적 접근이 갖는 문제를 지양하고, 영화의 주요 의제를 상호연관의 체계 속에서 다루기 위해서는 단순히 영화 산업의 차원을 넘어 영화의 사회적 역사적 발전에 이르기까지 통시적 차원과 시각에서 접근할 필요가 있는 것이다.[6]

따라서 영화의 사회적, 문화적 그리고 역사적 실존 상황을 점검하고,

2000, p. 23.

4) J. Staiger, *Interpreting Films: Studies in the Historical Reception in American Cinema*, Princeton: Princeton UP, 1992, pp. 8-9.

5) B. Klinger, p. 108.

6) B. Klinger, p. 111.

이와 관련된 동시대의 파노라마적 관점과 관련 변수들을 논의하는 것, 다시 말해서, 학제 간 분야로서 문학과 영화를 살펴보는 것은 이를테면 두 분야가 다루는 공통된 사회적 의제로서 자유와 정의와 인권에 대한 영화적 수용의 양상을 통합적 사회적 비전과 관점에서 다룰 수 있게 한다.

이것은 문화적 위계의 결정 요인 분석 차원에서 사회적 지위를 유지하는 (이를테면 아트시네마 혹은 대중영화 차원에서 어떤 영화 장르를 비롯한) 예술 소비 관객의 역할과 이것이 갖는 사회문화적 담론 의미의 분석을 필요로 한다. 이러한 접근을 위해, 텍스트와 텍스트 사이의 사회문화적 관계성과 관련한 상호텍스트성의 개념과 관점은 유용한 것이다.

클링어B. Klinger는 영화를 다면적인 상호텍스트의 영역과 역사의 틀 내에 둠으로써, 다시 말해 영화적 상황을 하나의 복잡한 사회적 담론 환경 내에서 정의하는 여러 요소와 관련하여 봄으로써, 영화의 다양하고 심지어 모순적인 이념적 의미들을 포착할 수 있다고 말한 바 있다. 이를 통해, 관객은 과거의 사회적 문화적 정치적 관계 속에서 영화가 어떻게 놓여 있는지 분석함으로써, 예컨대 영화 속에 숨겨진 다양한 역사적 진실, 혹은 잃어버린 정의 내지는 인권의 주제를 발굴할 수 있는 것이다. 따라서 전체화된 관점은 완전한 역사성을 묘사하려는 시도의 수단으로서 이를 통해 한 특정 영화의 공적 의미화에 연루된 다양한 목소리를 드러내고 되살릴 수 있게 되는 것이다.[7]

이 같은 관점은 다른 매체들과 비즈니스에 대한 영화의 관계, 영화 산업 외부에 있는 관련 실무와 영화 사이의 상호 영향에 관한 것이다.

---

7) B. Klinger, p. 110.

이들 상호텍스트적 상황들은 영화텍스트 그 자체에 대한 형성적 영향들, 관객들이 다른 인접한 영역에 대한 자신들의 참여에서부터 영화 보기로 가져왔을지도 모르는 일련의 기대치 혹은 영화 보기의 열망, 그리고 다른 매체들이 특정한 시대에 영화에 대해 가져왔을지도 모르는 비평적 평가의 양식들을 묘사하는데 있어서 중요하게 작용한다.[8]

스태포드Stafford에 따르면, 영화가 갖는 특정 텍스트의 의미를 파악하기 위해서는 몇 개의 다른 영화에 대한 지식이 필요하다.[9] 다시 말해 특정 영화에 대한 이해의 수준은 관객의 지식과 식견의 수준에 다름 아니라는 뜻이다. 라디오, 만화, 펄프픽션, 베스트셀러 소설, 텔레비전, 음악, 고전 문학, 연극, 회화, 춤, 오페라 그리고 말할 필요도 없이 법률과 법정 무대조차도 영화 각색의 재료와 세팅 공간으로 제공되면서 영화와 영화 수용에 대해 잠재적인 영향을 미친다.[10] 이를테면 어떤 법정 드라마의 이해는 관객이 갖고 있는 법률 지식과 상황 이해의 수준에 달려 있다는 말과 일맥상통한 것이다.

그러므로 한 편의 장르영화와 밀접하게 관련된 다양한 영역과의 관계를 연구하는 것은 영화의 존재가 다양한 분야와 강력한 상호텍스트성을 갖고 있음을 잘 보여줄 수 있다. 이를테면 영화에 대한 학제 간 접근과 시도는 법률적, 역사적, 문화적, 정치적 의미를 재구축하는데 있어서 또 다른 차원을 제공하면서, 영화가 법률, 정치, 경제, 사회, 문화, 공연 예술, 대중 매체 등과 필연적으로 상호텍스트적 환경을 구성하고 있음을

---

8) B. Klinger, p. 118.
9) Stafford, p. 83.
10) B. Klinger, p. 118.

잘 보여주는 것이다.

예를 들어, 상호텍스트 범주 가운데 가장 대표적인 영역은 비평 저널리즘이다. 상영되거나 관람되는 모든 영화는 동시대의 법, 정의, 사회, 문화의 맥락을 반영할 수밖에 없기 때문이다. 저널리즘 비평은 영화가 대중적으로 논의되고 평가되는 용어의 형성에 일조한다.[11] 그러므로 리뷰 저널리즘의 검토와 연구는 영화의 동시대적 사회, 문화 차원의 유통을 지배하는 용어에 관해서 많은 부분을 밝혀준다.[12] 동시대 혹은 당대의 주어진 역사적 순간을 지배하는 사회적 편향과 미적 이데올로기 내에서 형성된 비평적 기준과 취향을 조명하기 때문이다. 이들 리뷰는 기존의 전문적 취향과 사회적, 미학적 이념 체제 내에서 새로운 관객들에 영화를 어필하기 위한 시점에, 저널리즘을 지배하는 기존의 미학적 정전들과는 상관없이 별개로 개봉/재개봉된 영화들을 평가하고 논평한다. 이 때문에 고전의 창의성과 예술성에 대한 예찬과 상업주의에 대한 비판은 예술영화에 대한 향수뿐만 아니라 분야별 이슈별 사안별 장르영화에 대한 관심과 주제로 이어질 수 있는 것이다.

모든 영화가 상호텍스트성을 갖고 있지만, 특히나 법을 소재로 한 한 편의 각색 영화는 대표적인 상호텍스트적 영향을 바탕으로 한 장르영화로 볼 수 있다. 이를테면, 〈12인의 성난 사람들〉이라든지 〈앵무새 죽이기〉 등의 법정 드라마가 대표적이다. 또한, 80년대 이후 영국에서부터 불기 시작하여 한국에도 개봉된 적이 있는 〈남아있는 나날〉, 〈엠마〉, 〈하워

---

11) Robert C. Allen and Douglas Gomery, *Film History: Theory and Practice*, New York: Knof, 1985, p. 90.
12) B. Klinger, p. 118.

즈 엔드) 등을 비롯한 이른바 해리티지 시네마 계열의 사극 영화의 유입
은, 비교적 저조한 극장 흥행에도 불구하고, 당시 시작된 인문학의 복고
주의적이고 보수적인 변화 흐름과 학제 개편의 변화 시기와 일맥상통한
부분이 있다.

그러므로 문학과 영화의 연구는 영화의 이미지는 영화 관람뿐만 아
니라 교육, 그리고 영화 연구를 아우른 학제 간 상호텍스트로서 유토피
아적인 비전을 어떻게 구축하고 있으며, 동시에 사회적 맥락에서, 예컨대
법과 정의 그리고 인권의 의제를 포함한 사회, 문화, 역사, 정치, 교육의
토대를 어떻게 관통하고 있는지, 국지적 내지 국가적 경계뿐 아니라 해
당 분야별 범주 사이의 상호성을 상상함으로써, 영화와 그것의 맥락이
어떻게 상호작용하고 있는지 통시적 차원에서 들여다본다.

어떤 맥락에서 특정영화를 선택하는 관객은 이와 유사한 영화들로부
터 긍정적인 영향을 받아 형성된 취향을 지니며 그러한 관계 속에서 영
화를 이해한다고 보는 것은 적절하다. 선호하는 장르, 스타, 신념, 가치에
대한 일정한 취향을 가진 대중 관객은 이러한 관계망에서 영화를 선택하
면서 집단을 형성해왔기 때문이다. 따라서 이들 상호텍스트적 요인들이
어떻게 관련 영화의 다양한 역사적 상황 조건을 형성하는지 살펴보기 위
해서는 영화 수용에 대한 전반적인 통시적 역사적 관점이 필요하다. 나
아가 영화 수용과 관련된 이슈는 주어진 역사적 순간에 유통되는 여러
의미에 대해 정확한 설명이 필요하며 영화의 사회적 의미와 공적 수용이
어떻게 타협되는지를 이해하기 위해서는 그러한 문맥적 요소들을 따져
보는 것이 중요하다. 앞서 말한 바와 같이 문학과 영화는 대학의 다양한
학과와 전공의 학제 간 영화 연구와 교육 그리고 심지어 교수 학습 방법

등에도 많은 영향을 주었다. 이를 통해, 영화적 캐릭터와 관습, 장르, 스타일 그리고 영화 형식에 대한 교수 학습 그 자체는 교수학습자/지적 관객의 영화 경험(관람 경험)과 기대치와 기준을 형성을 형성하는 동시에 영화를 어떻게 관람할 지에 대한 하나의 기준이 되었기 때문이다.

바즈 루만의 〈위대한 개츠비〉

호주 출신의 바즈 루만 감독의 〈위대한 개츠비The Great Gatsby〉(2013)는 미국 소설가 에드워드 피츠제럴드의 세계적인 동명 소설(1925)을 영화로 만든 것이다. 〈로미오＋줄리엣Romeo+Juliet〉(1996)과 〈물랑 루즈Moulin Rouge!〉(2001) 등을 만든 바 있는 바즈 루만 개인으로서는 미국 문학 작품을 원작으로 한 첫 영화이기도 하다. 소설 원작은 뉴욕이 주 무대이나 영화는 일억 구천만 달러의 예산으로 2011년 호주 시드니에서 주로 촬영되었으며, 2013년 5월 66회 칸 영화제에서 개봉되었다.

영화 개봉 후, 배우들의 연기, 비주얼 스타일, 사운드트랙, 연출 등과 관련하여 영화에 대한 호불호는 양극단을 달렸지만, 영화는 전 세계적으로 삼억 오천만 달러의 흥행을 기록하면서 루만의 영화 가운데 가장 상업적인 성공을 거둔다. 저명한 피츠제럴드 문학 평론가인 모린 코리건이 『위대한 개츠비』의 위대함은 작품에서 개츠비와 데이지를 둘러싼 사랑 이야기 그 자체가 아니라 그것이 서술되고 이야기되는 방식에 있다고 말한 바 있다. 이와 마찬가지로 바즈 루만이 피츠제럴드의 소설에 관심을 두고 영화로 제작한 것은 두 주인공을 둘러싼 로맨스 그 자체가 아니라 그것을 전달하는 방식이었을 것이다.[13]

루만은 독특한 이야기 전달 방식을 채택하여 원작의 분위기와 무대 그리고 세팅을 재창조하고 있다. 루만은 원작의 시대적 배경을 영상에 충실히 담아내면서도 당대의 촘촘한 문화 재현에도 심혈을 기울여 디테일을 통한 문화적 인유도 소홀히 하지 않았다.[14] 레오나르도 디카프리오가 개츠비 역을 맡고, 토비 매과이어가 닉 캐러웨이 역을, 그리고 데이지 부캐넌 역으로는 캐리 멀리건이 맡았다. 레오나르도 디카프리오는 1996년 〈로미오+줄리엣〉 이후 두 번째로 루만의 영화에서 주연을 맡았다. 일부 평단과 관객 사이에서 루만의 영화가 세계 문학사에 빛나는 작품이자 미국 문학의 아이콘으로 자리매김한 원작 소설에 담긴 주제와 의미를 제대로 살리는데 실패했다는 비판이 있었지만, 영화는 루만의 영화 가운데서 가장 큰 성공을 거둔다.[15]

영화의 서사를 담당하고 있는 주인공 가운데 한 명인 닉은 1922년 여름, 미국의 중서부에서 대학을 졸업하고 일차 세계대전이 끝난 후 초라한 변두리처럼 변한 중서부를 떠나 동부로 이주해 증권업을 배우기로 했다. 그는 뉴욕 교외에 있는 웨스트 에그 북쪽 해안가에 있는 작은 집 한 채를 빌려 살게 된다. 그의 이웃에 개츠비란 인물이 소유한 대저택이 있는데, 베일에 가린 사업가인 그는 거의 매일 같이 성대한 파티를 열고 있는 것으로 알려져 있다. 어느 날 닉은 자신의 사촌인 데이지 부캐넌과 그녀의 남편인 톰 부캐넌과 함께 식사를 하게 되고, 그 때 데이지로부터

---

13) L. Hawkes, "Baz Luhrmann's The Great Gatsby: Telling a National Iconic Story Through a Transnational Lens." In Danks A., Gaunson S. & Kunze P. (eds) *American - Australian Cinema*. Palgrave Macmillan, Cham. p. 297.

14) L. Hawkes, p. 300.

15) L. Hawkes, p. 301.

조던 베이커를 소개받는다. 그날 닉은 집에 돌아와서는 그는 개츠비가 자신의 집 앞 선착장에 서서 반대편 이스트 에그에 있는 부캐넌의 저택의 선착장에서 비치는 그린 라이트를 뚫어지게 바라보고 있는 것을 발견한다. 이스트 에그는 전통적인 부자들이 살고 있는 곳이다. 웨스트 에그는 개츠비와 같은 신흥 부자들이 살고 있는 곳이다.

조던은 닉에게 데이지의 남편 톰이 숨겨둔 머틀이라는 이름을 가진 애인이 있다고 말해준다. 머틀은 뉴욕으로 들어가는 관문이자 웨스트 에그 사이에 자리 잡은 산업용 폐기물 처분장 인근에 자리 잡은 '재의 계곡 Valley of ashes'에 살고 있다. 재의 계곡이 상징하는 것은 물질적 부의 축적과 쾌락을 추구함으로써 기인된 도덕적·사회적 타락이다.

닉과 톰은 재의 계곡을 방문하고 조지 윌슨과 그의 아내이자 톰의 숨겨진 애인인 머틀이 운영하는 자동차 수리소를 방문한다. 나중에 닉은 개츠비의 파티에 초대받는다. 닉은 자신이 초대장을 받은 유일한 사람임을 알게 된다. 손님들 가운데 그 누구도 개츠비를 만나본 사람이 없다. 파티에서 닉은 조던과 합류하게 되고, 두 사람은 개츠비를 만난다. 개츠비는 닉에게 점심을 먹으러 시내를 같이 가자고 제안한다. 시내를 가는 도중에 개츠비는 자신이 옥스퍼드 졸업생이며, 부유한 중서부 가문 출신의 전쟁영웅이라고 말한다. 두 사람은 스피크이지를 방문하며, 이곳에서 개츠비는 닉에게 자신의 비즈니스 파트너인 마이어 울프스하임을 소개한다. 조던은 닉에게 개츠비가 오래전에 데이지와 사랑하던 사이였으며 지금도 그녀를 잊지 못하고 사랑하고 있고, 개츠비가 파티를 여는 것은 언젠가 데이지가 파티에 참석할 것이라는 희망 때문이라고 말해준다. 따라서 부캐넌 저택의 선착장의 녹색 불빛은 개츠비의 희망이자 미래에 대한 꿈이다. 개츠비는 그 불빛을 데이지와 연관시키며, 그가 그 불빛에 다가서려는 이유는 그가 데이지라는 목표를 향해 다가서려는 것을 상징하는 것이다.

개츠비는 닉에게 데이지를 오찬에 초대해줄 것을 부탁한다. 어색한 재회의 시간이 지난 후에, 개츠비와 데이지는 다시 만남을 재개한다. 개츠비는 데이지가 자신과 함께 달아나자고 말할 때 당황하지만 이내 데이지에게 남편인 부캐넌과 이혼할 것을 요구한다. 그는 닉과 조던에게 자신과 함께 부캐넌의 집으로 함께 가줄 것을 요구하고, 여기서 개츠비는 톰 부캐넌에게 데이지가 자신과 함께 떠날 계획임을 밝힐 작정이다. 부캐넌은 두 사람의 관계에 대해 의심을 하게 되지만 데이지는 개츠비가 톰에게 두 사람 사이의 그 어떤 사실도 말하지 못하게 막고는 시내에 있는 플라자 호텔로 가자고 제안한다. 톰 부캐넌은 닉과 조던을 태우고 개츠비의 차를 운전하고, 반면에 개츠비는 톰의 차에 데이지를 태우고 운전한다.

톰은 주유를 위해 조지의 자동차 정비소에 들르고, 이곳에서 조지는 톰에게 자신과 머틀이 이사를 할 계획이며 머틀이 외도를 하고 있지는 않은지 의심하고 있다고 말한다. 플라자 호텔에서 개츠비는 톰에게 자신과 데이지 사이의 관계를 말해준다. 톰은 개츠비가 옥스퍼드를 다니지도 않았고 갱단과 밀주거래를 통해 돈을 벌었다고 비난한다. 데이지는 자신이 개츠비를 사랑한다고 말하지만 톰을 사랑한 적이 없다고 말하지는 못한다. 개츠비와 데이지는 호텔을 나선다.

한편 남편 조지와 다툰 뒤 길가로 나온 머틀이 개츠비가 탄 차를 톰으로 오인하여 차로로 뛰어들다 그만 차에 부딪혀 사망한다. 머틀의 사망 소식을 접한 톰은 조지에게 사고를 낸 차는 개츠비의 것이며 개츠비가 머틀의 정부가 아닌지 의심스럽다고 말한다. 닉은 개츠비가 비난을 받고 있지만 사고 당시 데이지가 운전을 했으리라 추정한다.

닉은 톰이 데이지에게 자신이 모든 일을 처리하겠다고 약속하는 것을 데이지가 받아들이는 것을 알게 되지만 개츠비에게 말해주지 않는다. 개츠비는 닉에게 자신이 무일푼으로서 매우 가난하게 태어났다는 사실을 말해준다. 그는 자신의 실제 이름이 제임스 가츠이며 데이지에게 자신이 뭔가 이룰 때까지 기다려줄 것을 요청한 적이 있다고 말해준다.

다음날 개츠비는 전화벨이 울리는 소리를 듣게 되고 그 전화가 데이지로부터 온 것으로 생각한다. 그러나 전화를 받기 전 그는 총에 맞아 죽는다. 총을 쏜 사람은 조지이고 그는 총을 쏜 뒤 자살한다. 기자들 외에 장례식에 참석한 사람은 닉 뿐이다. 데이지와 톰은 뉴욕을 떠난다. 언론은 개츠비를 머틀의 정부이자 살인자로 도배한다. 뉴욕이라는 도시와 사람들에게 환멸을 느낀 닉은 황량한 개츠비의 저택에 마지막 발걸음을 딛고 개츠비가 보여준 희망의 능력을 추상한 뒤 뉴욕을 떠난다. 요양원에서 닉은 자신의 비망록을 완성한다. 그것이 위대한 개츠비이다.

이와 같은 내용을 담고 있는 루만의 시대극은 모두가 아메리칸 드림의 성공을 위해 질주하는 물질만능의 화려한 재즈 시대를 역동적인 편집과 대담한 색상의 비주얼 스펙터클로 영화 속 상징적 의미를 가시화하는 한편, 섬세하고 강렬한 컬러를 사용함으로써 영화 스토리 전개의 감성적 측면과 분위기를 더욱 풍부히 돋우는데도 성공한다.

예를 들어, 개츠비가 혼자 있거나 데이지 혹은 닉과 함께 있을 때 그는 언제나 연한 분홍색, 노란색, 골드색, 크림 색 혹은 흰색으로 둘러싸여 있으며, 클래식한 분위기의 하얀 도자기와 흰 장미 그리고 창백한 수국 등이 배경으로 등장한다. 이들 연한 톤의 색깔은 대부분 개츠비와 데이지 두 사람 사이의 부드러운 로맨스와 사랑을 내포하는 동시에 공허함과 허무함을 담고 있는 색깔이다. 예를 들어, 관객이 데이지와 관련하여 처음 보게 되는 색깔은 그녀가 기대어 앉아 있는 하얀 색 라운지 위에서 빛나는 그녀의 황금빛 반지이다.

개츠비의 파티를 주도하고 있는 색상은 환상을 상징하는 화려한 푸른색과 은색이다. 깊은 색조의 붉은 색과 벨벳 그리고 꽃은 과도한 감정을 표현하기 위해 사용되고 있다. 예를 들어, 시내에 있는 머틀의 작은 아파트는 상반되는 강렬한 색상이 서로 충돌하듯 대비되는 온갖 천과 쿠션 그리고 라운지로 가득 차 있다. 이 색상들은 이후 서로 간에 뒤섞이고 투쟁하며, 나중에 이것은 톰이 머틀을 죽음으로 내몰게 되는 비극적 충돌 상황의 상징이 되고 있다. 이러한 대담한 비주얼 컬러의 사용은 이전의 레드 커튼 삼부작-〈스트릭틀리 볼룸Strictly Ballroom〉(1992), 〈로미오 + 줄리엣〉(1996) 그리고 〈물랑 루즈〉(2001)-을 연상케 한다.16)

영화의 도입 장면은 닉의 내레이션이 흐르는 가운데 눈 내리는 어두운 밤 저 멀리 아득한 곳으로부터 반짝이는 그린라이트에서부터 이윽고 장면이 바뀌어 날이 밝으면서 흰 눈으로 가득 덮인 빅토리아 시대 건축 양식의 맨션을 서서히 비추면서 시작된다. 영화는 블랙과 화이트 기조를 유지하다 카메라가 서서히 빅토리아 건축 양식의 맨션 건물을 클로즈업 할 때 어두운 밤 하염없이 내리는 눈을 조망하던 흑백 기조의 카메라는

---

16) L. Hawkes, p. 301.

눈이 그친 다음날 아침 비로소 밝은 톤의 컬러로 바뀌면서 카메라는 하얀 눈에 덮인 그 건물의 정체가 퍼킨스 요양원임을 알려준다. 실제 영화의 오프닝은 호주 시드니 파라마타 강변에 소재한 리번델 소아 청소년 가정 의학 병원을 배경으로 촬영되었다.

1931년 영화의 내레이터로서 닉(토비 매과이어 분)은 이곳에서 알코올 중독 치료를 받고 있고, 치료 과정에서 자신이 만난 사람 가운데 가장 희망에 차있었던 인물인 개츠비라 불리는 한 인물을 이해하려고 노력하고 있다. 그는 의사의 권유에 따라 치료의 목적으로 자신이 겪은 이야기를 쓰고 있다. 말하자면 관객은 그가 쓴 이야기를 보고 듣고 있는 셈이다.

이러한 서사 구조는 오손 웰즈의 〈시민 케인Citizen Kane〉(1941)과 유사한 면이 있다. 〈시민 케인〉의 도입 장면에서 카메라는 눈 내리는 작은 오두막 풍경이 들어 있는 스노우 볼과 함께 시작한다. 카메라는 주인공 찰스 포스터 케인이 침실에서 손에 쥐고 있던 스노우 볼을 놓으며 '로즈버드'라는 한마디와 함께 숨을 거두는 장면을 비춘다. 이윽고 카메라는 접근 금지 푯말이 붙어 있는 그의 황폐해진 대저택 제너두를 비추면서 톰슨이라는 리포터 가이드를 통해 케인의 삶을 둘러싼 각종 궁금증과 의문, 그리고 수수께끼를 대신 풀게 한다.

케인이 숨을 거둔 제너두와 마찬가지로, 닉이 치료를 받고 있는 퍼킨스 요양원과 개츠비의 대저택은 매우 그로테스크하고 신비스러운 곳이다. 케인이 마지막 숨을 거둘 때 로즈버드를 언급한 것처럼, 개츠비도 자신의 저택에서 총에 맞아 숨질 때 자신이 평생 사랑하던 '데이지'를 부르면서 마지막 숨을 거둔다.

정치, 경제, 문화, 언론을 비롯한 각 방면에서 막대한 영향력을 행사하던 케인의 삶이 부와 권력의 내부에서 애초의 희망과 순수함을 상실한 채 부패와 실패로 얼룩지고 종국에는 늙고 외로운 죽음을 맞이한다면, 부와 권력의 외부에서 이방인이었던 개츠비는 끝내 주류로 받아들여지지 못한 채 외롭게 죽음을 맞이하게 된다. 바즈 루만 감독의 영화 〈위대한 개츠비〉의 도입부는 기존의 영화와 스타일을 차용함으로써 다양한 가능성을 열어둔다. 소설과 이야기의 각색은 모든 텍스트는 텍스트를 둘러싼 세계와의 상호텍스트적 관계를 맺고 있다는 점을 잘 이해하게 해준다.

이러한 상호텍스트성은 루만 영화의 핵심 특징 가운데 하나이다. 한 편의 영화를 만든다는 것은 그 영화의 완전한 의미를 가져오기 위해 외부의 서로 다른 텍스트와 문화를 차용하는 상호작용의 과정이라는 것이다. 루만이 상호텍스트성을 채택하고 나아가 동시대 관객의 문화적 취향을 감안하되 영화의 시대적 보편성을 담보하고자 시도한 한 가지 방법은 음악을 통해서이다. 루만은 이를 위해 1920년대의 무대 세팅에 현대 관객의 감수성과 취향을 반영한 대중음악을 접목한다. 이것은 당대의 도시적 특성과 현대의 다문화주의를 감안하여 현대 관객의 관점에서 1920년대 재즈 시대의 효과를 극적으로 연출할 수 있도록 한 것이다.

영화에서 동시대 음악의 연출은 단순히 시대극의 소품으로서가 아니라, 과거와 현재를 적절히 섞어 피츠제럴드 시대로서 당대의 극적 순간을 연출하기 위한 것이다. 이러한 기법은 바즈 루만 감독이 〈로미오+줄리엣〉과 〈물랑루즈〉에서도 사용한 바 있다. 여기서도 그는 과거와 현재를 적절히 섞은 콜라주를 통해 현재의 순간에 적절히 관련된 이야기를 창조하고 있다. 콜라주는 하나의 구성 원리가 되면서 영화 스토리의 함축적인 의미를 더해준다. 이를테면 개츠비는 데이지의 관심을 끌기 위해 무엇이든 손에 잡히는 것이 무엇이든 수집한다. 영화와 소설 모두에서 가장 극적인 장면은 개츠비가 데이지에게 수백 장의 컬러 셔츠를 집어 던지는 장면이다. 이 장면을 통해 관객은 데이지를 기쁘게 해주기 위해 개츠비가 그간 공들인 노력을 화려한 비주얼을 통해 이해하게 된다.

〈위대한 개츠비〉는 미국의 꿈에 관한 이야기로서, 특정한 시간과 공간에 존재했던 개츠비라 불리는 한 개인의 성장과 몰락을 다룬다. 그러나 엄밀히 말해 제이 개츠비는 절대로 자수성가 할 수 없음을 내포할 수도 있다. 부캐넌 가문은 부와 권력과 관련하여 완벽한 시스템을 가지고 있다. 물질에 대한 영화의 접근은 개인주의의 위험을 부각한다. 개인주의는 이보다 큰 사회구조와 권력에 잠식당하는 감수성이기 때문이다. 영화를 통해 루만은 이러한 압도적인 권력의 구조와 체제에 의문을 제기하고 있는 것이다.

:4 영화의 가시성과 통섭성

영화의 학제 간 수용 연구

문화연구는 기본적으로 텍스트에 내재한 다양한 권력 관계의 허구를 무너뜨리고, 관객이 어떻게 스스로의 경험 속에서 지배관계에 저항하면서 스스로의 문화를 만들어나가는가를 파악한다. 이에 비해, 수용 담론의 연구는 문화연구의 본래 대상인 삶과 일상을 학제 간 연구의 프레임에 연결하려는 시도이다. 이러한 접근은 영화의 수용을 가능하게 하는 법적 사회문화적 맥락의 검토를 비롯하여 문화 텍스트로서 영화를 소비하는 다양한 사회문화적 조건에 관심과 초점을 둔다. 한편으로는 근본적으로 영화의 수용을 둘러싼 동시대의 법적, 지배적 이념을 분석하고, 영화적 수용 과정에서 지배이념으로부터 어떻게 저항적이고 자신만의 실천적인 의미 혹은 해석적 담론을 만들어내는가에 초점을 맞춘다.

실제로, 학제 간 영화 수용은 학생, 학자, 교사 등과 같은 능동적이고 지적인 관객에 의해 적극적으로 이루어진다. 문학과 영화의 수용을 학문 전통 속에 연관하고 접목시키려는 시도는 기존의 엘리트주의 및 전통적 교육과정에 대한 수정, 변화, 개혁의 일환으로 봐야 한다는 점에서 그 의의를 찾아볼 수 있다.

이런 점에서 능동적 실천적 의미의 생산자이자 수용자로서 이들이 생산한 영화적 해석의 양상을 검토할 필요가 있다. 이러한 접근은 텍스트에서부터 상호텍스트에 이르기까지 영화분석의 대상―담론의 네트워크, 사회기관, 그리고 작품 주변을 둘러싼 역사적 조건 등―을 재정의함으로써, 다양한 맥락에서 영화가 사회문화적 과정들과 갖는 의미를 파악하고자 하는 것이다. 이때, 텍스트 자체에 내포된 의미뿐만 아니라 상호맥락의 분석은 영화 의미에 대한 사회문화적 담론 상황의 본질적인 영향을 드러낼 수 있으며, 무엇보다도 오랜 역사적 시간을 거치면서 현재까지 다양한 역사체제 아래 성장해온 영화의 실존적 특이성을 밝힐 수 있다.

이것은 영화가 최소한 사회문화적 맥락에서 자리매김하고 있는 역사적 의미를 적절히 찾아내어, 과거의 사회적 역사적 사건의 과정과 영화의 관계를 가능한 완벽하게 재구축하려는 기획의 일환이다. 이 과정에서 제기할 수 있는 한 가지 질의는 과연 영화를 둘러싼 그리고 영화에 관한 가능한 모든 함의를 발굴할 수 있을까 하는 점이다. 다시 말해 이런 질의는 기본적으로 예술로서 문학과 영화는 사람의 삶과 그러한 삶의 터전인 사회에 관한 것이라면, 이들 매체에 대한 통섭적 접근은 영화와 사회의 역사적 · 문화적 이행 사이의 관계에 연루된 여러 요인들을 규명하고, 한 때 이들 영화와 관객에게 의미를 부여했던 다양한 맥락에 관하여 포괄적이고 총체적인 관점을 제시한다.

학제 간 접근은 대중문화의 수용에 비해 그동안 상대적으로 진전이 더딘 편이라 할 수 있다. 학제 간 접근으로서 문학과 영화는 사회를 비롯한 현대의 제도 기관과 시점을 경유하여 영화의 의미와 주제를 재 동기화하는 것이다. 이러한 학제적 접근과 해석은 그 자체의 프로토콜과 관례를 가지고 영화의 의미를 되살리고 발굴하기 위한 것으로서 보다 다양한 이슈를 탐구하기 위해 영화를 사용하는 것이다.[1]

그러나 영화의 형식적 측면에서 극의 전개 구조상 영화의 묘사에 사용되는 다양한 시각적 요소를 포함한 극적 차원과 주제적 측면을 고려하지 않을 수 없다. 이를테면, 사회 속의 법과 정의 문제를 주요 현안 주제로 다루는 어떤 법정 드라마의 경우, 이 또한 법이 갖는 다양성을 증명하는 주제로서, 이를테면 추리영화, 경찰영화, 서부극 등과 같은 장르영화 사이의 경계를 흐리는 주제이기는 하지만, 그조차도 광범위한 당대 사회의 도덕과 주요 현안 사회 이슈를 다루면서 다양한 사회적 관심사를 탐구하는 수단을 제공하게 된다. 대부분의 경우에 영화는 법과 사회 사이에서 대립하는 양측의 법적 분쟁으로 비화되는 중요한 동시대의 도덕적 이슈에 집중하고 법은 이들 현안 문제를 공식적으로 해결해야 하는 주요 수단이 된다.

우선, 영화가 갖는 주요 이슈는 법이 사회 정의를 제대로 실현하지

---

1) David Bordwell, *Making Meaning: Inference and Rhetoric in the Interpretation of Cinema*, Cambridge, MA: Harvard UP, 1969.

못하는 경우, 과연 법은 누구의 편인가 하는 문제가 남는다. 통시적 시각에서 법을 다루는 영화의 특징은 상당한 변화를 겪어온 것은 사실이며, 그러한 과정에서 법과 관련한 영화 속 인물들도 많은 변화를 겪어왔지만, 예나 지금이나 변치 않은 것은 법이 개입되지 않은 영화가 없을 정도로 많은 영화들이 그 정도의 많고 적음을 떠나 다양한 법적 이슈와 정의 문제를 다루고 있다는 점이다.

다음으로 법정 심리 자체는 극적 형식의 관점에서 드라마와 사실상 그 방식이 동일하며 법은 다양한 종류의 이야기 장치를 갖고 있다. 이러한 맥락에서 법이 스토리텔링의 매력적이고 유용한 장치를 만드는 중심적 특성과 모순을 갖고 있음을 관찰하는 것은 중요하다. 그러므로 법을 주요 테마로 다루는 영화의 본질은 "그것이 작가와 감독에게 선/악, 옳음/그름, 도덕/비도덕 등으로 묘사될 수 있는 두 개의 대립하는 힘의 충돌을 위한 잠재력을 탐구하는 기회를 제공"하는 것이다.[2]

또한 법이 갖고 있는 주요 특징은 영화와 마찬가지로 가시성에 있다. 이것은 '법은 행해질 때 볼 수 있다' 혹은 '법 앞의 평등'과 같은 아포리즘을 통해 알 수 있다. 게다가 정의의 여신상은 법무부와 법원 건물 등을 비롯하여 도처에서 찾아볼 수 있다. 이것은 법의 집행 과정 그 자체가 시각적인 스펙터클, 다시 말해 법의 가시성을 토대로 하고 있음을 보여주고 있고 영화가 갖는 본질과 동일한 것이다. 정의의 여신상은 원래 처음에는 눈을 뜨고 있는 형태를 유지했음은 주지의 사실이다. 그래서 법적 판단이 시각적 증거에 대한 의지에 기초한다는 의미를 가진다면, 눈

---

2) Steve Greenfield et al., p. 57.

을 가린 여신은 16세기 이후 등장하며, 이때 눈을 가린 것은 맹목이 아니라 공평무사를 뜻하는 것이다.[3] 이와 같은 정의의 여신상의 변화는 법의 실현이 시각적 방식에서 언어 수사를 기반으로 한 정의실현 방식으로의 변천을 예증한다.[4]

이것은 법정 내 복장의 변화와 일부 영화를 통해서도 잘 드러난다. 예컨대 아기자기한 장식의 삽화가 법전과 법정에서 사라지고 화려하고 전통적인 법복은 차분해진다. 영화의 경우, 실베스터 스탤론이 주연한 〈저지 드레드〉(1995)의 드레드가 입고 있는 제복에 가까운 판사 복이라든지, 〈나의 사촌 비니〉(1992)에서 비니 감비니 변호사가 법정에서 보여주고 있는 가죽 재킷 차림의 복장은 통상적인 법조인의 모습과는 확연히 다른 모습이다.

감비니가 재판에 입고 나온 복장은 매우 일상적이고 캐주얼하여 법정에 선 그의 모습은 도저히 변호사의 복장으로는 보이지 않는다. 감비니의 이러한 복장의 특성은 미국 남부의 엄격한 규칙 엄수에 기반 한 보수적 법정 분위기에 대한 어떤 대안을 그의 자유로운 복장을 통해 제시하고자 한다. 또한, 저지 드레드가 입고 있는 판사복은 SF식의 미래 도시의 풍경을 반영하고 있고, 법복으로서 그의 복장은 기존과 판이하게 다른 모습으로 일체의 전통적인 의미의 사법적 권위를 담고 있지 않다. 이것은 사법적 정의실현이 법정 차원에서 이루어지지 않고, 현장의 길거리 차원에서 즉각적이고 가시적인 현시를 통해 이루어짐을 보여주기 위한 것이다. 이것은 액션을 기반으로 한 장르영화를 통해 법의 시각적 가시

---

3) 박홍규, 29쪽.
4) 박홍규, 23-29쪽.

성을 극단적으로 보여주는 대표적인 사례이다.

푸코가 밝혔듯이, 이와 같은 법의 가시성은 역사적으로 19세기 초까지 공공장소 등에서 행해진 가혹한 신체 형벌의 공개 집행을 통해 가장 극적으로 나타난다. 법의 가시성의 주된 목적은 강력한 억지 기능이었기 때문이다. 이와 같은 법의 가시적 집행은 공공장소 등에서의 공개적인 형 집행과 형벌 집행 등이 점차 줄어들고 대신에 사적 영역으로 이동하면서 더 이상 고문이나 가시적인 신체적 제재에 의존하지 않으면서, 이를테면 야외에서 벌어지는 대규모 유형의 형벌은 가시적으로 사라지기 시작한다. 그러나 사실 형벌의 가시적 스펙터클은 사라진 것이 아니라 법정으로 이동했을 뿐이다.[5] 수많은 영화 속 재판과 소송 장면들이 그 증거이다.

학제 간 수용 연구는 이와 같은 가시성을 공통점으로 기반 삼은 상호 텍스트적 맥락과는 또 다른 주제적 맥락에서 영화가 원래 의도한 것과 현저히 다른 비평적 평가를 다양한 관점에서 접근할 수 있다. 영화의 경우에 이러한 학제 간 접근은 작가주의, 기호학, 정신분석, 페미니즘뿐만 아니라 식민주의와 탈식민주의를 비롯한 다양한 의제와 시점을 기반으로 한 영화적 수용이 영화의 의미 변화에 어떤 영향이 가해졌는지 살필 수 있게 한다.

영화의 가시적 통섭적 이미지

영화는 19세기 말에 탄생한 예술 양식이다. 이른바 근대성의 개념이 탄

---

5) Steve Greenfield et al., p. 59.

생한 이 시기는 전보와 전화 그리고 사진이 발명된 시기이다. 또한 폭발하는 산업 자본주의와 소비 자본주의 성장의 중심에는 기차가 있었다. 근대성의 상징으로 기차가 최초의 영화 가운데 한편인 〈열차의 도착〉에서 주요 모티프로 자리하고 있는 것은 매우 인상적이다. 근대는 사람들이 무리를 지어 도시로 몰려들어 군중을 이루고, 이 때문에 근대의 거리 일상은 그 어느 때보다 더욱 복잡해진 시기이다. 근대의 시기에 도시는 교통과 소음, 상점 진열대와 진열 상품, 그리고 쇼 윈도우와 온갖 인간들의 몸짓과 시선들로 넘친다. 대중 집단의 개념으로 군중은 하나의 실체가 되고 이들 군중의 눈길을 끌기 위해 거리에는 포스터가 난무하게 된다. 당시에도 광고 포스터는 한순간 의기양양하게 붓질되어 부착되지만 곧 얼마 못가 찢어지고 사라지면서 사람들의 마음과 영혼을 가슴 설레는 공허함으로 무너뜨리는 기억과 망각에 관한 자극적이고 감각적인 인상에 바탕을 둔 소비문화의 예술로 인식되고 있었다.6)

  역동적인 근대 세계의 태동에 발맞추어 등장한 인상주의는 시시각각으로 변하는 일상의 움직임을 포착하기 시작한다. 사진은 움직이는 사물을 동결하고, 박물관은 사물을 밀랍으로 만들어 시간의 영원 속에 가둔다. 민속 박물관의 경우 현재보다 단순하고 소박했던 지나간 시절에 대한 추억과 향수를 달래 주며, 놀이공원은 사람들에게 광적인 템포와 무서운 속도로 긴장의 연속인 일상의 업무에서 벗어나 잠시나마 긴장을 풀

6) B. Singer, "Modernity, Hyperstimulus, and the Rise of Popular Sensationalism." In L. Charney and V. Schwartz (eds), *Cinema and the Invention of Modern Life*. Berkeley: University of California Press, 1995. 재인용. Talmeyr, M. (1896) "L'Age de l'affiche," *La Revue des deux mondes*.

고 공원길을 산책하게 한다. 기차여행은 사실상 영화를 보는 것과 같다. 사람들은 좌석에 앉아서 차창이라 불리는 프레임을 통해 움직이는 시각적 물체를 바라보기 때문이다.[7]

영화는 관객들의 시선 뒤에 도사린 어둠의 그림자 속에 숨어 있다가 때가 되면 당대의 최신 과학 기술을 바탕으로 화려한 시각효과를 뽐내며 그 존재를 알린다. 이런 점에서 영화가 근대성과 함께 도래한 것은 놀라운 일이 아니다. 근대 의식에서 태어난 영화는 근대성을 대표한다. 영화는 근대 의식이다. 더 나아가, 영화가 20세기의 다양한 시기에 발전하고 변화할 때 영화는 집단정신의 다양한 변화와 상응한다. 물론 그 반대도 사실이다. 정신이 변화해 나갈 때, 이들 변화는 영화 속에 반영된다. 그 결과는 1920년대의 놀라울 정도로 해방된 영화들과 대공황기와 고전 할리우드 시대의 스크루볼 코미디 영화, 그리고 2차 세계대전의 환멸을 배경으로 한 필름 느와르, 그리고 50년대와 60년대 개성주의 심리영화 등이다.

사람들이 본격적으로 관객 집단이 되어 함께 영화를 관람할 수 있도록 한 최초의 스크린 상영 영화 가운데 하나는 1895년 프랑스의 루이 뤼미에르가 만든 50초짜리 영화 〈공장을 떠나는 노동자들Workers leaving the Factory〉이 있다. 1894년 2월 13일에 뤼미에르 형제는 시네마토그래프 특허를 획득한 뒤 그해 여름에 노동자가 공장에서 퇴근하는 장면을 시네마토그래프로 촬영한 바 있다. 드디어 1895년 12월 28일 뤼미에르 형제는 파리 그랑 카페에서 첫 영화 상영회를 주관했다. 이 상영회에서는 〈공장에서 나오는 사람들〉 그리고 〈열차의 도착〉 등을 비롯하여 모두 열편의

---

7) L. Charney and V. Schwartz, (eds), *Cinema and the Invention of Modern Life*, Berkeley: University of California Press, 1995. p. 6.

작품이 상영되었다. 1896년에는 하루에 200명 이상의 사람들이 뤼미에르가 영화 상영을 위해 빌린 파리의 그랑 카페 지하에 몰려들었다.

〈달세계 여행〉으로 유명한 프랑스의 조르주 멜리에스의 삶을 소재로 한 마틴 스콜세지 감독의 〈휴고Hugo〉(2011)가 생생히 재연한 바, 1895년 뤼미에르 형제의 영화를 본 프랑스의 마술사 조르주 멜리에스는 단박에 영화의 가능성을 알아차리게 된다. 그는 자신의 마술 공연 프로그램에 영화를 포함하고 싶었다. 그러나 뤼미에르 형제는 기계를 팔지 않았다. 우여곡절 끝에 영국에서 장비를 들여온 그는 1897년 온실 형태의 스튜디오를 제작하여 캔버스 위에 달을 포함한 여러 세트를 꾸민 뒤 수많은 마술 같은 판타지 영화를 만들기 시작했다. 1902년 제작한 〈달세계 여행〉은 인기의 정점을 구가했지만 영화의 인기는 1905년 이후 서서히 내리막길을 걷다가 결국 1912년 빚더미에 올라앉으면서 마침내 영화 제작을 포기하게 된다. 멜리에스는 아내가 차린 장난감 가게에서 일하다 1938년 사망한다. 스콜세지의 〈휴고〉는 그의 이러한 파란만장한 영화적 삶을 생생히 보여주고 있다.

멜리에스의 영화와는 달리 뤼미에르가 만든 영화의 경우, 대부분 현실과 일상 속의 한 가지 사건과 사실만을 담고 있다. 뤼미에르 형제는 당시 시네마토그래프 기술을 이용하여 주로 무너져 내리는 벽, 젖 먹는 아기, 공장을 떠나는 노동자 등을 필름에 담는다. 가장 먼저 찍은 장면도 자기 집안이 운영하는 이른바 '뤼미에르 공장'을 나오는 사람들이다.

그렇다면 왜 직접 공장을 떠나는 노동자들을 보러 가지 않는가? 실제 현실이 더욱 생생할 텐데 말이다. 생생한 색상과 소리가 있는 현실은 게다가 얼마든지 공짜이다. 그 해답은 영화 행위에서 이루어지는 모든 변형 과정은 주체의 정신을 새로이 만들거나 자유로이 방면하는 데 있다. 영화의 장면은 더 이상 단순한 자연과 현실이 아닌 예술이다. 영화를 보는 관객은 현실에서 예술로의 변형을 경험하는 것이며, 그래서 그것에 이끌리게 되는 것이다. 물론 이 과정에서 관객은 현실의 실체적 감각을 희생하는 대신, 미적 차원의 흥분과 즐거움이라는 엔터테인먼트를 보상받는 것이다.

예술은 일상과 현실의 과잉 자극을 다루는 한 가지 방법이다. 미술이 캔버스의 공간적 프레임과 기법의 형식 속에 카오스적인 시각적 인상을 담아내고, 음악은 악보와 악기의 제한적 공간과 청각적 형식을 바탕으로 한 이른바 시간예술을 시도한다면, 영화는 카메라를 통해 스크린에 투사되고 가속화되는 프레임의 연속을 통해 복잡다단한 현대의 과잉 자극의 카오스를 때로는 적절한 서사가 뒷받침된 비주얼 예술 형식으로 엮어낸다.

물론 엔터테인먼트는 하나의 역설이다. 엔터테인먼트는 묶기도 하지만 자극도 주기 때문이다. 예를 들어, 뤼미에르 형제의 영화를 보기 위해 그랑 카페에 몰려드는 사람들은 휴식을 취하러 그곳에 가는 것은 아니다. 그들이 그곳에 가는 이유는 스크린에 투사되는 이벤트를 지켜보는 것이 흥미롭고 자극적이기 때문이다. 현실의 삶은 오로지 카메라를 통과하여 스크린에 투사됨으로써 변형된다. 그러므로 관객이 영화 보기의 경험에 참여하는 것은 좋은 의미이든 나쁜 의미이든 어떤 경우이든 자극을 통해 변화되는 것을 뜻한다.

이 대목에서 멜리에스와 에드윈 포터의 영화는 초기 영화사에서 판타지와 리얼리즘의 양 극단의 기술적 측면과 상상의 측면 모두에서 혁신을 가져온 경우이다. 특히, 멜리에스의 〈달세계 여행〉과 포터의 〈대열차강도〉는 두 영화 모두 서사영화이지만, 존재론적 측면에서 멜리에스의 영화가 상상의 극단에 이른 반면, 포터의 〈대열차강도〉는 더욱 극적이고 사실적인 세계를 연출하면서 독특한 스타일을 창조해내고 있다.

스콜세지의 영화 〈휴고〉가 생생하게 보여주고 있는 것은 보는 즐거움에 관한 영화의 기원이다. 스펙터클을 선호하는 무대 마술사였던 멜리에스는 1902년 당시로서는 너무나도 혁신적이면서도 보는 즐거움으로 가득 찬 10분짜리 영화 〈달세계 여행〉을 만든다. 사실 영화의 모티프는 쥘 베른의 〈지구에서 달로〉(1865)와 H. G. 웰스의 〈달세계 최초의 사람〉(1901)에서 가져온 것이다. 멜리에스의 영화는 일단의 천문학자들이 달 여행의 가능성을 논의하는 것으로 시작된다(수석 천문학자와 화자는 멜리에스 자신이다). 영화는 다섯 개 정도의 플롯으로 구성되어 있다. 맨발의 일꾼들이 항해복을 실어 나르는 가운데 과학자들은 우주복으로 갈아입은 후 우주선에 탑승하여 달로 발사된다. 착륙할 때쯤 여행에 지친 이들은 잠에 곯아떨어지게 되고 화가 난 별들에 대한 생생한 꿈을 꾼다. 이들이 깨어날 때, 달을 침입한 것에 대한 벌로 눈이 내린다. 그때 이들은 크레이터 내부로 떨어지게 되고 여기서 달의 인간들과 우연히 만나게 되고 이들과 갈등이 빚어지게 된다. 과학자들은 달아나려고 우주선으로 뛰어든다. 달의 인간 한 명이 우주선에 달라붙어 있다가 바다로 뛰어든다는 내용이다.

이에 비해, 미국의 에드윈 포터가 만든 〈대열차강도〉(1903)의 경우, 서부극 장르의 시작을 알린 작품이다. 미국의 에디슨 연구소 소장을 역임한 그는 대중의 취향을 날카롭게 파악하여, 대부분의 영화를 뉴스, 만화, 정치, 만평 등을 소재로 하여 제작한 것으로 정평이 나 있었다. 〈대열차강도〉는 영화가 시작되면 범법자 무리가 역장을 때려눕히고 묶은 후 기차역을 빼앗는다. 이윽고 강도 무리는 기차에 올라가 객실로 들어간 후 경비원을 총으로 쏘아 죽이고 금고를 열고 승객들을 턴 다음 탈출을 시도하는 승객에게 총격을 가한 뒤, 기차 위의 경비원과 한바탕 격투 끝에 그를 때려눕히고는 움직이는 기차 밖으로 그를 던져 눕힌다. 기차에서 말로 옮겨 탄 이들은 숲 속의 어느 한 지점으로 집결한 다음 말에서 내려 빼앗은 물건들을 나눈다. 바로 그때 경찰이 나타나서 그들의 계획을 수포로 돌아가게 한다는 내용이다.

관객의 입장에서 영화 속의 모든 것은 통섭적으로 구축된 가시적인 리얼리티이다. 단순히 영화의 형식과 범주 그리고 상상의 방법만 고려할 경우에도 〈달세계 여행〉은 SF영화이고 〈대열차강도〉는 리얼리즘 영화임을 쉽게 알 수 있다. 그러나 이 같은 범주는 스타일의 접근과 상상의 방법에 근거한 극히 자의적인 영화의 형식적 분류에 불과할 수 있다. 상상력과 작업하는 것은 영화 세팅이 반드시 달에 설치되어 있어야 한다는 것을 의미하는 것은 아니기 때문이다. 물론 영화의 세팅은 실제로 달리는 열차의 지붕이거나 달일 수도 있다. 그러나 실제 촬영 로케이션이 어디가 되었든 영화 만들기의 기반은 창조를 위한 상상에 있으며, 영화는 장르와 형식이 무엇이든 그것은 상상의 시각적 산물이다.

카메라는 일종의 눈이다. 뤼미에르는 스튜디오 문 앞에 카메라를 고정 설치하여 영화를 찍었다. 이 경우에 카메라는 오로지 시각적으로 감지되는 물체를 프레임 안에 담는 일종의 관찰하는 눈이다. 말하자면 카메라는 고정 정지된 상태에서 움직이는 사물을 감지하여 렌즈 프레임 안에 담은 것이다. 그러다가 곧 카메라에 바퀴가 설치되면서 카메라는 이동이 가능해 졌고 수직과 수평 방향으로 회전도 가능해진다. 카메라 앞의 액션이 이동하면 감지자로서 카메라도 움직이게 된 것이다. 특히, 예를 들면, 어떤 대상이 수직으로 움직이는 동안 카메라도 360도 팬이 가능하게 된다. 이와 같이 자유롭게 기동이 가능하게 된 관찰자로서 카메라와 관찰 대상 사이의 복합적인 상호작용은 영화 전체에 영향을 주게 된다. 카메라는 세계와 상호작용하고 인간의 지각을 흉내 내면서 관객 대신 생각할 수 있게 된 것이다.

영화는 다양한 방법을 통해 인간의 현실과 경험을 반영하고 창조한다. 그렇다면 영화적 사유는 어떻게 가시적이고 통섭적으로 이루어질까? 그것은 다름 아닌 시점을 통해서라 할 수 있다. 〈시민케인〉(1941)에서 낮은 곳의 카메라가 높은 곳에 위치한 케인을 비추면서 자연스럽게 그의 위상과 권위를 드높게 연출한다. 〈햄릿〉(2000)의 경우, 거트루드와 클로디어스 그리고 햄릿이 뉴욕 맨해튼 거리를 휘몰아치듯 지나갈 때 카메라는 매우 심각한 표정의 햄릿을 실제보다 클로즈업으로 비추어 그의 폭풍 전야의 심적 갈등에 세심한 초점을 맞춘다. 따라서 카메라의 물리적 거리와 위상은 관객에게는 심적 거리와 위상으로 연출된다. 〈인사이더〉(1999)의 경우 극단적인 클로즈업은 양심과 불의에 굴하지 않는 성격 때문에 (의사소통 미달이란 이유로) 회사로부터 해고를 당한 후 텔레비전 프로그램 〈60분〉과 만난 주인공 제프리 와이갠드(러셀 크로우)를 면밀히 비춘다. 관객은 그의 턱과 그의 피부의 모공까지도 또렷이 관찰하면서 그의 심리 상태를 관찰할 수 있다. 이와 반대로, 〈사이더 하우스Cider House Rules〉(1999)의 크레인 쇼트는 과수원 높은 곳에서 아래를 비추고, 과수원 나뭇가지는 관객의 시선을 방해하면서 부녀 사이의 근친상간을 감추고 있다.

영화에서 시점은 다양한 감성적 리얼리티를 창조한다. 보통 영화 스크린의 카메라 숏의 이동은 동쪽에서 서쪽으로, 즉 오른쪽에서 왼쪽으로 이루어진다. 예를 들어 서부영화 및 로드 무비 속의 주인공의 여행을 추적하는 숏의 이동은 프레임의 오른쪽에서 왼쪽으로 향한다. 이것은 실제로 해가 지는 방향이기도 하다. 이 같은 방향성은 무의식적인 상징이나 어떤 원형적인 의미를 담고 있지 않다 하더라도 정말로 중요한 것은 이같은 방향이 영화와 숏에 있어서 미학적으로 어떻게 작용하는가 하는 점이다. 숏 컷은 영화매체의 핵심이다. 따라서 컷에 의한 동작과 시간 그리고 공간의 생략은 영화적 사유의 주요한 방법 가운데 하나로서 관객의 지각과 상상은 이러한 생략에 근거한 영화적 편집을 즉각 이해하게 된다. 그러므로 컷에 의한 생략은 관객 자신의 사유를 결정하고 지배하는 영화적 사유의 핵심 요소이며, 일반적으로 영화는 이러한 생략에 근거한 편집 컷으로 구성된다.

컷은 시점과 시점을 연결한다. 예를 들어 멜리에스는 〈달세계 여행〉에서 두 가지 시점의 달 착륙을 보여준다. 물리적으로 두 시점을 통해 지각하기 위해서는 각각의 시점에 대해 물리적으로 각각 다른 장소에 있어야 한다. 그렇게 하려면 엄청나게 많이 걸어야 하는 수고를 들여야 하지만, 영화는 이것을 매우 신속하면서도 풍부한 상상을 통해 안내할 수 있는 것이다.

컷의 수는 영상의 진행 속도를 빠르게 보이게 한다. 매우 광적인 패스트커팅을 선보이고 있는 MTV가 대표적인 경우이다. 최근의 영화는 이와 비슷하게 멀티플 컷을 사용하는 경향이 늘고 있는 추세이다. 예를 들어, 〈블레어 위치The Blair Witch Project〉(1999), 〈브레이킹 더 웨이브Breaking the Waves〉(1996), 〈원더랜드Wonderland〉(1999) 같은 영화들은 이탈리아 네오 리얼리즘과 프랑스의 누벨바그 계열의 일부 영화들이 그랬던 것처럼, 핸드헬드 카메라를 가지고 실험하면서 거칠고 친밀하거나 다큐멘터리 같은 느낌을 주는 영화 연출을 시도한다. 〈타임코드Timecode〉(2000)의 경우는 스크린을 아예 네 개로 나누어 각기 다른 이야기마다 다른 시점을 부여하고 각 이야기는 롱테이크 비디오 방식으로 찍고 있다. 심지어 인터넷에서는 인터렉티브 영화를 즐길 수도 있다. 관객은 마우스로 어떤 방향이든 상관없이 원하는 방향으로 360도 클릭이 가능한 것이다. 이러한 영상기술과 스타일의 실험은 관객의 지각과 인식의 패러다임을 획기적으로 바꾸는 계기를 제공하기도 한다. 이것은 기존의 관행과 상투성을 해체하는 데에서 시작한다.

데이비드 린치의 〈스트레이트 스토리The Straight Story〉(1999)를 보자. 영화는 아이오와 옥수수 평원에 대한 공중 쇼트로 시작된다. 높은 곳에서 바라보면 차라리 누비 매트 같아 보인다. 탈곡기 뒤로 서서히 내려온 카메라는 탈곡기 뒤에서 자로 잰 듯이 똑바르고 빈틈없이 베어진 옥수수를 강조하듯이 비춘다. 따라서 이 대목에서 영화의 제목이 똑바르고 빈틈없는 아이오와 주를 뜻하는 것인지, 아니면 똑바르고 빈틈없는 어떤 가치를 나타내는 것인지, 아니면 똑바르고 빈틈없는 어떤 이야기를 담고 있는 것인지 관객은 고민하게 된다.

영화는 디졸브되어 그 날 하루 일과를 끝내고, 늦은 오후 길게 그림자가 드리워진 큰 길을 따라 내려가고 있는 탈곡기를 비춘다. 마을은 텅 비었고 개 몇 마리만이 이리 저리 거리를 어슬렁거리고 있다. 영화는 다시 디졸브되어 한 주택가 마당 높은 곳에 이르고, 달리 쇼트를 통해 한 사람이 떠나는 것을 비추고는 다시 돌아와서 멈춘다. 카메라가 멈춘 것이 이번이 처음이다. 그렇지만 카메라는 여전히 높은 곳에 있고 약간은 무심하듯이 객관적인 거리와 위치를 유지한다. 이제 카메라는 약간 아래로 내려와서 핑크 옷을 입은 한 여자가 라운지 의자에 앉아 차양 모자를 벗고 일어나 집 뒤 주위로 가는 것을 비춘다. 카메라는 천천히 음산하게 거의 위협적으로 그림자를 통해 움직이고 집을 덮치려는 순간 갑자기 창문 앞에서 멈춘다. 그때 안에서 둔탁한 소리가 들리지만 카메라는 창문 앞에 멈춘 채 고정되어 있다. 이렇게 카메라가 창문 앞에 멈춰 있는 것은 기존의 영화적 관습을 깨뜨리는 것이다.

통상적인 경우라면 관객은 카메라가 창문을 통해 들어가기를 기대한다. 그러나 집 안에 둔탁한 소리가 나고 무엇인가 어떤 일이 일어나고 있음에도 불구하고 카메라는 그냥 창 밖에 멈춰 있다. 여기서 카메라는 창문 안으로 들어가지 않는 통상적인 관객의 예상과 다른 비 관습적인 태도를 견지함으로써 역설적으로 관객의 의식을 일깨운다. 그 순간 한 작은 천사가 밖으로 튀어나온다. 카메라가 기존의 영화적 관습을 깨고 집안으로 들어가지 않고 창문 바깥에서 멈춘다는 것은 영화가 다루는 삶과 죽음과 관련된 몇 가지 주제에 대해 의미심장한 것이다. 여기에는 계절의 끝자락, 긴 그림자, 추수, 하루가 끝나 가는 무렵, 어두운 추수꾼(탈곡기) 등이 바로 그것이다.

심지어 디졸브조차 삶의 사이클을 암시하고 있다. 디졸브란 하나의 이미지가 사라지면서 다른 이미지가 서서히 포커스에 들어오면서 장면 전환이 이루어지는 것을 말한다. 카메라는 마치의 죽음의 필연성 같아 보인다. 마치 죽음이 가까이 있는 만큼 카메라는 가까이 있는 것이다. 하지만 카메라는 몰개성적이고, 높은 곳에 위치해 있고, 비정하고, 심지어 야수적이다. 영화의 오프닝 숏에서조차 카메라는 냉정하다.

창문을 통해 집안으로 들어가지 못하는 카메라가 전달하는 또 다른 메시지는 다음과 같다. 이 집은 한마디로 말해서 굳게 닫힌 집이고, 지극히 폐쇄적인 집이라는 것이다. 그래서 이것은 영화의 관객이 그 집안을 볼 수 없는 결정적인 이유가 된다. 그러나 영화의 카메라는 기존의 상투적인 관습을 깨뜨리면서까지 창문을 통해 들어가지 않고 창문 앞에 참을성 있게 멈추어 서서 냉정을 유지한 채 죽음의 문 앞에선 형제의 화해와 이를 통한 삶의 완성에 관한 이야기를 참을성 있고 끈기 있게 들려주면서 영화의 미학적 의미를 새롭게 일깨우는 것이 가능하게 해준다.

카메라는 늙은 앨빈이 그의 딸과 함께 살던 바로 이 "굳게 닫힌" 공간을 떠나는 모습을 잔잔히 보여준다. 잔디 깎는 기계를 타고 위스콘신을 향해 상당히 영웅적인 모습으로 여행을 떠나는 것이다. 너무 늦기 전에 죽어 가는 동생과 화해하기 위해서이다. 이런 점에서 〈스트레이트 스토리〉는 어떤 신화적인 원형 구조와 의미를 담고 있는 이야기라 할 수 있다. 늙은 노인이 여행을 떠난다는 측면에서 영화는 천로역정의 이야기이자 오디세이이기도 하며, 심지어 형제간의 오만과 질투에 사로잡힌 카인과 아벨의 이야기가 되면서 깊은 영화적 감동을 선사한다.

:5 영화 속의 계급과 문화, 인종 그리고 여성

1960년대 이후 문화의 의미는 기존의 정전 중심에서 한 사회집단 내지 초국가 수준의 특정한 삶의 방식을 일컫게 되면서, 이제 문화는 국가 내지 지역 단위의 사회문화적 차원과 일상의 차원을 넘어 전 지구적이고 대중적인 차원을 포괄하게 된다. 이것은 대중문화 연구와 관련하여 통시적 공시적 관점에서 이를 생산하는 지역과 국가 그리고 인종 및 민족의 경계를 넘어 전 지구적인 문화 체계에 관심을 기울이는 것을 의미하면서, 특히 영화를 포함하여 문화의 초국주의적 흐름과 관련하여 영화와 예술 텍스트를 가로지르는 계급과 인종 그리고 민족과 관련한 담론적 특성을 사회, 경제, 문화의 틀 속에 바라볼 이유가 생긴 것이다.

원래 영화 연구의 출발이 개별 텍스트에 관심을 갖고 미적 가치를 인정하는 것이라면 문화 연구는 텍스트와 독자/관객으로서 수용자가 만나는 담론과 사회문화적 맥락에 중점을 두는 경향이 있다. 이때 인종과 민족성에 대한 비평적 시각은 영화와 관련한 리뷰 저널리즘을 관통하는 중심 주제 가운데 하나로 자리매김한다. 실제로 많은 연구자들은 영화에 나타난 다양한 인종과 민족성의 양상에 관심을 보인다. 민족적 인종적 정체성의 사회적 구성체는 광범위하게 영화에 영향을 미치고 있기 때문이다.

90년대 이후 인종주의와 민족주의는 식민주의, 탈식민주의 그리고 초국주의와 관련한 다양한 동시대 문화이론의 노동과 계급, 이데올로기와 권력 등의 학제 간 주제와 접목되어 영화를 둘러싼 담론 환경을 관통하고 있다. 이 점을 몇 편의 영국 헤리티지 시네마 계열의 영화와 프란시스 코폴라 감독의 〈지옥의 묵시록〉 그리고 덴마크 여류 소설가 아이작 디네센의 소설을 원작으로 하고 있는 영화 〈아웃 오브 아프리카〉를 통해 살펴보자.

〈남아있는 나날〉

2017년 노벨문학상을 수상한 일본계 영국 소설가 가즈오 이시구로의 소설을 영화로 만든 제임스 아이보리의 〈남아있는 나날Remains of the Day〉(1993)은 영국인의 성격과 영국사회의 계급구조 및 영국문화의 단면을 잘 보여주고 있다.[1] 1950년대 전후, 영국의 스티븐스는 달링턴 홀

---

1) 박종성, 「이방인의 영국사회 엿보기: 영화 〈남아있는 나날〉」. 『더. 낮게 더. 느리게 더.

Darlington Hall의 집사다. 그는 20년 전쯤 달링턴 홀에서 가정부로 함께 일한 적 있는 미스 켄튼에게서 편지를 받는다. 그녀는 결혼 후 최근 이혼한 상태다. 소설은 달링턴 홀에서 평생을 집사로 보낸 스티븐스가 미스 켄튼으로부터 편지를 받고 그녀를 만나기 위해 길을 떠나는 일주일간의 기록이다.

스티븐스는 여행을 하면서 1930년대 미스 켄튼이 가정부로 일하기 위해 처음 도착하던 날을 회상한다. 그리고 그는 1930년대 국제회의 장소로 유명했던 달링턴 홀과 그 성의 주인이었던 달링턴 경을 위해 헌신적으로 일했던 지난날을 회고한다. 작품은 지배계급에 대한 하층계급의 충성이데올로기를 정당화하려는데 있는 것이 아니다. 오히려 맹목적인 헌신이 가져오는 위험성과 비극성을 풍자하는데 있다. 스티븐스와 달링턴 경은 모두 좁고 어두운 자신들만의 터널 속에 갇혀 세상을 내다본다. 두 사람 모두 독신이고 이상이 깨어진다는 것은 이들의 삶이 불모의 속성을 지니고 있음을 말해준다. 작가 이시구로는 이방인의 시각으로 영국인 하인과 주인이 추구하는 이상주의가 침식되어가는 과정을 잔잔하게 그려내 보인다.[2]

김성곤 교수는 영화가 표면적으로는 성실한 집사장 스티븐스의 일대기로서 천직의식과 명예와 예절과 충성심에 대한 작품으로 이해하면서, 집사 스티븐스의 일생과 영국의 근대사를 대비시켜 과거의 실수와 현재의 애수를 돌이켜보며, 그동안 인간이 상실한 것이 과연 무엇인가를 성찰해주는 훌륭한 영화로 평하고 있다.[3]

부드럽게』, 박종성 지음, 한겨레신문사, 2001, 42쪽.

2) 앞의 글, 46-47쪽.

박찬욱 감독은 제임스 아이보리에 대해 평하는 가운데, 그가 〈전망 좋은 방〉 때문에 이름은 유명해졌지만 한국에 팬은 그다지 많지 않고, 비록 대가의 반열에 올랐어도 고전 취향의 복고주의적 측면 때문에 '우리'로서는 받아들이기 좀 힘든 작가라고 말하면서, 그러다가 마틴 스콜세지가 아이보리를 부러워한 나머지 〈순수의 시대〉를 찍게 되었다고 밝힌 인터뷰 기사를 읽고는 생각이 달라졌고 그렇게 해서 구해본 영화 가운데 한 편이 〈남아있는 나날〉이라고 밝힌 바 있다. 그는 아이보리가 감독한 영화에서 거부감을 느끼는 것 중에 하나가 보수주의라고 지적하면서도 경탄스러울 정도로 완벽한 디테일로 재현된 복고적인 세트와 소품 그리고 의상뿐만 아니라 미묘한 억양의 차이 및 눈동자 움직임만으로도 완벽하게 감정 표현을 이루어내는 뛰어난 배우들의 연기는 놀랍다 못해 두려울 정도라고 평했다.[4]

같은 맥락에서 소설 『남아있는 나날』은 전형적인 한 영국인 집사의 삶을 그리면서 화려하고 장엄한 영국의 장원과 그 주변의 지극히 영국적인 전원 풍경으로 대변되는 고전적인 영국의 이미지를 재현하고 있다. '영국보다 더 영국적인' 영국을 형상화함으로써 이시구로는 오히려 실제 '영국보다 더 영국적인' 영국이라는 환상을 낱낱이 해부하며 해체하고 있다.[5]

그래서 달링턴 홀에서 평생을 바쳐 헌신해온 나이든 영국인 집사의

---

3) 김성곤, 「남아있는 나날: 과거의 실수에 대한 뒤늦은 깨달음」. 『헐리웃, 20세기 문화의 거울』. 웅진출판, 1997, 251쪽.
4) 박찬욱, "남아있는 나날". 「국민일보」 1999년 3월 2일, 35면.
5) 김영주, 「영국보다 더 영국적인: 카즈오 이시구로의 〈지난날의 잔재〉」. 『영어영문학』 50-2 (2004), 448쪽.

회고라는 형식을 통해 〈남아있는 나날〉은 영국 신사와 집사라는 문화적 규범에 내재된 빅토리아 시대의 지배논리를 살펴봄과 동시에 80년대 영국 문화의 한 단면, 즉 현재보다 항상 더 좋았던 것으로 기억되는 국가적, 민족적 과거에 대한 강한 집착과 향수를 포착하고 있다.[6]

시각적인 화려함과 전통성으로, 그리고 일반대중에게 화려한 볼거리를 즉각적으로 제공할 수 있다는 점에서 영국 내에 산재한 장원은 80년대 거대한 문화유산 산업의 핵으로, 영원한 영국을 대변하는 이미지로 떠오른다. 다수의 장원 순회방문은 영국인뿐만 아니라 미국인들을 대상으로 대중적인 관광 상품화되었고 장원의 건축양식 및 실내장식의 아름다움과 역사에 관한 책과 잡지는 선풍적인 인기를 얻고 있다. 영화계에서도 장원을 배경으로 과거 영국의 삶을 재현하는 시대물들이 제작 배포되어 많은 관객들의 시선을 끈 바 있다.

80년대 영국문화유산사업의 핵심을 이루는 장원으로 대변되는 영국에 대한 환상은 최근 영국 사회 전반의 동향을 반영하는 문화현상이라 할 수 있다. 장원으로 상징되는 영국은 한편으로는 웅장하고 화려한 외양을 과시하며 수세기에 걸쳐 축적된 부와 권위를 강조함으로써 80년대 영국 사회에 팽배한 과거 제국시대에 대한 무비판적인 향수에 부합한다.

『왕관 속의 보석』이나 『인도로 가는 길』 같은 인기 대중 시대물을 통해 과거 대영제국의 모습을 되찾으려는 대처 정권의 이면에는 이러한 현실 대체용의, 실제 이상으로 미화된 과거에 대한 향수가 서려 있다. 대처 시대 때 제작된 대부분의 시대물들이 목가적인 국가 정체성과 문화를 화

---

6) 상동.

려하고 장려한 볼거리로 재현하며 이러한 자연경관과 그 속에 자연스럽게 어우러진 영국의 문화를 진전한 영국적 특성, 즉 대영제국의 유산으로 제시한다는 점을 지적하면서 이러한 시대물들이 대체로 특정한 영국, 과거 제국주의 문화와 상류계층으로 대표되는 영국에 대한 향수 어린 재구성을 통해 당시 영국 사회에 만연한 과거지향적인 정서를 반영한다고 본 것이다.[7]

〈하워즈 엔드〉

E. M. 포스터의 소설을 각색한 제임스 아이보리의 〈하워즈 엔드〉는 평화롭고 조용한 영국의 전원을 순수하고 건장한 영국인의 뿌리이자 고향으로 제시한 전형적인 헤리티지 시네마이다. 영화는 하워즈 엔드로 상징되는 영국의 전원을 섬세한 묘사의 영상으로 담아내면서 숨 가쁜 변화와 유동성으로 방향성을 잃고 부유하는 런던사람들에게 잃어버린 고향에 대한 향수어린 기억일 뿐 아니라 현재를 치유하고 미래를 모색하는 화해와 통합의 장으로 그리고 있다.

그렇지만 포스터의 소설은 당시 '거대함이라는 환상'을 추구하는 영국 제국주의의 부도덕성과 이러한 확장의 역사가 서서히 와해되어가는 징조를 월콕스 가의 몰락을 통해 상징적으로 드러내는 한편, 인격적인 관계를 추구하는 자유주의의 도덕적 당위성에도 불구하고 현실에 있어서의 비실효성을 쉴레겔 자매를 통해 그려낸다.[8]

---

7) 상동, 451-452쪽.
8) 김영주, 「영국의 푸르고 아름다운 땅: 전원주의 국가 신화와 여성/성: E. M. 포스터의 〈하워

포스터의 『하워즈 엔드』는 런던으로 표상되는 근대화, 도시화, 제국화의 역사에 수반된 영국의 내적 분열이 해결될 가능성을 진지하게 모색한다. 포스터의 소설은 제목이 상징하듯이 영국의 내적 분열이 치유될 수 있는 상징적 공간으로 아담하고 유서 깊은 하워즈 엔드를 제시하고 있다는 것이다.[9]

포스터는 당시의 영국을 감수성의 심화와 내면의 삶을 추구하는 여성적 영국과 물질적 생산성과 외부세계로의 팽창을 추구하는 남성적 영국의 분열 상태로 파악하고 분열된 영국의 화합을 양성간의 결혼이라는 모티프를 통해 모색하는 한편, 전통적인 로맨스 서사구조를 영국문화에 뿌리 깊은 전원주의 국가관에 접목하여 영국의 목가적 전원을 영국의 역사와 영국의 문화가 영국의 자연 속에 동질화되고 그곳에 깃들어 있는 과거의 자정능력으로 현재를 치유하고 미래를 모색하는 공간으로 제시한다.[10]

김성곤 교수는 영화 〈하워즈 엔드〉가 고속으로 처리되어 시종일관 강렬한 흡인력으로 관객들을 사로잡으며, 거기에다 아름다운 영상과 환상적인 배경음악, 그리고 배우들의 뛰어난 연기력을 통해 영화를 한 편의 훌륭한 예술로 만들어주고 있다고 말한 바 있다. 〈하워즈 엔드〉는 각기 다른 두 가문의 갈등과 화해를 통해 삶의 두 가지 측면, 즉 정신세계와 물질세계의 대립을 성찰하고 있다는 것이다.[11] 그래서 하워즈 엔드는 예술과 물질, 그리고 환상과 현실이 조화를 이루는 곳, 또는 인간의 존엄성과 인고

즈 엔드〉와 버지니아 울프의 〈막간〉 비교 연구」, 『영미문학 페미니즘』 12.1 (2004): 58-59쪽.
9) 상동, 60쪽.
10) 상동, 63쪽.
11) 김성곤, 『김성곤교수의 영화에세이』, 김성곤, 열음사, 1994, 306쪽.

의 결과로 얻어지는 값진 대가의 상징이라고 할 수 있다는 것이다.[12)]

원작은 영국 중산층 사회의 인습적이며 위선적인 생활 풍속도와 이기심, 내적인 감정과 외적인 행동 사이의 관계 등 사람들이 일상을 살아가면서 연루되는 갖가지 종류의 갈등과 그 내적 관계들을 절묘하고도 섬세한 필치로 그려낸 작품으로 평가 받는다. 아이보리는 포스터의 원작속에 있는 다양한 형태의 갈등들을 영화 속에 고스란히 끌어들이면서도 원작소설의 담화적 개입을 대폭 생략하고, 영상을 통해 순전한 사실주의적 관점에서 접근해 들어간다. 말하자면 그는 포스터의 소설을 서정성 있는 멜로드라마로 재편하고 있는 것이다. 아이보리는 바로 소설이 갖는 긴장관계를 영화적 이미지를 통한 인간관계에 대한 섬세한 표현과 치밀한 플롯으로 재해석한다.[13)]

〈하워즈 엔드〉는 빅토리아 시대에 몰락해가는 상류층 노처녀들의 생활을 그리고 있는 영화이다. 그들은 불로소득을 하는 가난한 상속녀로서 자연을 벗 삼아 전원저택에 살고 싶어 한다. 하지만 이들은 곧 도시화된 자본주의 사회에 중산층으로 몰락하게 될 운명에 있는 사람들이다.

이들이 가진 특징은 끊임없이 꿈을 가지고 살고자 하며, 대화를 통해 삶을 이해해 가고자 노력한다. 이들은 독립적이며 사회와 타협하지 않는다. 그들 중 한 명은 꿈을 잃지 않는 노동자 계급 청년을 사랑하게 되고, 고매한 영혼을 가졌다면 계급을 초월하여 만나야 한다는 이상을 몸으로 말한다. 고매한 영혼만 가진다면 귀족계급이라 해도 언제든 노동계급과

---

12) 상동, 308쪽.
13) 이정호, 「조그만 사회 속 삶의 변증법: 하워즈 엔드」, 『영화로 생각하기』, 이병창 외, 한국방송통신대학교출판부, 2005, 195쪽.

상징적 결합을 한다는 영국적 이상을 영화는 보여준다.

영화는 지극히 영국적이다. 영국인에게 근대 초기부터 품어온 자신들의 고매한 인간에 대한 이미지와 특이한 계급의식, 곧 부르주아 계급의 천박성과 대비하여 귀족층과 노동계층의 동질성과 연대 가능성을 새삼 상기시키고 있기 때문이다. 그래서 조혜정 교수는 이 영화가 자기표현을 당당하게 하고 지혜롭게 삶을 운영해가는 근대적 여성상이 어떤 사회적 조건 속에서 만들어졌는지 잘 보여준다고 말하고 있다.[14]

〈올란도〉

한국에서 1994년에 개봉된 영국 출신의 샐리 포터 감독의 영화 〈올란도〉는 고도의 작품성, 빼어난 영상, 치밀한 구성, 바로크와 전자음향이 조화를 이루는 특이한 음악, 화려한 고전의상 등이 돋보이는 수준급 영화이다. 국내에서는 페미니즘 영화 운동 안에서 이상주의적이고 신비주의적인 하나의 출발점을 만든 영화로 평가받는다.[15]

죽음, 사랑, 시, 정치, 사교, 성, 탄생이라는 일곱 개의 단막으로 구성되어 있는 〈올란도〉는 버지니아 울프의 원작을 영화적 감성과 현대적 해석을 통해 예술의 어떤 경지로까지 승화시킨 작품으로서 여성주의 영화의 진정한 논의의 시작을 알리고 있다는 것이다.[16] 〈올란도〉는 문학과

---

14) 조혜정, 『탈식민지 시대 지식인의 글읽기와 삶읽기2』 또 하나의 문화, 1994, 183-4쪽.

15) 김성곤, 『김성곤교수의 영화에세이』, 318쪽. 김선아, 「피아노와 올란도: 여성성과 양성성 사이」. 『시네-페미니즘, 대중영화 꼼꼼히 읽기』, 김소영 편, 과학과 사상, 1995, 209쪽.

16) 정재형, 「양에서 질로의 변환 혹은 쓰레기 속에서 보석 찾기 (샐리 포터 감독 올란도)」. 『상상』 2.2 (1994): 99쪽.

인생, 현실과 꿈, 여성과 남성 등 서로 다른 것들의 화합과 공존을 노래하면서 여성의 정체성 탐험을 기록한 자서로서, 기본적으로 주인공 올란도를 통해 획일적 남근주의에 억압되어온 무의식의 귀환을 판타지의 목소리를 빌려 이야기하고 있다.[17]

김성곤 교수는 영화 〈올란도〉의 궁극적 주제는 바로 남성과 여성의 장점이 한 인간 안에서 조화를 이루는 양성인간의 추구이며, 현실과 환상이 뒤섞인 〈올란도〉는 남성위주의 가부장적 전통적 문화와 질서에 대한 체제 전복을 상징하면서 비로 이 점이 영화가 왜 죽음으로 시작해서 탄생으로 끝나는가 하는 이유라고 설명하고 있다.[18]

박종성 교수도 여성주의 영화감독 샐리 포터가 버지니아 울프의 동명소설을 영화로 만든 〈올란도〉는 '양성론'을 다룬 작품으로 파악한다.[19] 울프의 여성주의의 본질을 요약하자면 여성성과 모성성을 지키면서 남성성을 받아들여 양성성에 근접한다는 것인데, 부권주의 문화의 질곡 속에서 여성성 수호를 위해서 노력한 버지니아 울프의 외로운 투쟁이 더욱 돋보인다는 것이다.[20] 그러므로 주인공 올란도는 일련의 깨달음을 통해 여성을 옭아매는 속박의 사슬을 끊고 자유롭고 조화로운 삶을 사는 양성인간의 한 전형이라 말할 수 있다.[21]

---

17) 박명진, 「여성의 역사쓰기, 섹슈얼리티, 혼란스러운 정체성 -여고괴담 두 번째 이야기, 올란도」, 『욕망하는 영화기계: 한국영화의 시각적 무의식』, 박명진 지음, 연극과인간, 2001, 130쪽.
18) 김성곤, 『김성곤교수의 영화에세이』, 320쪽.
19) 박종성, 「양성인간의 탄생: 영화 〈올란도〉」, 『더 낮게 더 느리게 더 부드럽게』, 박종성 지음, 한겨레신문사, 2001, 236쪽.
20) 상동, 240쪽.
21) 김성곤, 「올란도」, 『문학과 영화』, 민음사, 1997, 278쪽.

대체로 〈올란도〉에 대한 저널리즘의 시각은 영화가 전위영화와 대중영화의 경계를 무너뜨리며 페미니즘 영화의 새로운 지평을 열고 있다는 것이다. 올란도의 4백년 삶은 여성사를 쓰기 위한 길고 긴 여정이며, 그리고 그 역사는 영국의 왕정사와 제국주의 그리고 질곡에 대항하는 대안의 역사를 제시한다. 그 대안이 역사 속에서 인간으로서의 독립을 선언하는 올란도는 여성의 새로운 모델이면서 미래 인간의 참모습이다.[22]

포터는 장난스러울 만큼 기지 넘치는 울프의 아방가르드 소설을 브레히트적인 기법과 만나게 해 그 실험성을 스크린 위에 성공적으로 옮겨놓았을 뿐만 아니라 영화의 후반부에 20세기를 덧붙여 19세기에서 끝나는 소설을 동시대화한다. 그것은 모터사이클을 타고 런던 시내를 달리는 올란도와 그의 딸의 당당한 모습을 여성운동의 현 지점을 알리는 유쾌한 지표로 읽을 수 있게 만든 것이다.[23] 샐리 포터의 영화적 해석은 다소 애매모호하다. 그럼에도 불구하고 다양한 가면들을 보여주면서 여성이 주체로 설 수 있는 공간을 탐색하는 영화 〈올란도〉는 60년대 이후 지속되는 페미니즘 영화의 귀중한 성과물이다.[24]

특히 전복적인 글쓰기 형식을 취하고 있는 〈올란도〉는 가부장 사회 제도와 가치에 저항하는 여성적 글쓰기를 보여준다. 이는 궁극적으로 남녀의 성차와 이원화를 넘어서려는 울프의 양성론적 비전 추구로 구체화된다.[25] 전반적으로 〈올란도〉에 대한 이해는 영화가 여성의 화법과 여성

---

22) 김소영, 「〈올란도〉: 무비카메라를 든 여자」, 『김소영의 영화리뷰』, 김소영, 한겨레신문사, 1997, 314쪽.
23) 김소영, 「올란도」, 『세계영화100』, 안병섭 외, 한겨레신문사, 1996, 292쪽.
24) 상동, 294쪽.
25) 양현미, 「올란도: 소설과 영화에 나타난 여성주의」, 『영어영문학연구』 32.1 (2006): 72쪽.

의 시선을 강조한다는 점에서 여성주의 영화의 해석을 가능하게 한다는 점이다. 이와 같은 접근은 영화 속 여성 시선의 단적인 예로서 주인공 올란도를 바라보는 카메라의 시선이 여성의 시선 즉 여성 동정적 시선을 갖고 있다는 점이다. 다시 말해, 영화의 카메라는 여성의 눈이 되어 올란도를 시종일관 동정적인 시선으로 바라봄으로써 영화가 여성입장에서 읽혀지게끔 유도한다.[26]

〈아웃 오브 아프리카〉

1985년 아카데미 작품상과 감독상 등 7개 부문을 수상한 시드니 폴락 감독의 〈아웃 오브 아프리카Out Of Africa〉(1985)는 덴마크의 여류 소설가 아이작 디네센Isak Dinesen의 소설을 원작으로 하고 있다. 작품은 당시 영국 점령 하에 있던 동아프리카 케냐를 배경으로 유럽 이주민과 케냐 원주민의 이야기를 카렌 블릭센의 서사를 통해 전달하고 있다.

영화의 시대적 배경은 1914년에서 1931년에 이르는 기간은 서구 열강들이 아프리카 식민지를 건설하기 위해 혈안이 되어있던 시기이고 일차 세계대전이 발발했던 시기이기도 하다. 일차 세계대전은 1914년 오스트리아-헝가리 제국의 선전포고로 시작되어 1918년 독일의 항복으로 종결된다. 이 전쟁에서 영국, 프랑스, 러시아 등의 연합국과 오스트리아-헝가리 제국, 오스만 터키 제국, 그리고 독일이 동맹국이 되어 서로 싸웠는데, 1917년 미국이 독일에 선전포고를 하면서 독일은 급격한 몰락의 길을 걷는다. 아프리카는 이 전쟁의 소용돌이에서 서구 열강의 식민지 쟁탈의

---

26) 정재형, 「영화의 양성성 개념 연구」. 중앙대박사논문, 2001, 148쪽.

희생양이 된다.

영화의 배경인 동아프리카의 케냐는 북으로는 해발 5,199미터의 케냐 산이 자리 잡고 있고, 남으로는 해발 5,895미터의 킬리만자로 산이 당시 독일 보호령과의 경계에 위치해 있으며, 서쪽으로는 빅토리아 호수가 자리 잡고, 동으로는 인도양이 펼쳐져 있다. 케냐는 1888년부터 대영제국 동아프리카 회사Imperial British East Africa Company의 영향권 아래 놓였으며, 일차 세계대전 종전 후 영국의 식민지가 되고 만다. 영화의 주 무대인 나이로비는 1905년부터 케냐의 수도가 되며 그 이전에는 인도양에 접한 항구도시 몸바사가 수도였다.

영화 속 주인공은 로버트 레드포드가 데니스Denys Finch Hatton 역을, 메릴 스트립이 카렌 블릭센Karen Blixen 남작부인 역을, 그리고 클라우스 마리아 브랜다우어Klaus-Maria Brandauer가 브롤 블릭센Bror Blixen 남작 역을 맡고 있다. 영화는 나이로비 인근의 니공 언덕에 자리 잡은 커피 농장에서 현지 원주민인 키쿠유 족 사람들과 함께 살면서 파란만장한 삶을 살았던 카렌의 인생역정을 그리고 있다.

영화는 카렌과 브롤 블릭센 남작 부부의 관계, 카렌과 데니스의 관계, 그리고 카렌과 원주민들과의 관계에 초점을 맞추면서 사랑과 존재, 소유와 무소유, 문명과 자연 등의 주제를 그리고 있다. 영화는 데니스에 대한 카렌의 회상으로 시작한다. 영화는 카렌과 데니스의 사랑, 카렌과 지역 원주민들과의 관계, 소유와 집착, 그리고 소유의 덧없음과 성찰과 관련한 카렌의 각성 과정에 초점을 맞추면서 카렌의 아프리카 이야기를 들려준다.

영화는 광활한 아프리카의 아름다운 자연을 보여준다. 화면 가득 펼쳐지는 광활한 초원과 산, 바다 풍경은 아프리카가 문명의 때가 묻지 않은 순수한 낙원 그 자체임을 상징적으로 보여준다. 카렌은 자신의 커피 농장이 자리 잡은 아프리카 케냐의 니공 언덕을 '6천 피트의 높이를 통해 증류된 아프리카, 즉 이 대륙의 순도 높은 에센스 같은 곳'이라고 묘사한다. 그리고 카렌은 아침에 잠이 깨어 맨 먼저 마음속에 떠오르는 것이 '이곳이야말로 나 자신이 있어야 할 곳'이라는 느낌이라고 고백하면서 세상과는 고도와 거리에서 비교적 멀리 떨어져 있어 자신과 원주민들에게 안전한 장소라고 생각한다. 그러기에 아프리카야말로 자신이 있어야할 곳임을 영화 도처에서 보여준다.

그러나 얼마 지나지 않아 낙원 같은 아프리카는 서구 열강이 앞 다투어 점령하려고 전쟁을 벌이는 식민지 각축장으로 전락하고 만다. 영화는 아프리카가 문명에 때 묻지 않은 순수한 자연 내지 낙원인 동시에 문명과 제국주의 열강의 식민지 쟁탈전의 대상임을 보여준다.

그러나 카렌은 자신이 속한 문명의 세계에서 미지의 세계이자 때 묻지 않은 순수한 자연의 아프리카로 이주한다. 영화 속 카렌은 당대의 여성으로서는 매우 드물게 농장을 경영하고 글을 쓰는 그녀의 삶은 현지 원주민을 하인으로 부리는 전형적인 '주인'의 삶이다. 영화는 그녀가 아프리카에 대해 막연한 동경을 가지고 있음을 보여준다. 하지만 그 후에 닥친 아프리카에서의 현실은 그렇게 녹록하지만은 않다.

영화는 카렌 블릭센이 데니스와의 잊을 수 없는 추억을 비롯하여 아프리카를 회상하면서 시작된다. 그와 함께한 한 달간의 사파리 여행은 카렌에게 잊을 수 없는 추억이다. 데니스는 카렌이 들려준 이야기에 대한 대가로 만년필을 선물하고 카렌은 이 만년필로 아프리카에 대해 그리고 데니스와의 사랑과 추억에 대해 글을 쓴다.

덴마크 부호의 딸 카렌은 막대한 재산을 가진 독신 여성이다. 카렌은 스웨덴 귀족 출신의 연인으로부터 버림받은 뒤 오로지 아프리카로 가기 위한 목적으로 옛 연인의 남동생이자 친구인 브롤 블릭센과 결혼할 결심을 한다. 그녀는 친구인 블릭센 남작과 깊이 생각해보지도 않은 채 때묻지 않은 아프리카에서 농장을 운영하는 생활을 꿈꾸며 결혼을 약속한다. 그리고 카렌은 아프리카 케냐에 머물고 있는 브롤 블릭센과 결혼하기 위해 지금의 케냐인 브리티시 이스트 아프리카의 나이로비로 떠난다.

브롤은 재산을 탕진하고 심지어 하녀들을 유혹하기도 하는 난봉꾼이다. 두 사람은 아프리카에서 목축농장을 세우기로 계획을 세운다. 나이로비로 가는 도중에 카렌은 데니스를 만난다. 데니스는 현지에서 사냥꾼으로 일하고 있다.

기차역에서 카렌의 마중을 나온 사람은 브롤이 아니라 현지인 파라 Farah이다. 브롤이 어디에도 보이지 않자, 카렌은 그를 찾기 위해 남성 전용 클럽인 무타이가 클럽에 들어가지만 여자란 이유만으로 출입을 제지당하면서 클럽을 나가달라는 요청을 받는다.

케냐에 도착한 지 단 하루 만에 결혼식을 올린 두 사람은 당초 약속했던 목축 농장이 아닌 커피 농장 문제로 말다툼을 벌이곤 한다. 카렌은 브롤이 원래 계획했던 목축을 포기하고 커피 농장을 세우는 것으로 생각을 바꾸었음을 알게 된다. 브롤의 관심은 농장 경영이 아니라 사파리 사냥이다. 카렌은 남편과 결혼 후 어떻게든 커피 농장을 성공적으로 운영해 보려 하지만 정작 남편은 농장 일에는 통 관심이 없다. 툭하면 사냥을 한답시고 며칠씩 집을 비우곤 하는데, 그 때문에 현지에서 예상 밖의 커피 농장을 일구는 고달픈 삶은 오로지 카렌의 몫이 된다. 그러는 사이 결혼생활에 서서히 금이 가기 시작한다. 그러나 커피 농장은 아프리카에서의 카렌의 삶과 추억, 만남과 이별이 고스란히 녹아 있는 공간이다. 농장을 중심으로 집이 있고, 커피 농장에 물을 대기 위해 인근 냇물을 막아 물을 가둔 연못이 있고, 키쿠유 족 아이들에게 글을 가르치기 위해 세운 학교가 있다. 이곳에서 카렌은 남편 브롤과 연인 데니스 그리고 친구 버클리와 하인 파라, 그리고 키쿠유 부족 사람들과 만나고 헤어짐을 반복한다.

특히, 냇물에 둑을 쌓아 연못을 만들려는 카렌의 계획은 카렌의 집착과 소유 그리고 무소유의 깨달음과 관련한 영화의 주제를 잘 드러내는 장면이다. 카렌이 냇물을 가두어 연못을 만든 뒤 커피 농장 용수로 쓰려고 하자, 하인 파라는 냇물이 뭄바사까지 흘러가야 할 물이라고 말한다. 이것은 냇물이 애초에 백인 정착민을 위한 물이 아니라 아프리카에 살고 있는 사람 모두를 위한 공동 재산임을 암시한다. 이후 이것은 연못에 갇힐 수 없는 물 흐르듯이 자유로운 데니스의 무소유의 신념과 그를 사랑하는 카렌이 그와 결혼을 통해 정착하기를 원하는 소유 욕망과 대조적으로 연결된다.

커피 농장을 운영하면서 카렌은 점차 브롤을 좋아하는 감정이 무르익지만, 1차 세계대전이 터지자 브롤은 카렌의 만류에도 불구하고 영국과 독일 간에 벌어진 전쟁에 나간다. 혼자 남은 카렌은 어느 날 초원에 나갔다가 사자의 공격을 받게 되고 데니스란 남자의 도움을 받는다. 이를 계기로 두 사람은 가까워진다. 미국인 데니스는 이야기를 듣는 것을 좋아하는 자유인의 모습이다. 카렌이 이야기를 지어 들려주면 데니스는 그에 대한 사례를 하면서 두 사람의 관계는 가까워진다. 그런 가운데 영화는 데니스가 아프리카로 가져온 축음기로 아름다운 모차르트의 음악을 듣는 장면을 자주 연출한다. 자유로운 영혼의 소유자 데니스는 카렌에게 인생의 나침반 구실을 하는 남자가 된다.

그로부터 얼마 후 카렌은 남편인 브롤 블릭센으로부터 보급품이 필요하다는 전보를 받고 자신이 직접 보급품을 전달하기 위해 길을 떠난다. 그러나 사막 한가운데서 길을 찾지 못해 헤매던 중에 버클리와 데니스를 만나게 되고, 버클리는 여자가 전쟁터에 직접 가는 것은 너무 위험하니 가지 말라고 말리는 반면, 데니스는 자신이 갖고 있던 나침반을 건네주며 카렌을 격려한다. 데니스가 건네준 나침반은 카렌이 남편을 찾아가는 길의 방향을 알려준다는 의미 이상으로 카렌의 인생 여정의 지표를 상징한다는 점에서 큰 의미가 있다. 카렌은 자신의 인생의 격정이 있을 때마다 좌절하지 않고 당당히 자신의 길을 헤쳐 나가기 때문이다. 나중에 카렌은 아프리카를 떠날 때, 자신의 하인이었던 파라에게 이 나침반을 선물로 준다.

카렌은 위험을 무릅쓰고 직접 보급품을 가지고 남편을 찾아가 하룻밤을 같이 보내는데, 그때 남편에게서 매독을 옮게 된다. 카렌은 덴마크로 가서 병을 치료하지만 이 일로 카렌은 다시는 아이를 가질 수 없는 몸이 된다. 덴마크에서 치료받는 동안 카렌은 모국인 덴마크가 낯설고 자신이 이방인처럼 느껴진다고 고백한다.

결국 매독은 카렌 자신이 싸워 극복해야 할 또 다른 전쟁이 되고, 아프리카 또한 서구 열강들 사이에서 전쟁과 수탈에 시달리고 있는 상황이다. 케냐가 서구 열강 사이의 전쟁과 수탈에 시달리는 시점과 카렌이 매독에 걸리는 시기는 서로 겹친다는 점에서 상처받은 아프리카와 카렌이 갖고 있는 상징적 동일시는 의미심장하다. 카렌이 동아프리카의 패권을 두고 영국과 독일 사이에 벌어진 전쟁에 참여한 남편 브롤 브릭센 때문에 매독에 걸려 고통을 당하고 있기 때문이다. 카렌은 아프리카를 떠나 있는 동안 아프리카의 색조를 떠올리려고 노력하고 자신이 얼마나 아프리카를 사랑하는지 깨닫게 된다. 카렌은 결국 다시 돌아온다. 카렌 자신이 아프리카에서 상처받은 몸이고, 아프리카 또한 서구 열강에 의해 상처받은 대륙이지만, 카렌에게 아프리카는 잊을 수 없는 추억의 공간이기 때문이다.

플레이보이 기질이 다분한 블릭센은 군 제대 후에도 자기 버릇을 고치지 못하고 다른 여자와 외도를 해서 카렌에게 깊은 상처를 준다. 결국 카렌은 남편과 별거에 들어가지만 이혼만은 어떻게든 피하려고 한다. 하지만 돈 많은 여자를 만난 블릭센이 이혼을 요구하자 명목뿐인 부부생활을 청산한다.

남편과 불행한 결혼생활을 하고 있을 때, 데니스는 그녀에게 커다란 위안이 되어 준다. 초원에 나갔다가 사자의 공격을 받을 뻔한 카렌을 데니스가 구해준 것을 계기로 두 사람은 가까워진다. 두 사람은 사파리 여행과 비행기 여행을 통해 많은 대화를 나누고, 카렌은 데니스를 통해 많은 인식의 변화를 겪는다. 데니스는 백인이 전쟁에 동원하려 했던 마사이족이 결코 길들일 수 없는 존재이며 미래를 생각하지 않고 현재를 충실히 살아가는 사람들이라고 말하는 순간, 이것은 마치 자신에 대해 이야기하는 것처럼 들린다. 그 자신이 결혼이라는 제도 속에 가두어둘 수 없는 야생마적 기질을 갖고 있기 때문이다. 여행을 통해 두 사람은 서로를 사랑하게 된다.

데니스는 여러 모로 블릭센과는 대조적인 남자이다. 그는 아프리카의 자연과 사람을 사랑하고, 모차르트의 음악을 즐겨 들으며 경비행기를 타고 광활한 아프리카의 초원을 날며 인생과 사랑에 대해 얘기할 줄 안다. 어느 날, 데니스가 쌍엽 비행기를 몰고 카렌 앞에 나타난다. 자유인답게 몇 달간 훌쩍 사라졌던 그는 커피 농장 위를 쌍엽 비행기로 지나가며 카렌에게 자신이 돌아왔음을 알린다.

영화는 데니스의 귀환을 진심으로 반기는 카렌이 쌍엽 비행기를 타고 데니스와 함께 하늘에서 바라본 아프리카의 야생의 모습을 보여준다. 하늘에서 바라본 아프리카 대지의 풍경은 장관을 연출하면서, 순수한 아프리카의 대자연을 보여준다. 영화는 잠시나마 현실세계의 자신을 잊고 무한한 해방감과 더불어 진실과 아름다움을 직관한 환희에 찬 카렌의 모습을 비춰준다. 사슴 떼가 대지 위에서 무리 지어 이동하고 이름 모를 새떼들이 대단한 규모로 강가에서 비상하는 가운데 카렌과 데니스는 비행기 조종석의 앞뒤에서 서로 손을 내밀어 잡으면서 두 사람 사이의 감정의 깊이를 상징적으로 보여주는 가운데, 영화는 광활한 야생의 아프리카가 가진 원초적 자연과 모차르트의 음악을 조화한다.

영화 속 모차르트의 클라리넷 협주곡은 모차르트가 세상을 떠나기 전 가장 고통스러운 시절에 작곡되었던 그의 마지막 작품이다. 악기 중에서 목질의 음색을 가장 많이 가지고 있는 클라리넷은 모든 악기 중에서 가장 전원적인 악기다. 모차르트의 클라리넷 협주곡은 그가 죽기 두달 전에 작곡한 그의 유일한 클라리넷 협주곡이자 마지막 협주곡이기도 한다. 이 곡은 저음역과 고음역을 자유자재로 오가며 클라리넷이라는 악기의 매력을 변화무쌍하게 보여주는 협주곡이다. 특히 밝고 활기찬 1악장과 3악장 중간에 들어 있는 2악장의 선율이 아름답기 그지없다. 모차르트가 그렇게 극심한 고통 속에서 작곡했음에도 불구하고 이 곡 어디에서도 고통의 흔적은 발견할 수 없다. 오히려 목동의 피리소리처럼 평화롭고, 수채화처럼 맑고 우아하다. 클라리넷 특유의 독특한 애수가 아련하게 깔리고 비장하면서도 결코 비탄으로 흐르지 않는다. 클라리넷 협주곡은 모차르트가 세상에 남긴 마지막 메시지, 그의 음악적 유언이다. 이 곡은 모차르트가 죽기 두 달 전 그의 삶이 얼마 남지 않은 시기에 작곡되었으며, 모차르트의 음악을 즐겨 들으며 사랑한 데니스의 죽음과 카렌의 이별을 전조하고 있으며, 이로 인해 아름다운 음악의 울림에 이별의 노래와 같은 아련함이 배어 있다.

이런 데니스에게 카렌은 깊이 빠져든다. 남편과 이혼한 카렌은 데니스와의 결혼을 원하지만, 얽매이는 걸 싫어하는 데니스는 그대로 지내기를 원한다. 자유로운 영혼의 소유자인 데니스는 그런 카렌의 생각을 이해하지 못한다. 카렌은 믿을 만한 동반자를 원하지만 결코 데니스를 붙잡아둘 수 없다는 것을 잘 알고 있다. 두 사람은 서로 사랑하지만 사고방식에는 커다란 차이가 있다. 그 한 가지 예는 신년 축하 파티에서 아프리카 원주민의 교육에 대해 두 사람은 극명한 견해의 차이를 드러낸다.

데니스가 키쿠유 부족 마을 사람들의 의사와 관계없이 선교사를 불러 들여 부족 아이들에게 영어를 가르치려는 카렌의 시도를 지적하면서 그것이 아이를 갖지 못하는 상실감 때문에 그러는 것이냐고 되묻는다. 카렌은 자신의 의지대로 키쿠유 부족민들을 대하면서 그들을 교육받지 않은 무지의 상태로 그대로 두고 볼 수 없기 때문이라고 반박한다. 문맹과 무지의 상태로 그들을 그대로 두는 것은 야만의 상태에 방치하는 것이라고 생각하기 때문이다. 당시는 유럽 열강이 아프리카를 식민지로 만들기 위해 혈안이 되어 있을 때였다. 문명사회에 살고 있는 백인들에게 아프리카 원주민은 그들이 가르쳐야 할 '교화 대상'이었으며, 덴마크에서 건너온 남작부인인 카렌이 선교사와 같은 열정을 가지고 아프리카 부족민을 교화하려고 애쓰는 것은 어쩌면 당연한 사고방식이었을 것이다.

사물을 있는 그대로 받아들이는 데니스는 문명과 야만의 이분법적인 시각을 거부하면서 데니스는 그들이 무지하지 않으니 자신의 시각으로 그들을 판단하지 말라고 거듭 강조하는 한편, 문명의 이름으로 부족민들에게 백인의 말과 글을 가르치려는 카렌에게 원주민들이 글이 없는 것이 아니라 다만 쓰지 않을 뿐이라고 말하면서 그들에게 표현할 언어가 없다고 생각하지 말라고 충고한다. 데니스는 정복자 백인보다 있는 그대로의 자연의 삶에 순응하고 사는 원주민들에게 심정적으로 가까이 위치해 있다. 데니스가 볼 때, 백인의 문명은 자기의 것이 아닌 타자의 것을 정복하고 소유하려는 욕망을 드러내는 야만의 문화라면, 아프리카의 원주민은 있는 그대로의 자연의 삶에 순응하고 그것을 받아들이면서 소유하려는 욕망을 표출하지 않는 고귀한 자연이다.

데니스는 카렌이 너무 많은 것에 집착하고 소유하려한다는 점을 지적하지만, 카렌은 가진 것에 대한 합당한 대가를 지불했으니 정당하다고 말하면서 데니스의 의견에 반박한다. 그러나 데니스는 이런 카렌의 태도에 문제가 있다고 생각한다. 데니스는 카렌에게 소유란 정확히 본인에게 무엇을 의미하는지 되물으면서 인간이 소유할 수 있는 것은 아무 것도 없고, 백인이든 원주민이든 인간은 "여기서 소유자가 아니라 그저 스쳐 지나가는 존재일 뿐"이라는 점을 강조한다.

실제로 데니스 자신은 스쳐지나가는 바람 같은 존재이다. 그가 생각하는 사랑은 어느 누구에게 속해 있는 혹은 결혼과 같은 제도에 묶여 있는 그런 사랑이 아니다. 카렌은 커피 농장과 같은 어느 한 공간 내지 장소에 정착한 삶을 추구하고 무엇인가의 소유를 추구하지만 데니스는 자유롭게 살아가는 자유인이다. 카렌이 브롤과의 이혼을 말하면서 데니스에게 자신만의 사람을 갖고 싶다는 자신의 속마음을 털어놓을 때 데니스는 결혼이 과연 무엇을 바꾸어줄 수 있는지 되묻는다. 그에게는 결혼이 사랑의 필수 조건이 아니기 때문이다.

한편, 카렌은 데니스가 사파리에 여자 친구를 초대할 때, 데니스가 자신이 찾는 것과 동일한 유형의 관계를 원하지 않는다는 것을 깨닫게 된다. 데니스는 자신이 그녀와 있을 때 그녀와 함께 있기를 원하고 그러므로 결혼은 그들의 관계에 중요하지 않음을 확신시켜 준다. 카렌은 세상에는 소유할만한 가치가 있는 것들이 있다고 말하면서 그것엔 대가가 따르고 자신은 그 가운데 하나가 되고 싶다고 말하지만 데니스는 자신에게는 증명할 필요도 없는 최고의 사랑이 있다고 말하면서 카렌의 주장을 인정하지 않는다. 사랑과 결혼을 둘러싼 두 사람의 대립은 심각한 위기를 초래하고, 결국 데니스는 다시 떠난다.

자기의 범주에 가두어놓은 사랑은 둑에 가두어 놓은 물과 다를 바 없다. 카렌이 물길을 막아 연못에 가두어 놓으려던 물은 애초에 뭄바사로 흘러가야 하는 물이듯, 카렌이 자신과의 관계 속에 묶어두려던 데니스의 영혼도 아프리카의 대자연 속에 자유롭게 떠다녀야 하는 영혼이다. 결국 어느 날 홍수가 나서 둑이 터져 무너지고 만다. 둑이 무너지자 카렌은 어차피 물은 뭄바사의 것이니 그대로 내버려 두라고 말하면서, 카렌의 생각이 조금씩 변해가는 것을 감지할 수 있다. 카렌은 인간이 뜻대로 할 수 없는 일이 있다는 것을 깨닫게 된 것이다.

카렌을 고통스럽게 했던 소유에 대한 집착도 뭄바사로 흘러가기 시작하고 카렌의 영혼도 자유로워지기 시작한다. 어차피 냇가의 물은 잠시 연못에 머물러 있지만, 언젠가는 뭄바사로 흘러가야 할 물이고, 인간의 개입으로 잠시 연못에 머물러 있지만 언젠가는 뭄바사로 흘러가야할 물이다. 그러므로 연못 속의 물도, 인간이 소유하고 있는 것도 그리고 인간 자신도 언젠가는 제 자리로 돌아가리라는 것을 인식하게 된 것이다. 마찬가지로 사랑 역시 결혼이란 제도에 묶여 잠시 그곳에 상대에게 머물러 있을 뿐 영원히 그곳에 묶어둘 수 있는 것이 아니며, 마찬가지로 데니스의 사랑도 결혼이라는 제도에 묶여 머물러 있을 수 있는 것이 아니다. 자유로운 영혼은 아프리카라는 대자연 속을 떠돌아야 한다. 인간은 자연의 소유자가 아니라 그저 스쳐지나가는 존재이기 때문이다. 카렌은 사랑도 물도 가두어둘 수 있는 것이 아니며, 자연스럽게 흘러가게 두어야 하는 것임을 깨닫는다.

이러한 카렌의 자각은 농장에 화재가 발생했을 때 가장 극명하게 드러난다. 어느 날 수확기를 맞은 카렌의 커피 농장에 불이 난 것이다. 커피 농장은 카렌이 모든 것을 쏟아 부은 곳이자 그녀의 모든 것이라 해도 과언이 아니다. 때문에 농장이 불에 타 사라져 없어진 것은 카렌 자신을 잃는 것과 같은 것이다. 그녀가 모든 것을 투자해서 일구어 놓은 커피 농장과 커피가 한순간에 재로 변해버리고 만다.

결국 실의에 빠진 카렌은 모든 것을 정리하고 아프리카를 떠나 고향으로 돌아가기로 결심한다. 며칠 후 카렌이 가재도구를 처분하는 날 데니스는 카렌의 집을 방문한다. 카렌은 자신의 집이 그냥 있는 그대로 계속 있어야 했다고 말하지만, 데니스는 그녀가 가재도구에 그저 익숙해져 있었을 뿐이라고 말한다. 데니스에게 카렌은 "당신이 옳았어요, 제가 진작 배웠어야 하는 건데 너무 늦었군요."라고 이야기한다. 모든 것을 사라지게 한 농장 화재는 카렌이 소유의 덧없음을 깨닫게 한 계기가 된 것이다. 데니스와 마지막으로 춤을 추면서 인간은 진정으로 소유할 수 있는 것이 아무것도 없고 그냥 스쳐지나가는 존재일 뿐이라는 데니스의 생각이 옳았음을 인정하는 카렌은 무소유의 자유로움을 깨달은 성숙하고 의연한 모습을 보여준다.

두 사람이 함께 춤을 추는 가운데 이제 두 사람은 더 이상 갈등이 존재하지 않는 것 같이 보이며, 진정으로 서로를 이해하는 진정한 사랑의 상징으로 비춰진다. 그러므로 카렌은 상실의 고통을 통해 진정한 사랑의 깨달음을 얻는 가운데, 이제부터 카렌에게 사랑은 기억으로 존재하게 된다. 데니스에 대한 기억은 카렌이 현재의 고통을 참아내게 하고, 더 이상 눈앞의 것을 소유하고자 하는 집착을 하지 않으며, 상실의 고통을 통해 사랑과 삶에 대한 새로운 깨달음을 얻게 된다. 상실은 상실로 끝나지 않고, 대신 그 자리에 아름다운 기억이 자리 잡게 된 것이다.

데니스는 며칠 후 다시 와서 카렌을 비행기로 몸바사까지 데려다주겠다고 약속한다. 하지만 두 사람 사이의 약속은 지켜지지 않는다. 브롤이 방문하여 카렌에게 데니스가 비행기 추락 사고로 세상을 떠났음을 알린다.

데니스의 장례식은 기독교식으로 치러진다. 하지만 이 자리에서 카렌은 관에 흙을 뿌리는 유럽식이 아닌, 머리를 쓰다듬는 아프리카 풍습을 따른다. 데니스의 영향으로 아프리카를 그 자체로 사랑하게 된 것이다. 데니스는 카렌에게 "우리는 아무것도 소유하지 못한다. 그저 스쳐 지나갈 뿐이다."라는 메시지를 남겨둔 적이 있다. 카렌은 모든 것을 잃은 후에, 데니스가 세상을 떠난 후에야 비로소 데니스가 한 말의 의미를 깨닫게 된다. 장례식이 끝난 후, 카렌은 부재 시 우편물 관리를 부탁하기 위해 무타이가 클럽을 방문한다. 카렌이 아프리카에 처음 와서 이곳 클럽에 들어왔을 때 쫓겨났지만 이제 이곳의 남성 회원들은 일제히 카렌을 위해 건배를 한다.

이것은 인정과 존경의 건배이며 여성인 카렌을 이제 그들과 동등한 일원으로 받아들인다는 의사표시이다. 아프리카에 첫발을 디딜 때 클럽에서 쫓겨나다시피 무시를 당했던 카렌은, 이제 아프리카를 떠나는 순간 남성과 여성이라는 이분법적 구분에서 벗어나 그들과 동등한 존재로 인정을 받고 아프리카를 떠나게 되는 것이다. 카렌은 모든 재산을 처분하고 고향인 덴마크로 돌아간다. 기차역에서 카렌은 자신의 하인이었던 파라에게 자기를 '마님'이 아닌 자신의 이름을 불러 달라고 부탁한다. 이것은 아프리카 부족민들과 주인과 하인의 관계에서 아프리카를 들어온 카렌이 이제는 동등한 친구로서 아프리카를 인정하고 떠남을 내포하며 궁극적으로 영화의 제목이 내포하는 의미와 연결된다.

그리고 카렌은 농장의 화재로 빈털터리가 된 상태이지만 남은 모든 것을 정리하여 지역 부족민들에게 나누어주고 그들 키쿠유 족 사람들이 살 땅을 마련할 수 있도록 총독에게 무릎을 꿇고 정중히 간청한다. 카렌은 원주민들이 살 땅을 확보해달라고 요청하지만 총독은 최선을 다해보겠다는 원론적인 대답을 할 뿐이다. 이때 옆에서 듣고 있던 총독 부인은 그들이 살 수 있는 토지를 확보해주겠다고 약속한다.

카렌은 총독 부인에게 자신은 아프리카에서 행복했다고 말하면서 총독 부인에게 행복을 기원한다. 카렌은 이제 조그만 가방 하나만 가지고 처음 기차를 타고 아프리카에 왔듯이 이제 다시 기차를 타고 아프리카를 떠난다. 그리고는 고향으로 돌아가 17년간의 아프리카 생활을 정리한 글을 쓴다. 그러므로 기차는 카렌의 인생 여정을 상징하고 있다. 이제 카렌은 작가이자 이야기꾼이 되어, 이후 다시는 아프리카로 돌아온 적이 없지만, 아프리카에서의 행복했던 기억과 경험에 대해 쓰고 있는 것이다. 그것이 바로 〈아웃 오브 아프리카〉이다.

〈지옥의 묵시록〉

관객이 영화를 볼 때 감지할 수 있는 다양한 맥락의 담론은 사실상 이데올로기 담론이라 할 수 있다. 영화가 다루는 역사적 순간은 논쟁적인 담론의 장이 되기 때문이다. 역사적 순간이란 일정하거나 일관되지 못한 발전의 고통 속에서 논쟁적인 이데올로기 공간 내에 존재하는 담론의 앙상블이라 할 수 있다.

이 점을 프란시스 포드 코폴라 감독의 〈지옥의 묵시록Apocalypse Now〉(1979)을 통해 살펴보자. 영화와 관련하여 흥미로운 해석적 수용 가운데 하나는 이 영화를 전쟁 영화나 반전 영화의 장르가 아니라 제의와 신화적 관점에서 해석하려는 경향이다. 이런 시각은 〈지옥의 묵시록〉이 기본적으로 영웅의 하계 여행을 다룬 것이고, 그것은 영웅의 귀향과 연결되어 있다는 것이다.[27]

〈지옥의 묵시록〉은 〈디어 헌터〉나 〈플래툰〉과 마찬가지로 월남전 자체의 문제점을 다룬 직접적인 반전영화이다.[28] 〈지옥의 묵시록〉은 미국이 개입한 최악의 전쟁으로 평가받는 베트남전을 배경으로 전쟁의 망령을 아편에 취한 듯 몽환적 분위기 속에서 섬뜩하게 살려낸 영화이다.[29] 커츠 대령은 악의 화신이면서도 동시에 미국이 베트남에서 저지른 모든 죄를 대신해 제거해야 하는 속죄양이다.[30]

〈지옥의 묵시록〉은 커츠 대령을 텍스트로 한 윌러드 대위의 '눈뜸과 배움의 과정'에 대한 영화로서, 여행 과정에서 월남전의 온갖 문제점과 부조리를 몸소 경험하면서, 어둠의 핵심으로의 여행을 통해 새로운 세계에 눈뜬 성숙한 인간이 되는 과정을 그린 영화이다.[31] 윌러드 대위는 어둠의 속으로의 여행을 통해 기존의 가치관이 무너지고 자신의 어두운 자아를 발견하게 된다. 결국 커츠에게서 자기 자신의 모습을 본 것이다. 윌러드 역시 사실은 자기 자신의 내면에 감추어진 암흑의 핵심을 찾아 그동안 기나긴 항해를 해온 것이다. 윌러드는 자기 자신의 어두운 모습인 커츠를 보는 순간 그를 죽이고 다시 태어나야 함을 느낀다. 커츠의 죽음은 윌러드의 어두운 자아의 죽음이지만, 더 나아가 궁극적으로 서구 제국주의 문명의 죽음과 백인들의 도덕적 타락의 종말을 상징한다고 본다. 결국 암흑의 핵심은 아프리카나 베트남이 아니라 서구 제국주의 문명과 백인들의 내면에 존재하고 있었던 것이다.[32]

---

27) 강대진, 『신화와 영화』, 작은 이야기, 2004, 17쪽.

28) 김성곤, 『영화에세이』, 열음사, 1994, 174쪽.

29) 장재선, 『영화로 보는 세상』, 책 만드는 공장, 2003, 208쪽.

30) 김성곤, 『영화에세이』, 176쪽.

31) 상동, 174, 177쪽.

영화는 콘라드의 〈암흑의 핵심〉을 기본 골격과 주제로 사용함으로써, 베트남전을 기본적으로 식민지에 대한 서구 제국주의 전쟁으로 파악한다.33) 〈지옥의 묵시록〉에서 코폴라 감독은 콘라드처럼 베트남전을 기본적으로 서구 제국주의의 식민전쟁으로 보고 있다. 그러므로 콘라드의 아프리카는 코폴라에 오면 베트남이 되고 유럽의 식민지 착취는 미국의 제국주의 전쟁이 된다.34)

〈지옥의 묵시록〉은 〈플래툰〉이나 〈디어 헌터〉와 더불어 뛰어난 반전 영화임에도 불구하고, 이들 영화의 공통점은 아시아인들을 잔인한 악마나 무지한 원시인으로 묘사하고 있다. 〈디어 헌터〉는 미군포로들에게 러시안 룰렛 게임을 강요하는 베트콩 병사의 잔인하고 사악한 이미지를 통해 서구 관객들에게 마치 아시아인들 전체가 악마의 화신이라는 인상을 주고 있다면, 〈지옥의 묵시록〉 역시 베트남 인들과 캄보디아 인들을 아프리카 토인들처럼 분장시켜 백인 신을 숭배하는 무지한 원주민들로 제시하고 있다. 즉, 〈지옥의 묵시록〉은 콩고를 배경으로 하는 조셉 콘라드의 소설 『암흑의 핵심』의 구도를 빌려다 쓰는 과정에서 동남아시아 인들과 아프리카 원주민들을 혼동하는 실수를 저지른 듯하다는 것이다. 영화에서 악마성을 지닌 사람은 커츠 대령이지만 서구인들의 눈에는 그를 신으로 숭배하는 밀림의 원주민들이 오히려 더 악마적으로 보였을지 모르기 때문이다.35)

---

32) 김성곤, 『문학과 영화』, 민음사, 1997, 289-290쪽.
33) 김성곤, 『영화에세이』, 177쪽.
34) 김성곤, 『문학과 영화』, 288쪽.
35) 김성곤, 『영화기행』, 효형출판, 2002, 174-175쪽.

〈지옥의 묵시록〉은 반전영화이다. 이러한 해석은 당연한 접근이지만, 그럼에도 불구하고 단순한 반전의 성격을 넘어 영화 안에 숨어 있는 심층 주제를 간과해서는 안 된다. 이를테면 영화의 커츠는 소설의 커츠에서 한걸음 더 나아가 엘리엇의 시에서 인간의 허무와 절망을 선택하고 프레이저의 저서에서 원시성과 제의祭儀를 추구하면서 인간이 저지를 수 있는 잔인한 모든 행위를 몸소 경험하고 실천한 인물로 해석될 수 있다는 것이다.[36]

전쟁을 통해 나타난 어둡고 잔인한 인간의 본성에 대한 처절한 경험은 참으로 끔찍한 일이다. 커츠는 이들을 하나로 종합하여 표현하고 있다. 공포는 인간의 어두운 본성에 대한 전율이다. 〈지옥의 묵시록〉의 화면을 장식하는 수많은 죽음과 피와 광적인 행위는 인간이 본래부터 지니고 있는 어두운 힘을 드러내기 위한 것으로 보인다.[37]

그래서 〈지옥의 묵시록〉에 대한 일반적인 평가는 베트남 전쟁을 소재로 인간의 광기를 형상화한 영화이다. 베트남 전쟁이라는 특수한 역사적 맥락을 보편적인 전쟁의 광기로 추상화시킨 가운데, 그 광기를 영화적으로 형상화한 점에서 기념비적인 업적을 이룬 영화라는 것이다. 현대의 가장 끔찍한 재난인 베트남 전쟁을 배경으로 인간이 전쟁에 대해 느끼는 공포를 가장 추상적인 형태로 재현한 스펙터클이자, 아메리칸 뉴시네마의 레퀴엠인 것이다.[38]

〈지옥의 묵시록〉은 윌러드와 커츠로 대변되는 미국인들의 의식을 그

---

36) 이선형, 『예술영화읽기』, 동문선, 2005, 45쪽.
37) 상동, 92쪽.
38) 김영진, 『지옥의 묵시록』, 『세계 영화 100』 안병섭 외, 한겨레신문사, 1996, 233-234쪽.

려낸 영화라는 점은 간과되어서는 안 된다. 수많은 베트남인들과 미국 외에도 월남전에 참전한 군인들의 의식은 철저하게 삭제되어 있기 때문이다. 영화에는 베트남의 실상이 아닌 죽음, 파괴, 성을 중심으로 하는 모든 행위가 발광의 절정에 달해 있으며, 이와 같은 광기가 영화의 핵심에 위치해 있다.

그래서 〈지옥의 묵시록〉은 베트남의 실상에 관한 것이라기보다는 전쟁 자체를 표현하고 있다. 영화는 베트남의 실상을 묘사하기보다는 베트남을 하나의 추상적 개념으로 다루고 있다.[39] 콘래드가 『암흑의 핵심』에서 인간 정신 도덕과 윤리 인간의 내부에 있는 어둠 등을 상징적으로 탐험하기 위한 배경으로 콩고의 식민주의를 이용한 것처럼, 코폴라도 지옥의 묵시록에서 베트남이라는 배경을 좀 더 보편적인 인간의 문제에 대한 은유로 이용한 것은 일견 타당한 것처럼 보이지만 소설과 영화가 함의하고 있는 구체적인 역사성을 도외시한 채 작품의 추상적이고 보편적인 성격만을 강조하는 것은 결코 균형 잡힌 접근 방식이 아니라는 것이다.

코폴라는 〈지옥의 묵시록 리덕스Apocalypse Now Redux〉(2001)에서 새롭게 추가된 에피소드를 통해 스토리라인을 좀더 명료하게 하고 역사적 리얼리티를 보강함으로써 자신의 영화를 보다 더 구체적인 맥락 안에 놓으려고 노력한다.[40] 사회적 문화적 관점에서 보았을 때 〈리덕스〉는 베트남 전쟁에 대한 영화가 아니라 베트남 전쟁을 통해 드러난 미국 혹은 미국

---

39) 강석진, 「콘라드의 〈어둠의 속〉과 코폴라의 〈지옥의 묵시록〉 비교 연구」, 『현대영미소설』 7.1 (2000), 13쪽.

40) 김종석, 「역사, 소설, 영화: 〈암흑의 핵심〉과 〈지옥의 묵시록 리덕스〉의 콘텍스트 읽기」, 『영어영문학』, 한국영어영문학회 강원지회, 50.3 (2004), 640쪽.

정부의 치부에 관한 영화이다.[41] 콘래드가 〈암흑의 핵심〉에서 벨기에가 자행한 식민지 통치의 '터무니없이 지독한 거짓말'을 폭로한 것처럼, 코폴라 감독은 〈지옥의 묵시록 리덕스〉에서 베트남 전쟁에 개입한 미국의 위선과 거짓을 규명한다.[42]

코폴라 감독은 1979년 개봉 당시 명시하지 않았던 영화 속 현실의 시간을 분명히 함으로써 영화의 리얼리티를 높이고 있다. 콘라드가 『암흑의 핵심』에서 지리적 공간을 명시하지 않음으로써 자신의 작품에 암시성과 환상을 부여하려고 노력한 반면, 코폴라는 〈리덕스〉에서 역사적 시점을 명시함으로써 자신의 영화가 미국의 구체적인 시대와 역사의 산물임을 강조하고 있는 것이다.[43]

---

41) 앞의 글, 649쪽.
42) 앞의 글, 650쪽.
43) 앞의 글, 652쪽.

:6 영화 속의 젠더와 성차

사회문화적 담론 내 법과 정의의 문제에 있어서 여성성과 남성성, 그리고 성적 욕망은 대부분의 영화가 다루는 사실상의 주요 이슈이다. 젠더와 성차를 논의할 때 생물학적인 성과 사회문화적 성(이른바 젠더)을 기본적으로 구별해서 이해할 필요가 있다. 생물학적인 성이 일반적으로 염색체의 성에 기초한 여성 남성의 생물학적 해부학적 성을 일컫는다면, 사회문화적 성은 사회적 행동을 기초로 한 성으로서 생물학적 성 정체성에 부과된 사회적, 문화적, 심리적, 논리적 의미 상징이다. 즉 젠더는 기존의 문화에서 육체적인 것으로 남성 또는 여성에게 일치시키려는 감정적, 심리적 속성을 가리킨다.[1]

이에 따라, 사람들이 자신을 남자 혹은 여자로 당연히 알고 있는 것은 자신이 남성 혹은 영성 범주의 구성원들로부터 인정받고 있음을 보여주는 것이며 남성, 여성의 정체성은 이 같은 사회적 개념에서 비롯된 것이다. 성이 사회문화적인 범주라는 것은 인간의 무의식적 고정관념에 배태된 성 의식을 반영하는 것으로 일차적으로 고려해볼 수 있다.

그 이유는 개인의 생각과 편견, 환경, 교육, 그리고 욕망은 특정 문화와 장소, 그리고 이 시대에 따라 다른 것은 물론이지만 이것은 나이, 인종, 계급뿐만 아니라 성적 무의식과 범주에 의해 큰 영향을 받기 때문이다. 따라서 생물학적으로 결정된 남성 여성의 보편적 자아란 있을 수 없다. 자아는 자연과 사회문화적 환경에 따라 개별적으로 형성되는 것이다. 당연히 인간의 언어 나아가 모든 예술의 언어는 개인의 무의식의 고정관념에 배태된 성의식, 성차의 의식을 반영하지 않을 수 없으며 예술작품은 이 같은 언어의 결과물이다.

성욕은 성적 경험과 욕망의 범위를 일컫는 것으로 개인의 성적 지향, 편향, 행동의 총체라 말할 수 있다. 프로이드가 여성의 성욕을 본질적으로 수동적이고, 자학적이며 자기중심적인 것으로 특징지은 이후, 1960년대에서 시작된 페미니즘 이론에서는 여성체험의 현실을 무시하는 기존의 성 개념에 확실한 비판을 가하기 시작했다. 성욕의 관점에서 성 담론을 구성하는 핵심개념에는 신비, 생명, 본능, 쾌락, 금기, 커뮤니케이션, 자기완성 등 다양하다.2) 출산을 비롯한 여성의 육체적 성을 통제하는 것이 가부장제의 주요 부분을 차지하게 되고, 결국 성은 다양한 여성 억압

---

1) 리사 터틀, 『페미니즘 사전』, 동문선, 1986, 183쪽.
2) 김재기, 「현대 문화 속의 성 담론에 대한 철학적 고찰」, 『대동철학』 제5집, 1999, 8쪽.

구조 가운데 하나가 된다.

이데올로기 실천에 있어 성에 대한 이중 기준은 교육, 예술, 문화 전반에 걸친 여성 정체성의 형성 기획에서 잘 나타난다. 예를 들면 이런 것이다. 소년은 어릴 때부터 여자란 변덕스럽고 예측할 수 없으며, 기만적이고 교활하다고 배우는 반면, 소녀들은 아버지나 미래의 남편을 포함한 모든 남성을 존경하고 신뢰하며 여성의 신체 가운데 처녀성이 가장 중요한 부분이라는 점이 강조된다.[3] 요약하면, 바람직한 여성상은 궁극적으로 인간을 양육하는 자로서 그들의 성은 모성적 양육을 그 모태로 하며, 고로 여성의 성은 규제되어야 하는 것이다. 성은 타고난 것이기도 하지만 개별적인 삶의 조건과 의식에 영향을 미치는 문화, 정치적 제도에 의해 만들어지기 때문이다.

사회문화적 범주로서 성은 시각예술, 사진, 텔레비전, 영화, 광고, 패션과 같은 대중문화의 재현 가운데 하나로 자리 잡은 지 오래다. 이들은 처음부터 성의 전형을 강화하고 동시에 성에 관한 시대의 이념에 따라 새롭고 자유로운 재현을 창출해왔다. 특히 성은 사회 귀속 혹은 문화적 실천보다 시각화와 언어 습득을 통해 구축된 것이라는 점에 주목할 필요가 있다. 이 경우에 예술 작품에서 성을 읽어내는 것은 오히려 또 다른 맥락일 수 있다. 이미지와 언어는 성적 의미화의 내밀한 투쟁의 장이기 때문이다.

그렇다면 남성/여성에 의해 문화 속에서 창작되고 읽혀지고, 보여지고, 해석되고, 재생산되는 예술 전반에 걸쳐 텍스트 안팎의 성적 무의식

---

3) 카리 우트리오, 『이브의 역사』, 자작, 2000, 342쪽.

을 포괄적으로 다룰 필요성이 대두될 것이다. 성을 예술 창작과 수용 그리고 해석의 한 가지 주요 요인으로 가시화하는 것은 성 연구를 남성 여성의 재현, 권리, 위상에 초점을 두기 위한 것이다.

영화를 비롯한 예술에 있어서 젠더와 성차는 예술 행위의 사회문화적 조건을 고려하여 성, 인종, 계급을 감안한 영향에 보다 많은 비중을 둔다. 젠더와 성차는 성의 표현과 묘사, 궁극적으로 예술 언어와 이미지에 내재된 여/성 억압과 차이를 드러내고 궁극적으로 그것을 극복하고자 하는 것이 주요 목적이다. 여/성 억압은 가부장제 문화권에서 성에 의한 억압이 주된 요인으로 작용하고 있다는 점은 주지의 사실이기 때문이다.

특히 영화가 다루는 어떤 시대의 젠더와 성욕의 재현은 당대의 사회 발전과 담론과 소통하면서 일탈적 성욕과 정상적 성욕 그리고 적절한 성적 역할의 기준을 제시하는 것이다. 젠더와 성차의 이슈는 결국 법적 정의와 인권의 실현 차원과 결부되며, 앞서 언급한 범주들처럼, 영화에 의해서 그리고 특정한 인종과 민족 출신의 관객에 대한 영화적 호소력 또한 젠더에 대한 관계에서도 발생한다.

그래서 특정 관객의 반응에 관한 경험론적/민족지학적 분석을 시도함으로써 영화수용에 대한 계급, 인종 그리고 젠더의 영향을 살펴보는 것이다. 이를 위해 여성 영화 제작 혹은 주부 관객을 목표로 한 장르영화의 홍보 전략을 살펴볼 수 있다. 참고로, 50년대 미국에서 성적 자유주의의 부상은 남성과 여성의 성욕에 대한 알프레드 킨제이 보고서의 발표를 비롯한 일련의 요인 때문이다. 50년대 초『플레이보이』이후 일련의 성인잡지 창간은 성적 노출의 분위기와 상황을 높였음은 주지의 사실이다. 이 같은 상황 변화는 마릴린 먼로, 제인 맨스필드, 마미 반 도렌 등 영화 속 백인 금발 미녀 배우들이 인기를 끄는데 일조한다. 〈차와 동정Tea and Sympathy〉(1956), 〈지난여름 갑자기Suddenly, Last Summer〉(1959) 같은 동성애를 다룬 영화가 나오기 시작한 것도 다름 아닌 이 시기였다.

하퍼 리의 『앵무새 죽이기』

하퍼 리의 『앵무새 죽이기』는 출판되자마자 전 세계적으로 큰 반향을 불러일으킨 소설이다.[4] 하퍼 리는 1942년 엘렌 글래스고우가 퓰리처상을 받은 이후 이 상을 받은 첫 여성 소설가가 되었다.

『앵무새 죽이기』는 하퍼 리의 거의 유일한 소설 작품이지만 출판 2년 만에 450만부, 그 후 20년만인 1982년 기준으로만 1,500만부 이상 팔린 것으로 추정되며 전 세계적으로 40개 이상의 언어로 번역, 출판되었다.

출간 직후에는 로버트 멀리건과 알란 파큘라에 의해 영화로 만들어져 이듬해 아카데미 상 8개 부문 후보에 지명되어 최우수 남우주연상(그레고리 펙)과 각색상(호톤 풋)을 비롯하여 4개 부문에 걸쳐 수상의 영광을 안았다.

1964년에는 호톤 풋의 영화대본이 출판되었고 1969년에는 크리스토퍼 세르겔에 의해 희곡으로 각색되어 미국과 영국 연극 무대에서 오랫동안 호평 받았다. 국내에는 〈알라바마에서 생긴 일〉 혹은 〈알라바마 이야기〉 등의 제목으로 여러 차례 소개되었다.

작품의 배경은 미국 전역을 강타한 대 공황 직후의 1930년대 미국 남

---

4) Harper Lee, *To Kill a Mockingbird*, New York: Harper and Row, 1960; 하퍼 리, 『앵무새 죽이기』, 김욱동 옮김, 문예출판사, 2002.

부 앨라배마의 작은 마을 메이콤이다. 소설은 성과 인종에 대해 극히 보수적이고 편협한 시골 마을에서 여자 주인공 스카웃의 시각과 서술을 통해 주인공 자신과 오빠 젬, 그리고 이들 남매의 친구 딜 사이의 관계뿐만 아니라 인종차별적인 강간재판을 비롯한 마을에서 일어난 사건과 주민들에 관한 어린 시절의 경험과 시각을 담고 있다.

소설은 세상을 등진 이웃 아더 부 래들리에 대한 아이들의 호기심을 비롯하여 백인여성을 강간한 혐의로 기소된 흑인 톰 로빈슨의 재판과 흑인을 변호하는 스카웃의 아버지 애티쿠스 핀치의 이야기를 통해 본질적으로 메이콤 사회 각 계층의 경계를 형성하는 인종, 종교, 계급, 성, 전통, 시대, 그리고 규범을 다루고 있다.

작품은 일인칭 주인공 스카웃의 아버지와 오빠에 대한 사랑뿐만 아니라 피상적이고 물질적인 가치로 이방인과 유색인종을 재단하는 대공황 시대 인종차별 사회에 대한 어린 시절 스카웃의 경험을 일인칭 서술로 묘사하면서 스카웃이 여성 자아의 개념을 어떻게 형성해 나가는지 뚜렷이 보여준다.

즉 스카웃의 주관적 시각에 비친 전형적인 남부 시골 마을 사람들과 그들의 의식, 사회에 대한 시각과 여성 의식, 나아가 여성 정체성의 형성 과정과 성과 인종에 대한 시각을 잘 나타내고 있다는 점에서 성장 과정상 보고들은 경험을 담은 이른바 여성 성장 소설, 여성의 목소리와 성별의 중요성을 드러낸 소설이라고 말할 수 있다.

소설에서는 일인칭 여성화자인 스카웃의 지각과 의식수준에 서술의 초점을 맞추어 스카웃의 눈에 비친 메이콤의 세계와 사건이 그려진다. 그러나 호톤 풋이 각색하고 로버트 멀리건이 감독한 영화(1962)는 이 같은 성장 소설의 특징이 많이 생략되었을 뿐만 아니라, 일관된 소설의 일인칭 시점도 시공간의 주요 장면전환에만 제한적으로 사용되고 있다. 소설에서는 스카웃의 시점을 중심으로 서사 전개가 이루어지는 반면, 영화는 주요 장면전환이 이루어지는 순간에만 어른이 된 스카웃으로 추정되는 중년 여성의 일인칭 회상서술을 삽입해 놓은 것이다.

영화는 카메라의 중심을 스카웃을 비롯한 아이들이 재판이 열리는 법정에 들어간 이후의 애티쿠스 핀치를 비롯한 성인 남성의 세계에 두고 있기 때문에 더 이상 일인칭 시점을 유지할 수 없다. 그 대신 영화는 백인 여성을 강간한 혐의를 받는 톰 로빈슨의 재판 변호를 맡는 스카웃의 아버지인 애티쿠스 핀치를 비롯한 성인 남성들의 세계에 큰 비중을 두면서 결과적으로 인종 문제와 재판에 더 초점을 맞추고 있다.

소설을 영화로 각색할 때 반드시 원작에 충실할 필요는 없지만, 영화는 원작과는 달리 무고한 사건에 연루된 흑인의 변호를 맡은 스카웃의 아버지 애티쿠스 핀치(그레고리 팩)에 무게 중심을 더 둔 결과, 영화의 1/3 이상을 재판에 할애하는 과정에서 많은 부분이 생략되거나 변형되었다. 이 과정에서 영화는 원작이 갖고 있는 여성주의적 의미를 일부 바꾸어 놓았다. 이것은 대공황 직후 극심한 가난에 시달리는 남부의 경제적 상황과 인종적 편견과 차별에 보다 큰 비중을 둔 결과로서 당시 급변하는 사회적 분위기를 반영한 것으로 보인다.

이런 점에서 인종차별의 문제가 할리우드뿐만 아니라 미국 전역에 걸쳐 관심사가 된 60년대 당시의 사회적 분위기를 되돌아볼 때 남부 시골마을 메이콤의 흑인 재판과 인종차별의 문제는 남성 어른의 세계를 바라보는 여자아이의 시각보다 타당하고 적절한 작품의 주제로 간주된 것인데 결과적으로 호톤 풋의 영화 각색은 이유야 어떻든 원작에 충실했다고 평가된다.

영화는 당시의 상황을 반영하듯, 변호사 애티쿠스 핀치는 흰색 모자와 의상 그리고 행동거지 등 많은 면에서 링컨의 이미지를 반영하여 끝까지 법질서의 본질을 수호하는 인물로 그려지고 있다. 우선 그는 집으로 찾아온 테일러 판사로부터 사건에 관한 내용을 전달 받고 강간혐의를 받고 기소된 흑인 톰 로빈슨 재판의 변호를 맡아줄 것을 요청받는다. 그런데 이것은 남부 시골의 지역 사회 내의 달리 어떤 대안도 없는 상황에서 비공식적인 그의 사건 변호 지명 수락은 지역 사회의 도덕성 보호 차원과 핀치 자신의 윤리적 법률행위의 실천에서 비롯된 것이다.

윤리적 실천의 공표에 따라 감옥에 갇힌 피고의 물리적 보호를 통한 법의 규칙 준수가 있다. 로빈슨은 원래 마을 외곽에 보호 수감하기로 되어 있으나 재판이 열리기 전 보안관에 의해 마을로 들어온다. 보안관이 그날 저녁 핀치를 만나러 와서 로빈슨이 다시 돌아왔다는 것을 마을사람들이 알기 때문에 어떤 문제가 생길지도 모른다는 우려를 전한다. 핀치가 로빈슨을 보호하기 위해 감옥을 방문하러 가고 아이들은 그가 집을 떠났다는 것을 알아채고는 호기심에 그의 뒤를 따른다.

이 지점에서 영화가 아이들의 시점과 행동을 통해 진행되는 동안 핀치는 영화 속에서 가장 중요한 캐릭터가 된다. 아이들은 로빈슨이 수감 보호되고 있는 건물로 접근하고 건물 앞에 앉아 책을 읽는 핀치의 모습을 지켜본다. 이때 한 무리의 차가 나타나고 사람들이 총을 들고 핀치에게 다가선다. 아이들은 이들을 따라 애티쿠스에게 달려오고, 애티쿠스는 아이들에게 집으로 돌아가라고 말한다. 아이들이 싫다고 거절하자, 무리 속의 한 사람이 애티쿠스의 아들 젬과 딸 스카웃을 강제로 붙잡으려 하자, 스카웃은 발버둥을 치며 그 남자를 발로 찬다. 그리고는 건물 앞에 서있는 애티쿠스에게 달려간다.

스카웃은 무리를 둘러보다 커닝햄의 얼굴을 알아보고는 그에게 말을 건다. 스카웃은 커닝햄에게 사례금 지급이 어떻게 되어가고 있는지 물으면서 살다보면 사례금 지급이 어려울 때가 있고 때로는 시간이 오래 걸릴 때가 있다고 말한다. 이처럼 스카웃이 무리 속에서 커닝햄을 알아보고 말을 걸려고 시도한 것은 어떤 인간적인 부분을 꺼내려 한 것이지만, 사실 이것은 애티쿠스와 관련이 있다. 애티쿠스는 커닝햄의 한정 상속 건을 처리해준 적이 있으며, 스카웃이 여기서 사례금을 언급한 것은 제때 비용을 내지 못해 진 빚을 수확물로 대신 갚는 것을 암시 한 것이다. 스카웃의 말에 처음에는 사람들로부터 어떤 반응도 이끌어내지 못하지만 곧 자진 해산한다. 결국 성난 군중 무리를 설득하여 이들이 해산하도록 유도하는데 성공한 것은 애티쿠스의 법이 아닌 스카웃의 감성 호소였던 셈이다.

이처럼 소설 못지않게 영화도 어린 스카웃의 시각에 적지 않은 비중을 두고 있긴 하지만 애티쿠스와 인종차별적인 성폭행 관련 재판에 보다 많은 비중을 두고 있는 것은 사실이다. 그러므로 원작 소설이 여성 성장 소설의 틀과 주제를 갖고 있음을 생각해볼 때, 정작 소설이 일관되게 제기하고 있는 여성 정체성과 성별에 관련한 여러 문제를 고려해 볼 필요가 있다.

우선 어머니가 없고 아버지만 있는 가운데 아버지와 자신을 동일시하는 스카웃의 심적 태도에 관한 문제이다. 특히 자신의 여성성을 부정하고 아버지의 남성성을 자신의 것으로 받아들이려고 하지만 실현될 수 없다는 점을 자각한 후에 겪게 되는 스카웃의 심적 갈등은 작품을 이해하는데 중요하다 할 수 있다. 이것은 다시 말해 스카웃은 자신이 나중에 어른으로 성장하더라도 들어갈 수 없는 성인 남성 세계를 바라보는 아웃사이더인가 하는 문제이다.

두 번째는 스카웃의 심적 태도가 아버지에 대한 사랑과 헌신 때문만이 아니라 그가 갖고 있는 남성성, 다시 말해 여자로서는 남부 사회 내에서 도저히 가질 수 없다고 생각하는 권력과 자유 때문에 비롯된 것인가 하는 문제이다.

마지막으로 스카웃에게 아버지로서의 역할뿐만 아니라 어머니 역할까지 수행해야 하는 자상하고 관대한 애티쿠스의 양성적 특성에 관련한 문제이다. 그는 폭력과 총기사용, 그리고 명예와 관련 하여 전통적인 남성적 인습을 거부하는 모습을 보인다. 이런 문제에 대한 접근은 우선 소설이 배경으로 하고 있는 전통과 격식 그리고 가족을 중시하는 1930년대 미국 남부의 시골 마을 메이콤에 관한 서술과 묘사의 분석에서 출발할 수 있다.

『앵무새 죽이기』는 전통적으로 가족을 중시 여기는 남부의 작은 마을 공동체에 관한 소설이라는 점에서 가족소설이자 사회소설이라 볼 수 있다. 그렇지만 소설에서 정상적인 범주에 속하는 가족은 거의 등장하지 않는다. 특히 아이들이 주인공임에도 스카웃과 젬 그리고 딜을 제외한 아이들은 거의 등장하지 않는 것은 관심을 끌만한 대목이다. 정상적인 가족이 부모와 자식으로 구성된 공동체를 의미한다면 소설에서 이 같은 가족의 틀을 제대로 갖추었다고 할 수 있는 집은 거의 찾아볼 수 없다.

스카웃의 집부터 살펴보자. 어머니가 없는 스카웃과 젬의 가정은 흑인 요리사 칼퍼니아가 가사를 책임지고 아버지 애티쿠스가 부모역할을 다하고 있다. 나중에 스카웃이 소녀로 커 가는데 도움을 주기 위해 오빠 애티쿠스의 집으로 이사를 와서 살게 되는 알렉산드라 고모는 이혼한 상태다. 스카웃의 삼촌 잭을 비롯하여 모디 아주머니와 에이버리 씨는 아예 결혼을 하지 않았다. 밥 이웰도 아내가 없고, 딜의 경우는 아버지가 없다. 그나마 부 래들리와 톰 로빈슨의 가족만이 제대로 된 갖고의 틀을 갖추었다고 말할 수 있다.

하지만 백인 여성을 성폭행한 혐의로 구속된 톰 로빈슨은 애티쿠스의 열성적인 변론에도 불구하고 재판에서 진 뒤에 나중에 탈출을 시도하다 최후를 맞이하게 된다. 정신 질환을 앓고 있다고 추정되는 부 래들리의 가족도 소외된 종교적 광신도 집안이라는 점에서 문제를 안고 있다. 그러므로 아이들이 소설의 주인공임에도 불구하고 작품 속에서 주인공 스카웃 또래의 아이들이 젬과 딜을 제외하고 거의 등장하지 않는 이유는 바로 제대로 된 가정이 없다는 것에 연유한 것임을 알 수 있다.

특히 성적 정체성의 형성에 있어서는 생물학적 요인뿐만 아니라 가정과 주변 이웃의 상황과 같은 사회적 환경의 요인도 크게 작용한다. 그러므로 스카웃의 경우 일찍 어머니를 여읜 후 주변에서 같이 놀아줄 또래의 친구가 오빠인 젬과 딜 이외는 마을에 없다는 점은 스카웃의 일상적인 성적 정체성의 형성이 어떠하리라는 것은 쉽게 짐작할 수 있다.

항상 헐렁한 멜빵바지를 입고 다니는 톰보이 같은 스카웃의 말과 행동 그리고 의식은 전통적으로 얌전한 소녀의 이미지와는 거리가 멀다. 스카웃이 하는 일상적인 놀이란 타이어 굴리기와 나무타기인데 이것은 일반적인 소녀의 것이라 보기 힘든 것이다. 특히 마을에서 같이 놀 소녀친구들이 없으므로 당연히 성적 역할에 맞는 친구가 없다는 사실은 자의든 타의든 간에 스카웃에게 적지 않은 불안 요소로 작용할 수 있는 것이다.

한 가지 예를 들면, 딜이 여름을 보내기 위해 메이콤 마을에 있는 동안 어느 날 딜과 젬 그리고 스카웃 세 아이가 타이어 타기놀이를 하다가 스카웃이 탄 타이어가 래들리의 집 안으로 굴러 들어가게 되게 된다. 스카웃이 타이어를 찾으러 래들리의 집으로 들어가는 것을 싫어하자 젬은 스카웃을 나무라면서 날이 갈수록 더욱 여자 같아진다고 말한다(38). 이 말은 남자아이들은 겁이 없는 반면 여자아이들은 약하고 겁이 많다는 점이 하나의 고정관념으로 자리 잡고 있음을 보여주는 대목이라 하겠다. 물론 젬도 부 래들리뿐만 아니라 밤을 무서워한다는 점이 나중에 드러나게 되지만 이 장면에서 스카웃이 보이는 반응에 유의할 필요가 있다.

소녀가 된다는 것은 젬과 딜과 같은 소년들에게는 수치에 가까운 것이다. 따라서 작은 남부의 마을에서 소녀가 일종의 모욕이자 조롱의 표현임을 젬을 통해 알게 된 스카웃에게 있어서 소녀와 숙녀는 매우 혼란스럽고 억압적이며 나중에 커서 되고 싶지 않은 존재인 것이다. 여자가 남자보다 사회에서 덜 가치 있는 존재라는 점을 생각한 스카웃이 오빠인 젬에게 계속 인정받기 위해서라도 놀이에서 갑자기 용감해지는 것이다.

특히 스카웃이 구사하는 말투가 소녀다움의 전형에서 벗어난 매우 상스러운 것이어서 듣다 못한 삼촌 잭이 스카웃을 꾸짖을 정도인 것은 이 같은 연유 때문이라 볼 수 있는데, 크리스마스 때 스카웃이 받는 선물이 인형이 아닌 총이라는 점도 많은 것을 시사한다. 스카웃이 이른바 숙녀가 되는 것에 대해 부정적인 시각을 갖고 있다는 것은 치마 대신 스카옷 자신의 이름만큼이나 활동적인 멜빵바지를 즐겨 입는 것을 통해서도 알 수 있다. 스카웃이 젬과 함께 두보스 할머니의 집 앞을 지나가는 장면을 보자. 스카웃이 "헤이"하고 가벼운 인사말을 건넬 때, 무례하다고 생각한 할머니는 가정교육을 들먹이며 스카웃을 크게 꾸짖는다. 소설은 두보스 할머니가 모욕을 당했다고 생각하는 것이 두보스 할머니 자신이 스스로를 남부의 숙녀라고 생각하고 있기 때문에 비롯된 것임을 보다 상세히 보여준다.

영화에서는 연출되지 않았지만 스카웃이 입고 있는 멜빵바지를 손가락으로 가리키며-남부의 숙녀라면 당연히-스커트와 캐미솔을 입어야 한다고 꾸짖는 것은 멜빵바지가 남부 숙녀의 예법에 어긋나는 소녀답지 못한 복장이기 때문이다. 이것은 멜빵바지를 입고 밖으로 돌아다니는 것에 대해 뭔가 조치를 취해야 한다는 알렉산드라 고모의 말을 통해서도 잘 나타난다. 옷은 남성과 여성의 표면적인 성적 구별을 보여주는 한 가지 지표이기 때문이다. 이런 점에서 멜빵바지는 스카웃이 남부의 숙녀에 대해서뿐만 아니라 자기 자신이 여성이라는 점에 대해 부정적이거나 혼란스런 의식을 가지고 있음을 보여주는 표면적인 증거가 되고 있다.

영화에서 스카웃이 학교에 등교하는 첫날 아침을 먹으러 식당에 들어설 때 몹시 부끄러워하는 장면이 대표적이다. 치마를 입는 것에 대해 어색해 하는 이 장면은 스카웃의 심리적 동요를 영화적으로 연출한 것이다. 스카웃이 식당에 들어설 때 애티쿠스와 미스 모디, 그리고 캘퍼니아는 스카웃을 반갑게 맞이하며 격려하지만 오빠 젬은 치마를 입은 스카웃을 놀린다. 스카웃은 학교에 갈 때 치마를 입어야 한다는 사실을 끔찍하게 생각하고 있는 것이다.

그러나 영화에서 이 부분을 제외하고 스카웃이 여성으로 성장한다는 것을 두려워하는 것은 말할 것도 없고 치마 입는 것을 강하게 싫어하는 점을 보여주는 장면이 없다는 점은 주목할 필요가 있다. 이에 비해, 소설은 스카웃이 치마보다는 멜빵바지를 좋아한다는 점을 뚜렷이 보여주고 있다. 호톤 풋의 영화각색은 이 같은 점을 고려하여 스카웃이 치마 입는 것을 싫어하는 점을 부각하기 위해 스카웃의 첫 등교 장면을 의도적으로 설정한 것으로 보인다.

스카웃의 말괄량이 기질은 아버지 밑에서 자란 영향이 크다 할 수 있다. 스카웃이 자신을 아버지 애티쿠스와 동일시하려는 태도는 스커트와 캐미솔을 입어야 한다고 꾸짖는 두보스 부인처럼 남부의 성인 여성이 갖는 한계와 천박성을 인식한 것에 근거할 수 있다. 스카웃은 성장해 가는 과정에서 정숙한 숙녀가 되기를 바라는 메이콤 마을 성인 여성들의 기대치와 충돌하는 횟수가 점차 많아진다.

실제로 스카웃이 이해하지 못하고 거부감을 느끼는 여성은 두보스 부인뿐만 아니라 스카웃의 일학년 담당 선생님인 피셔 선생님, 그리고 스카웃의 집에서 요리사이자 보모 그리고 어머니의 역할을 다하는 흑인 칼퍼니아 등 다양하다. 특히 스카웃의 여성 정체성 형성과정에서 중요한 의미를 지닌 인물은 남편과 이혼한 후 오빠 애티투스의 집에 와서 살게 되는 스카웃의 고모인 알렉산드라이지만 정작 그녀는 영화 각색 과정에서 완전히 삭제되어 있다.

전통적인 가정을 중시하는 스카웃의 고모는 스카웃이 장차 자라서 남부의 숙녀가 되기를 바라는 뜻에서 소녀처럼 행동하라고 강요하지만 스카웃은 이 같은 고모의 태도와 생각을 이해할 수 없고 또 거부감을 느끼게 된다. 아버지에 대한 스카웃의 태도와 말투를 고모를 비롯한 주변 어른들이 나무랄 때 스카웃은 즉각 반발하면서 아버지의 동의를 구하려 든다. 애티쿠스는 스카웃의 반항적 태도에 별다른 반응을 보이지 않으며 남부여성으로서 갖추어야 할 태도와 관련하여 스카웃의 행실을 주변인이 지적할 때에만 그제야 약간의 관심을 보일 뿐이다.

기성세대의 여성에 대한 스카웃의 거부감은 역으로 남성적 권위에 대한 스카웃의 강한 동일시를 의미하는 것으로 생각해볼 수 있다. 즉 여성에 대한 스카웃의 부정적인 태도는 애티쿠스와 스카웃 사이에 형성된 돈독하면서도 독특한 부녀 관계가 기성세대 여성의 간섭으로 인해 깨질까 하는 두려움에서 비롯된 것일 수 있다.

스카웃이 자신의 정체성을 아버지와 동일시하는 이유는 어머니가 없다는 사실 이외에도 아버지 애티쿠스가 보여주는 높은 인격의 권위와 강한 내면의 힘과 관련이 있다. 그렇지만 아버지의 속성, 즉 남성다움의 속성을 자신의 것으로 받아들이는 스카웃의 여성 정체성은 불완전한 것일 수밖에 없다. 그러므로 아버지 애티쿠스는 스스로 어머니와 아버지의 책임과 역할을 수행하고 스카웃의 개인성을 존중하고 한 인간으로 대우하는데 최선을 다하는 한편으로 여동생 알렉산드라를 집에서 같이 살게 하면서 스카웃에게 여성에 관한 역할 모델이 될 수 있게 배려한 것이다.

그러나 스카웃이 보여주는 남부 여성에 대한 거부감과 비판의 이면에는 아버지 애티쿠스가 갖고 있는 남부여성에 대한 태도와 인식과 부분적인 관련이 있다. 남부 여성에 대한 애티쿠스의 관점이 잘 나타난 대목을 살펴보겠다. 어느 날 스카웃이 딜을 바래다주고 돌아오면서 아버지 애티쿠스가 알렉산드라 고모에게 하는 말을 무심코 엿듣게 될 때이다.

그는 "누구보다도 남부의 여성상을 좋아하지만 인간의 생명을 희생해 가면서까지 위선적인 교양에 집착하지는 않는다"라고 말한다. 또 애티쿠스는 앨라배마 주에서 여자는 재판의 배심원이 될 수 없다는 점을 스카웃에게 설명하면서 다음과 같이 농담조로 말을 잇는다. "내 생각에는 말이다. 우리의 연약한 숙녀들을 톰의 경우와 같은 너저분한 일들로부터 보호하려는 것일 거야. 게다가 그 숙녀들께서 질문을 해대느라 재판을 잘 치르게 될지 어떨지도 모르는 일이라서 말이다." 여자가 배심원이 될 수 없다는 사실은 스카웃을 몹시 화나게 한다. 하지만 아버지의 설명을 들은 후 두보스 할머니가 배심원 석에 앉아 있는 모습을 상상한 스카웃은 곧 그 같은 결정을 내린 조상들이 현명했다고 생각하기에 이른다.

여자들은 연약하고 수다스러워 배심원이 될 수 없다는 애티쿠스의 말은 남성 중심의 의식과 편견이 담겨있는 것처럼 보이지만 그 이면에는 날카로운 아이러니가 들어있다. 사실 스카웃의 눈을 통해 대체로 긍정적으로 그려지고 있는 여성 인물은 스카웃의 이웃에 살고 있는 모디 앳킨슨 아주머니와 칼퍼니아뿐이며 대부분의 여성 인물들은 매우 부정적으로 비춰지고 있다. 이를테면 알렉산드라 고모처럼 대부분의 남부 여성들은 수다스럽고 연약한 약골들이며 심지어 편협한 인종 차별적인 시골뜨기로 그려지고 있는 것이다.

예를 들면 이렇다. "알렉산드라 고모는 메이콤의 파티 참석자 중에서 꽤 나이가 든 편이었다. 고모는 기숙학교에서 배운 상류사회의 예의범절을 지니고 있었으며, 어떤 도덕과 관련된 것이라도 따르고 지지했고, 대단한 사명을 가지고 태어난 것처럼 구제불능의 수다쟁이였다." 그렇지만 가문과 지위, 그리고 전통적인 성적 역할을 매우 중시하는 고모 알렉산드라에 대한 스카웃의 감정은 고모의 의도가 순수할 뿐만 아니라 스카웃과 아버지를 사랑하고 있음을 스카웃이 깨닫기 시작하면서 차츰 누그러지게 된다.

스카웃은 여자로서 갖게 되는 한계와 남부 여성의 현실과 상황을 있는 그대로 보기 시작한다. 젬이 열두 살이 되면서 사춘기적 행동을 보이기 시작하고 여자답게 행동하라며 목소리를 높인다든지 딜과 함께 샛강으로 수영하러 가면서 스카웃을 따돌리게 되면서, 스카웃은 칼퍼니아가 일하는 부엌을 드나들면서 점차 여성의 존재라는 소외된 세계에 관해 배우게 되고, 외톨이가 된 기분으로 칼퍼니아와 머디 아줌마 사이에서 쓸쓸한 시간을 보내게 된다. 그러면서 스카웃은 부엌에서 칼퍼니아를 지켜보면서 소녀가 되려면 어떤 기술이 필요하겠다고 생각하기에 이른다.

이 가운데 스카웃의 여성 정체성에 중요한 영향을 끼치는 장면은 알렉산드라 고모가 주도하는 여성 선교 모임에 관한 부분이다. 일요 예배 때 입는 분홍빛 외출복과 신발 그리고 페티코트를 입은 스카웃은 선교모임에 참여한 마을의 여자 어른들에 관해 "숙녀들께서는 왜 길 하나를 건너오는데도 모자까지 써야 하는지 궁금해 하면서 이들 숙녀들에게서 종잡을 수 없는 염려와 어딘가에 숨겨진 확고부동한 욕구로 가득 차 있다"고 파악하면서 남부 여성들이 보여주는 천박함과 편견을 자세히 관찰한다. 스카웃은 고모가 자신을 선교 모임에 참석하게 한 것을 '숙녀로 만들어 보려는 노력의 일환'임을 잘 알고 있다.

마을에서 가장 수다스러운 미스 스테파니 크로포드가 나중에 커서 뭐가 되고 싶으냐고 물을 때 스카웃이 그냥 숙녀가 될 거라고 대답하자 "드레스를 자주 입는다면 그렇게 힘든 일만도 아니다"라고 말하면서 바지를 즐겨 입는 생활습관을 바꾸지 않으면 남부 엘리트 숙녀 사회의 일원이 될 수 없다고 충고한다. 그렇지만 스카웃이 언젠가는 "온갖 향내를 풍기며 천천히 흔들거리며 우아하게 부채질하며 시원한 음료를 마시고 있는 숙녀들의 세계"에 들어갈 수밖에 없음을 알고 있더라도 "아직은 아버지의 세계에 더 가까이 있다"고 말하고 있는 점에서 알 수 있듯이 아직은 숙녀가 되고 싶은 생각이 별로 없어 보인다.

메이콤의 숙녀 세계보다도 아버지의 세계에 더 큰 호감을 갖고 있다는 점은 스카웃이 양쪽 세계 사이에서 갈등하고 고민하고 있다는 점을 보여주는 대목이라 하겠다. 즉, 남성 세계를 동경하는 듯한 이 같은 표현은 아버지로 대표되는 남성세계에 매우 이상화된 시각을 갖고 있는 반면, 자신이 속한 여성세계에 대해 매우 부정적인 시각을 갖고 있다는 점을 반증하는 것으로서 스카웃이 느끼는 갈등의 핵심에 자리 잡고 있음을 알 수 있다. 즉 스카웃에게 있어서 애티쿠스로 대표되는 남성의 세계는 자유와 권위로 비춰지고, 아버지 애티쿠스는 스카웃이 남부 여성으로 성장하는 과정에서 커다란 영향을 발휘하는 남성적 권위의 핵심적 우상으로 자리 잡고 있는 것이다.

이를 반영하듯 소설은 스카웃의 눈을 통해 알렉산드라 고모가 주도하는 선교 모임에 참석한 메이콤의 숙녀들을 통해 도덕적 외양, 경건한 태도, 숙녀의 태도가 지닌 편협함과 천박함을 매우 부정적으로 드러낸다. 이를테면, 모임에 참석한 독실한 감리교도인 그레이스 메리웨더 부인은 아프리카의 불쌍한 므루나 사람들이 처해있는 빈곤, 무지, 난잡함에 대해 설명하는 가운데 그와 같은 정글에서 기독교적 구원이 필요하다 말하면서 기독교 사회와 교육의 중요성을 역설하는 한편, 신의 이름으로 증언

할 기회를 절대로 줄 필요가 없는 샐쭉해진 검둥이들을 데리고 있는 이유는 단지 이런 불경기에 몇 푼이라도 적선하려는 것뿐이라고 말한다.

이 같은 발언은 인종차별적이고 식민주의적 태도를 그대로 드러낸 것으로서 남부 숙녀의 편협함과 천박함을 가장 극적으로 보여주는 대목이라 하겠다. 사소한 데 관심을 쏟고 피상적인 옷차림의 규범과 인종차별적이고 경직된 도덕에 관심을 쏟는 남부 숙녀의 역할과 여성다움은 스카웃이 동일시하기에는 너무나 천박하고 하찮아 보이는 것으로서 스카웃이 "아직은 아버지의 세계에 더 가까이 있다"고 느끼는 가운데 상대적으로 남부 숙녀에 대해 거부감을 가지는 이유를 잘 설명해 주는 것이다.

그런데 소설에서 여성의 성별 역할에 대한 비판은 역설적으로 톰 로빈슨과 부 래들리와 같은 주변적인 인물/이방인을 통해 은유적으로 이루어지고 있다. 백인 여성을 강간했다는 혐의로 기소되어 재판을 받는 흑인 톰 로빈슨은 말할 필요도 없이 인종차별적인 백인 사회의 근본적인 희생자인 반면, 정신병을 앓고 있다는 소문이 떠도는 부 래들리는 사람을 해칠 잠재적 위험 가능성 때문에 사회에서 격리된 채 사실상 가택연금 상태에 있는 소외된 인물이다.

재판에서 진 뒤 형무소 탈출을 시도하다 총에 맞아 죽는 톰은 사실상 자살을 통해 그리고 부는 고립된 자신의 집에서 보호받는 삶으로 되돌아간다. 톰과 부 래들리는 정상적인 사회생활을 흉내조차 낼 수 없고 결과적으로 국외자적인 삶의 결과를 선택할 수밖에 없다. 어떤 해도 끼치지 않지만 상처받기 쉬운 이들은 날고 싶어도 날 수 없고 격리된 채 보호받아야 하는 삶을 강요받는 것이다. 결국 두 인물은 세상에서 격리되어 있다는 측면에서 소설의 제목과 깊은 연관이 있는 차별과 은둔의 새장에

간힌 채 노래하는 앵무새를 상징한다.

앵무새의 비유는 소설 전반에 걸쳐 이루어지고 있다고 생각할 수 있는데, 실제로 작품의 제목을 생각해볼 때 서술화자를 비롯한 모든 인물이 노래하는 앵무새로 볼 수 있다. 어떤 점에서 소설 자체가 앵무새의 노래라고 볼 수 있다. 작품 속에서 흑인 톰 로빈슨이 인종차별의 감옥에 갇힌 앵무새라면, 백인 부 래들리는 편협한 가족과 종교의 감옥에 갇히고 두보스 부인은 모르핀의 감옥에 갇혀 있기 때문이다. 병들고 괴팍한 두보스 부인은 시간의 흐름이 멈춘 낡고 오랜 과거의 의식과 전통에 갇혀버린 남부의 전형적인 상징 인물로서, 남부의 폐허를 그 스스로 보여주고 있다. 이런 점에서 메이콤의 숙녀들도 사회의 주류를 형성하지 못하고 의식적 빈곤함을 깨닫지 못한 채 자신들의 장소와 숙녀의 관습 그리고 편견의 감옥에 갇혀 길들여진 앵무새들이다.

마찬가지로 마엘라 이웰도 처참한 빈곤과 무지의 희생자이긴 마찬가지이다. 에티쿠스는 법정에서 바로 이점을 지적하며 사건의 원인이 규율과 오랜 사회적 관습을 어긴 죄책감에서 비롯되었음을 지적한다. 관습은 너무나 엄격해서 그것을 어기는 사람은 공동체에서 살아갈 수가 없으며, 때문에 그녀가 관습을 어겼다는 증거를 없애야했다는 것이다. 애티쿠스는 바로 그 증거가 톰 로빈슨이며 톰 로빈슨이 그 증거를 상기시키는 존재였다는 것이다. 즉 백인 여성이 흑인을 유혹한다는 남부 사회에서는 입에 담을 수 없는 관습인 것이다.

애티쿠스는 흑인들은 거짓말을 하며, 흑인 남성이 백인 여성과 있으면 위험하다는 흑인들의 품성과 연관하여 만들어진 두 가지 잘못된 가정 하에 본 재판이 진행됨을 지적하면서 법정은 정의를 대표하며 모든 인간은 똑같이 창조되었음을 역설한다. 애티쿠스는 법정의 고귀함이나 배심원 제도를 완벽하게 믿는 이상주의자가 아니라고 말하면서 법과 관련된 제도는 삶의 일부이고 현실이니만큼, 배심원들에게 주어진 증거를 편견 없이 검토하고 정당한 평결을 내려줄 것을 호소한다.

이와 같이 핀치는 사회의 가디언으로서 변호사의 이상화된 묘사를 보여주는 이미지를 보여준다는 점에서 그는 젊은 변호사들이 성취하고 싶은 꿈이자, 늙은 변호사들은 놓친 것을 후회하는 잃어버린 상실감으로서, 많은 측면에서 컨트리 변호사로서 아메리칸 드림을 상징하는 현대의 링컨이다.

애티쿠스는, 보수적인 남부사회에서 스스로 국외자적 위치를 선택한다는 점에서 많은 것을 시사한다. 그는 마을 사람들과 가족의 존경을 받는 인물이라는 입지에도 불구하고, 허약하고 나이가 많다는 점에서 아이들이 생각하는 전통적인 남성상과는 거리가 멀다. 아내와 일찍 사별한 후 재혼을 거부하고 남성다움과 여성다움에 관한 전통적인 의식과 관습에는 별다른 관심을 기울이지 않는 모습은 전형적인 남부의 남성상에서 벗어난 것이라 하겠다. 예를 들어 애티쿠스가 재혼하지 않는 것에 대해 두보스 부인이 신랄하게 비판한다든지 젬이 애티쿠스가 축구의 태클을 하지 못하게 하는 것에 대해 몹시 기분이 상해 있는 면들은 전통적인 측면에서 보았을 때 그가 사내답게 보이지 않는 것에 대한 미묘한 비판으로 비춰진다.

그렇지만 나중에 젬을 비롯한 아이들은 마을에 출현한 미친개를 총으로 쏘아 죽이는 애티쿠스의 뛰어난 사격술뿐만 아니라 백인 여자를 강간한 혐의를 받고 수감 중인 흑인 톰 로빈슨을 한밤중에 습격하려는 백인들에 맞서 교도소 앞을 지킨 일이라든지 법정에서 당당히 흑인을 변호하는 그의 모습에서 진정한 용기가 무엇인지를 눈으로 직접 확인하게 된다.

물론 이와 같은 프로급의 사격 솜씨라든지 용감하게 시위대에 맞서는 모습은 전통적인 서부극의 영웅 이미지이다. 영화는 서부극의 영웅 캐릭터 요소를 가져오는 것은 변호사로서 애티쿠스로 하여금 정의와 자연법에 대한 헌신과 내재적 명예를 추구하려는 것이다. 즉, 애티쿠스를 서부극의 영웅 캐릭터처럼 구축함으로써 이른바 올드 웨스트Old West의 신화와 명예코드를 품으면서 영웅변호사의 캐릭터를 관습적 장르 요소로 담을 수 있게 되는 것이다. 특히 그가 위험을 무릅쓰고 남부의 전통과 편견의 감옥이 강요하는 구속에 맞서 흑인 톰 로빈슨의 변호를 기꺼이 맡는 행동은 그가 전형과 틀의 감옥을 벗어나서 보다 자유로운 것을 추구하고 있다는 점을 보여준다.

이런 점에서 그의 행동은 스스로 사회의 앵무새를 거부하고 사회의 경직된 성적 정체성과 역할을 뛰어 넘는 자아실현의 메시지가 어떤 것인지를 보여준다 하겠다. 스카웃이 남부 여성보다도 권위의 상징으로서 아버지와의 정체적 동일화를 강조한 것은 이 같은 점을 염두에 둔 것이라 할 수 있으며, 이와 관련하여 결말 부분에서 축제가 끝난 후 아이들이 마을의 숲을 지나갈 때, 밥 이웰의 습격을 받은 사건은 중요한 의미를 갖는다. 마을 축제가 끝난 후 집으로 돌아오는 도중 숲 속 오솔길에서 아이들이 갑자기 공격을 받는 순간에 갑자기 그림자 물체가 나타나 이웰을 낚아채고 공격을 받아 정신을 잃은 젬을 구출한다.

스카우트는 햄 복장에서 빠져나오려고 발버둥 치면서 집으로 달려와 젬이 부상당한 채 침대에 누워 있는 모습을 발견한다. 핀치는 의사와 보안관에게 전화를 걸고, 사건 장면을 조사한 뒤 테이트는 이웰이 부엌칼로 등을 찔린 채 쓰러져 죽었다고 보고한다. 부 래들리가 뒤에 나타나 두 아이들을 구출하고 이웰을 죽인 것이 두 사람에게 명백해진 것이다. 이것은 핀치에게 심각하고 난처한 문제를 야기한다. 왜냐하면 그는 줄곧 법적 체계를 수호해왔기 때문이다.

그러나 숲 속 오솔길에서 습격을 받은 스카웃과 젬을 구해주기 위해 밥 이웰을 살해하고 아이를 구출한 부 래들리를 살인자로 기소하는 것은 잘못된 것이라고 보안관 헥 테이트가 애티쿠스를 설득할 때 스카웃은 애티쿠스에게 그것은 앵무새를 쏴 죽이는 것과 같은 것이라고 되물으며 이전에 아버지가 아이들에게 성탄절 선물로 사준 공기총 사용법을 가르쳐 주면서 앵무새를 죽이는 것은 죄라고 말했던 점을 상기시킨다.

이런 점에서 영화가 제시하는 이슈는 가치 없는 사회에서 가치 있는 인간이 벌이는 영웅적인 투쟁에 관한 것이 아니라, 오히려 가치 없는 세계에서 전통적인 가치를 미련하게 붙들고 있는 것이 어느 순간 전혀 영웅적이지도 않고 부조리한 것이 될 수 있다는 것이다. 그래서 핀치는 절차를 중시하지만, 보안관 테이트가 즉시 실용적인 접근을 취해 래들리가 조사받지 않게 된 것에 대해서도 만족해한다.

영화 속에서 애티쿠스 핀치는 그의 딸 스카웃만큼 천진함을 드러낸다. 법에 대한 그의 비전은 대단히 우직하지만 스카웃의 어린 시절에 대한 비전만큼 감동적이다. 두 사람 모두 마을의 괴짜 부 래들리보다 더욱 괴짜적인 비전을 가지고 있는 것이다. 이것은 흥미로운 시점을 제공하고, 변호사로서의 핀치와 인간 핀치에 대한 비평을 제공한다. 확실한 것은 핀치는 보다 큰 정의의 범주에서 법의 과정 혹은 오히려 그의 주관적인 정의관을 뒤집을 준비가 되어 있다는 것이다.

　나중에 스카웃은 집으로 다시 돌아가 사회로부터 격리된 삶을 되풀이할 수밖에 없는 부 래들리의 손을 잡고 직접 그의 집까지 바래다주면서 부 래들리를 진정한 한 인간 아더 래들리로 받아들일 수 있게 되고, 사회의 타자적 존재가 갖는 역할과 의미를 깨닫는다. 스카웃은 아버지 애티쿠스와 마찬가지로 최소한 차이를 인정하고 존중하는 태도를 보여줌으로써 편견과 인습의 감옥에서 벗어날 수 있는 것이다.

　소설과 영화의 이 같은 메시지는 1960년대의 흑인 민권 운동을 기반으로 하는 당대의 새로운 사회적 분위기를 반영한 것이라 하겠다. 작품의 제목이기도 한 '앵무새'는 순수함을 상징한다. 소설은 1930년대의 미국 남부의 한 마을의 사회적 실상을 어린이의 눈을 통해 매우 사실적으로 그려내고 있다. 영화는 사회의 부조리를 고발하고 비판하는 원작의 진보적 메시지를 흑백의 영화 언어를 통해 오히려 차분하고 서정적인 분위기로 담아내는데 성공함으로써, 시대를 초월해 많은 관객들의 공감과 사회적 반향을 이끌어내고 있다.

케네스 브래너의 〈프랑켄슈타인〉

젠더와 성차의 수용연구와 관련하여, 영국의 소설가 메리 셸리의 고딕 소설을 각색한 케네스 브래너의 영화 〈프랑켄슈타인Frankenstein〉(1994)을 살펴보는 것은 의미가 있다. 브래너는 여성주의 관점에 상당한 비중을 두고 원작을 각색했다고 보기 때문이다. 그는 프랑켄슈타인의 어머니인 캐롤라인의 죽음을 동생 윌리엄의 출산과 연계한다. 그뿐 아니라, 그는 영화의 후반에 가장 인상적인 꼬임과 반전을 만들어낸다. 원작에서는 프랑켄슈타인이 자신의 짝을 만들어달라는 괴물의 요구를 거절하지만, 영화에서는 프랑켄슈타인이 살해당한 자신의 신부 엘리자베스를 괴물로 되살려내기에 이른다.

이렇게 함으로써, 브래너는 여성 출산의 주제를 강화시켰을 뿐만 아니라 여성작가의 창작심리과정과의 유추관계까지 연계하는데 성공한다. 그리하여 메리 셸리라는 작가/어머니가 출산한 이야기 속에 프랑켄슈타인이라는 과학자/남성이 출산한 괴물의 이야기가 담기게 되고, 이 이야기를 브래너라는 또 다른 감독/남성이 영화라는 매체를 통해 관객에게 전달하게 된다는 것이다.[5]

브래너는 기존의 프랑켄슈타인 영화들이 외면했던 모성적인 힘, 그 권위를 자궁의 생식력과의 관계 속에 전면에 등장시킨다. 영화 속에서 여성 인물Caroline, Elizabeth, Justine들은 소설이나 기존의 영화들보다도 훨씬 적극적이고 활력이 넘치며 무엇보다 성적 매력을 강조하는 식으로 재현된다.[6]

메리 셸리의 원작을 충실하게 재현하겠다고 의도한 브래너의 영화에서 가장 핵심적인 변화는 바로 프랑켄슈타인이 죽은 엘리자베스를 되살려내는 괴물 같은 재생에 있다. 이것은 영화가 제작되던 당대의 문화적 사회적 맥락 속에서 남성의 권력이 여성성을 해독하고 재구축하던 방식

---

5) 홍성주, 「〈프랑켄슈타인〉과 〈메리셸리의 프랑켄슈타인〉에 나타난 출산의 괴물성」, 『문학과 영상』 4.2 (2003), 128쪽.
6) 허필숙, 「〈프랑켄슈타인〉의 영상적 재현: 스크린 속의 여성인물들이 갖는 전복성」, 『영미문학페미니즘』 12.1 (2004), 320쪽.

을 드러낸다. 가부장적 이데올로기가 여성에게 요구하는 정숙한 아내, 희생적인 모성의 테두리를 벗어나는 성적 섹슈얼리티나 원초적 어머니로서의 생명생산의 능력은 괴물적인 것으로 간주되는 식이다. 그러나 이렇게 재현된 여성인물들이 전복적인 의미를 갖는 이유는 재현의 속성상 그 과정을 통해 남성의 권력구축과정을 탈신비화하고, 원작자의 의도와 무관하게 다양한 해석의 가능성을 열어주기 때문이다.7)

소설 속의 괴물이 인간 내면에 자리 잡은 무의식적 욕망의 객관적 형상화라 한다면, 영화 속의 여성 인물은 남성의 성적 환상의 투사물이라 할 수 있다. 그러나 여성의 괴물성은 기존의 상징적 질서가 요구하는 것과는 전혀 다른 방식으로 존재하고 생각하고 상상하는 제3의 존재의 탄생의 가능성을 열어놓는다.

이런 의미에서 프랑켄슈타인은 모든 남성적인 통제에도 불구하고 여성으로 규정된 경계를 넘나드는 새로운 여성상을 다양하게 드러낸다.8) 그러므로 첫 번째의 피조물과 두 번째 피조물의 관계는 무엇이며, 감독은 왜 이런 플롯의 변형을 통해 두 번째 괴물 엘리자베스를 만들어낸 것인가를 분석하는 것은 브래너의 텍스트를 이해하는데 중요한 핵심요소가 된다.

장르 영화로서 공포영화는 타자의 형상이 괴물로 표상되는 장르이다. 브람 스토커의 『드라큘라』와 메리 셸리의 『프랑켄슈타인』을 모태로 하여 시작된 현대 공포영화의 흐름은 1960년대 이후 '인격의 공포', '아마겟돈의 공포', '악마적인 것의 공포'라는 세 개의 하위범주로 구분된 바 있

---

7) 허필숙, 326쪽.
8) 상동.

다. 알프레드 히치콕 감독의 〈사이코Psycho〉(1960)에서 시작된 '인격의 공포'는 공포의 원천을 외부의 괴물이 아니라 '인간의 내면'에다 투사한 것으로, 특히 1960년대 초에 발생한 케네디 암살사건을 비롯하여 폭력의 분출에 대한 반응을 재현한 것이다.

다음으로, 히치콕의 〈새The Birds〉(1963)나 50년대의 공상 과학, 그리고 괴물영화 등을 포함하는 '아마겟돈의 공포'는 전체주의의 확산, 정치적 통제와 핵전쟁의 위협에 대한 불안에 토대를 두어 일상적인 두려움의 현대적이고 격변하는 변모를 보여준 것이다. 그리고 〈오멘〉과 〈엑소시스트〉와 같은 '악마적인 것의 공포'는 악마적 힘의 존재를 통해서 사회의 불안이나 갈등을 형이상학적, 도덕적 차원의 문제로 환원된다. 이와 같은 공포영화와 사회 · 정치적 맥락의 접근은 매개적인 재현보다는 직접적인 반영의 관점에서 설명한다는 한계를 갖고 있다. 따라서 점차 영화가 생산되는 당대의 맥락과 관련하여 영화 텍스트가 맺고 있는 좀 더 복합적이고 다층적인 관계를 파악하는 일은 중요해진다.

실제로 워터게이트 사건과 베트남전으로 대표되는 1970년대 미국은 공포영화의 황금기라 할 수 있다. 이는 공포영화 장르가 이데올로기적 위기의 순간에 꽃 피웠음을 의미한다. 그 어느 때보다 불안스럽고 불온했던 이 시기의 영화는 장르 자체로 해소될 수 없고 인식되지도 못하는 사회적 정치적 그리고 도덕적 딜레마를 공포의 장르를 통해 다루었다.

70년대의 미국 공포영화의 또 다른 특징은 다름 아닌 가족을 괴물의 요람으로 다룬다는데 있다. 예를 들어 래리 코헨 감독의 〈그것은 살아있다It's Alive〉 시리즈에서 단란한 중산층 가족에게서 태어난 돌연변이 아이는 그 폭력성과 정상적인 세계를 위협하는 흉물스러움 때문에 처단의 대상이지만 바로 가족이 낳은 것이기 때문에 양가적인 감정을 불러일으킨다.

웨스 크레이븐 감독의 〈공포의 휴가길The Hills Have Eyes〉(1977)에서 휴가를 떠난 경찰가족과 그들이 여행에서 만나는 식인가족은 점차 겹쳐진다면, 〈왼편 마지막 집〉(1971)에서 자신의 딸을 살해한 탈옥수 가족을 두 부부가 복수하는 과정에서 정상과 비정상, 가해자와 피해자의 이분법적인 구분은 의미가 없어지고 백인 중산층 가족의 윤리는 뒤집어진다.

또한 〈텍사스 전기톱 대학살〉(1974)과 〈시체들의 새벽〉(1978)은 사회질서가 결코 회복될 수 없다는 전제를 보여주는 절망의 묵시록이다. 70년대 당대 미국의 이데올로기적 위기와 붕괴를 반영하는 이들 영화는 한편으로는 괴물과 정상성의 관계를 밀도 있게 탐구함으로써 70년대 미국 공포영화의 진보적 가능성을 보여준다. 이를테면, 전자는 괴물을 가족으로 형상화함으로서, 그리고 후자는 자본주의의 소비 욕구를 가장 잘 드러내는 쇼핑몰을 무대로 하여 부르주아 규범과 제도를 비판하고 있다. 특히 〈시체들의 새벽〉은 소비의 욕망이 극에 달해 있을 때 사회질서는 붕괴되며 이를 재건할 담지자는 다름 아닌 가부장제 소비자본주의의 타자인 흑인과 여성이라는 점을 분명하게 보여준다. 좀 더 커다란 맥락에서 보면 이러한 진보의 가능성이 영화라는 대표적인 상품형식 안에서, 공포영화라는 가장 관습적인 장르에서 발견되었다는 점은 주목할 만하다.

특히 공포영화는 그 중심이 괴물의 모습에 피억압자/타자의 이중개념을 실제적으로 극화하는 작업으로서, 여기에서 타자성은 부르주아 이데올로기가 인식하거나 받아들일 수 없기 때문에 소멸시키고 거부하거나 아니면 안전하게 만들고 동화시켜야 할 대상이다. 이것은 문화나 자아의 바깥에 있는 어떤 것으로서, 증오하고 단절하기 위해 외부로 투사된다.

예를 들어 부르주아 이데올로기는 단일한 지배 이데올로기로 행사되고 규범으로 적용되기 위해 '정상' 범주를 형성한다. 정상을 벗어난 모든 것은 항상 타자로 인식되고 그 형상은 다양하지만 일정한 패턴이 정해져 있다. 예를 들어 주체인 나와 다른 사람/ 여성/ 프롤레타리아/ 다른 문화/ 동일문화 내의 다른 인종집단/ 대안적인 이데올로기 혹은 정치제도/ 이데올로기적 성적 규범에서 벗어난 일탈들(특히 이성애가 아닌 양성애와 동성애) 등이 바로 그것이다.

따라서 사회 내의 '정상'은 이 괴물에 의해 위협받으며 여기에서 정상성은 '지배적인 사회규범에의 순응'으로 사용된다. 정상성의 정의는 이성애적 일부일처 커플, (부르주아 가부장제) 가족, 이들을 보호하고 존속하는 사회제도들(경찰, 교회, 무장군대, 학교 등, 알튀세적 용어로 말하자면 이데올로기적 국가장치)이다. 공포영화가 갖는 매력과 효과는 우리를 압박하는 규범들 혹은 정상성 그리고 우리를 가르치는 도덕의 잣대를 깨뜨리려 하는 악몽들을 재현하고 봉합하는 데에서 나오는 것이다. 예컨대, 웨스 크레이븐의 〈나이트 메어A Nightmare on Elm Street〉(1984) 시리즈나 〈스크림Scream〉(1996)으로 대표되는 십대 청소년을 소재로 한 할리우드의 살인 영화들은 대체로 1980년대 레이건으로 대표되는 보수주의 이데올로기가 이전 세대의 급진청년문화에 가한 일종의 반격이다. 영화 속에서 마지막 끝까지 살아남는 주인공은 기존 사회규범에 순응하는 정숙한 여자아이이다.

프랑켄슈타인은 첫 번째 피조물을 공포와 혐오감으로 받아들인다. 이른바 '정상'이 아니기 때문이다. 외모의 추악함으로 그는 태어나자마자 악의 화신으로 모든 인류의 적으로 간주된다. 셸리는 여성작가로서 프랑켄슈타인이 가진 타자에 대한 공포와 혐오를 무의식적으로 감지할 수 있다.

추악하고 비참하며 비천한 다른 존재인 괴물이 결국 자신의 숨겨진 자아의 일부이기 때문에 극단적으로 그 타자를 부정하고 거부한다. 그 타자의 존재는 자신이 구축해온 사회의 이상적 자아를 위협하는 최대의 적이기 때문에 위험하고 두려운 존재이다.

여성작가로서 메리 셸리는 프랑켄슈타인과의 성의 차이를 통해 비천한 타자에 대한 그의 거부감을 형상화할 수 있다. 반면 남성감독으로서 브래너는 엘리자베스라는 괴물을 재생산해내고 그녀를 사랑할 수 있는 핵심적 이유는 두 번째 괴물은 첫 번째 남성 괴물과는 달리 자신의 타자가 아니기 때문이다.

소설은 언어를 매개로 하는 개념적 추상적 담론인 반면 영화는 시각적 영상을 수단으로 하는 지각적 구체적 담론이다. 브래너는 셸리의 개념적, 추상적 의식을 물리적, 공간적 구체성으로 대치시킴으로써 관객으로 하여금 실제로 물화된 피조물을 만날 수 있는 기회를 제공하고, 보다 생생하고 직접적으로 피조물을 만들어낸 창조자의 고뇌와 고통을 접할 수 있는 계기를 마련해 준다.

그는 원작이 갖는 공포의 본질에 대한 이해를 바탕으로 고딕소설을 공포영화로 재현하는데 성공한다. 두 작품의 공포는 근본적으로 여성출산에 내포된 괴기함의 속성에서 비롯된 것이다. 셸리와 브래너의 텍스트의 공포의 본질은 둘 다 피조물에 내포된 위협적인 타자성에 대한 인식에 기인한다. 그리고 그 공포는 괴물의 추악하고 흉측한 외모로 형상화

된다. 특히나 이것은 괴기스럽고 비정상적이고 원시적이며 여성적인 비천한 존재로서 주체도 아니고 객체도 아닌 어중간한 경계에 위치한다. 애매모호한 미결정적 존재는 특히 남성 주인공에게 위협적인 존재이다. 현실사회에서 결정하는 자신의 자아의 모습을 위협하며, 안정적이고 이상적 자아 속에 숨어 있는 비천한 존재를 드러내어 인식하도록 강요하기 때문이다. 괴물로 형상화된 피조물은 선도 아니고 악도 아니며, 주체도 아니고 객체도 아니다. 이런 존재에 대한 인식을 위해서 셸리와 브래너는 독자와 관객을 현실세계가 아닌 경계의 어중간한 고딕의 공간으로 초대한 것이다.9)

브래너는 이전의 영화들과 비교하여 아버지의 법과 원초적 어머니를 극명하게 대립시킨다. 원초적 어머니의 모성적 권위는 영화 도입부의 셸리의 목소리를 통해 상상력의 자궁에서 잉태된 자신의 소설에 대한 애착으로 표출되기도 하고, 태아를 구하기 위해 자신의 자궁을 찢으라고 명령하는 캐롤라인의 목소리Cut me! Save the baby!의 형태로 재현되기도 한다. 그러나 실제로 이들의 목소리는 가부장적 질서를 전적으로 부정하지도 수용하지도 않는다. 어머니의 자궁을 찢고 윌리엄을 꺼낸 아버지에서 한 걸음 더 나아가 프랑켄슈타인은 인공적인 자궁을 통해 괴물을 창조한다.

영화에서 괴물은 얼음 동굴에서 프랑켄슈타인과 대면할 때 지성적이고 웅변적인 원래 소설의 괴물과 가장 비슷하게 재현된다. 괴물은 프랑켄슈타인의 자기중심성을 꿰뚫어볼 뿐만 아니라 자신이 어떻게 만들어졌으며 어떤 능력을 가지고 있는지 집중적으로 질문한다. 이러한 대사들

---

9) 홍성주, 148쪽.

은 괴물의 입장에서 프랑켄슈타인에게 항변할 수 있는 내용들을 압축해서 전달한다.

여기서 영화 속 괴물의 성은 창조 과정에서 이미 남성으로 설정되어 있다는 점은 의미가 있다. 원작의 경우 괴물의 성 문제는 남성임이 암시되어 있으나 육체적 공격성, 전투적인 웅변 등에서 볼 수 있는 남성적인 면과 여성적인 감수성을 가로지르는 특징을 보인다. 또한 괴물이 프랑켄슈타인에게 여성 피조물의 창조를 요구할 때도 원작에서는 성적 욕망의 대상이라기보다 서로 공감하는 동료를 원하는 점이 강조되어 있다. 영화에서는 괴물이 여성을 요구하는 행위가 성적 욕망의 대상으로서 여성을 원하는 것으로 처리되어 괴물의 성을 명백히 남성으로 규정짓고 있다. 남성괴물이 요구하는 여성 괴물은 원작에서는 단지 괴물의 거울 이미지로 만들어질 작정이어서 괴물의 나르시시즘을 넘어서지 못하는 존재이며 결코 탄생되지 않는 존재이다.

프랑켄슈타인은 괴물의 요구를 수용하지 않고 여성 괴물을 만드는 일을 포기함으로써 존재의 사슬에 끼고 싶어 하는 괴물의 욕망을 부정한다. 결국 다른 몸체의 생산은 실패로 끝나고 괴물과 프랑켄슈타인 사이의 악화된 욕망에 기인한 투쟁만이 남게 된다. 그 결과 괴물은 프랑켄슈타인 주변의 존재의 사슬을 파괴하는데, 다름 아닌 프랑켄슈타인의 신부를 죽이는 것이 바로 이에 해당된다.[10]

영화는 죽은 엘리자베스를 다시 살리는 과정과 그 결과를 보여주면서 여성 괴물의 의미를 다시 조명한다. 살려낸 엘리자베스는 엘리자베스

---

10) 장정희, 「소설 『프랑켄슈타인』과 영화 〈메리 셸리의 프랑켄슈타인〉: 괴물과 서술」, 『문학과 영상』 3.2 (2002), 181쪽.

의 얼굴과 저스틴의 몸체가 합쳐져 재생된 존재로, 엘리자베스-저스틴이 갖는 의미는 욕망의 대상이라는 관점에서 조명해볼 수 있다. 영화는 자궁을 통하지 않은 생명창조의 파괴적 측면을 전면에 부각시키기는 하지만, 여성의 성적 섹슈얼리티나 생식능력에 관한 남성의 두려움은 더 이상 등장하지 않는다. 그 대신, 프랑켄슈타인이 엘리자베스-저스틴을 창조한 뒤, 프랑켄슈타인과 괴물이 그녀에 대한 소유권을 앞 다투어 주장하는 데서 드러나듯이 여성의 신체는 남성권력에 의해 절단되거나 합체될 수 있는 것으로 그려진다.[11]

원작에서는 괴물이 눈 속으로 사라짐으로써 괴물의 죽음을 확실하게 설정하지 않는 것에 비해, 영화에서는 괴물이 불로 자신을 소멸시키는 확실한 죽음을 보여준다. 영화는 프랑켄슈타인의 장례절차와 그의 죽음에 대한 괴물의 애도 장면을 강조함으로써 구원의 메시지를 전달하는 분위기를 연출하고 있다. 이처럼 영화에서 괴물의 죽음을 통해 창조자와 괴물의 화해를 보이는 것은 원작에 내재된 열린 결말의 의미를 축소한 것으로 풀이될 수 있다. 영화는 프랑켄슈타인의 열의와 좌절이 중점적으로 부각됨으로써 괴물의 의미가 복합적으로 탐색될 수 있는 가능성을 축소해 놓은 경향이 있다.[12]

여성 괴물의 육체를 매개로 한 프랑켄슈타인과 괴물의 대립은 프로이드가 지적한 어머니 신체를 매개로 한 아들과 아버지의 대립을 재현한 것으로 볼 수 있다. 괴물 엘리자베스-저스틴은 자신에 대한 소유권을 둘러싼 남성들의 투쟁의 공간이 된 자신의 몸을 불로 소멸시킴으로서 가부

---

11) 허필숙, 324쪽.
12) 장정희, 앞의 글, 185쪽.

장적 질서의 희생양이 되기를 거부한다. 프랑켄슈타인은 모성적 권위로부터 자궁을 유리시키려고 시도하였지만 엘리자베스-저스틴이 자신을 불태워 없애는 데서 상징적으로 드러나듯이 그의 시도는 실패로 끝난다.[13] 합성된 여성 괴물인 엘리자베스-저스틴은 그와 괴물의 욕망의 대상이자 그의 재생된 딸/누이/아내로서 원작의 근저에 흐르는 근친상간, 폭력, 시간증necrophilia을 표면화하고 있다. 브래너는 그녀의 마지막 선택을 분신자살로 설정했는데 이러한 분신의 의미는 상징적으로 그녀가 프랑켄슈타인의 프로메테우스주의에 참여하기를 거부하는 것을 보여준다는 것이다. 즉, 그녀의 죽음을 프랑켄슈타인의 생명창조 행위에 대한 하나의 저항이자 도전의 몸짓으로 읽어내게끔 한다.[14]

---

13) 허필숙, 325쪽.
14) 장정희, 앞의 글, 182쪽.

⦂7 장르영화의 영웅과 반 영웅
선악의 양가성

장르의 역할과 기능은 영화 연구의 뜨거운 이슈 가운데 하나이다. 장르
의 유연성은 연구자에게 이념적 궁지로 몰아넣지 않고 장르 자체의 한계
와 경계를 넘어 탐구를 가능하게 해주면서, 순전히 기술적인 차원을 넘
어 영화의 의미와 효과를 탐구하게 해준다. 이를테면 통상 법정 드라마
로 구분하고 있는 시드니 루맷 감독의 〈12인의 성난 사람들12 Angry Men〉
(1957)은 법정영화, 법정 드라마 혹은 재판 영화라고 부르기에는 무엇인가
약간 애매할 수 있다. 왜냐하면 대부분의 장면이 배심원 실안에서 일어
나기 때문이다. 이것은 테드와 조아나 사이의 어린 아들 빌리의 양육권
을 둘러싼 갈등을 다룬 법정 드라마 〈크레이머 대 크레이머〉(1979)도 애

매하긴 마찬가지이다.

장르는 양날의 검이다. 실제 장르에 대한 논쟁은 할리우드 영화를 고급문화와 대중문화의 일환에서 접근하려는 시도의 결과다. 장르의 등장과 비평 의제로서 장르의 등장에는 두 가지 주요 이유가 있다. 한 가지는 일반적 측면에서 대중영화를 진지하고 적극적으로 다루어 할리우드를 좀 더 특별하게 다루려는 것이고, 다른 하나는 작가주의 같은 지금까지 사용된 주류 비평 이론을 보완하고 다듬고 대치하려는 시도이다.

다시 말해서 고전 할리우드 시대의 장르 시스템 속에서 나름 창의적으로 활동하던 코미디의 버스터 키튼, 서부극의 존 포드, 뮤지컬의 빈센트 미넬리, 멜로드라마의 더글라스 서크, 서스펜스 스릴러의 알프레드 히치콕 등의 감독들은 기존 할리우드 장르의 관습에 머물지 않고 항상 장르의 관습의 내부에서 긴장을 유발하고 관습의 한계를 실험한다. 이를 통해 장르의 프레임 속에서 독창적인 주제의식과 비주얼 스타일을 발전시켜 장르영화의 혁신과 발전에 기여해왔다.

장르는 원래 문학에서 출발한 개념이다. 19세기 대중오락 산업이 발전하면서 좀 더 대중문화를 상품화하려는 현실적인 필요에 의해 비슷한 유형의 작품들을 확대 재생산하는 과정에서 생겨난 개념이다. 그래서 장르 개념은 고전 할리우드 영화 시대부터 특정 유형의 영화를 분류하는 도구이자 분석 도구였으며 이런 점에서 할리우드가 만든 대중영화의 중요성을 이해하는데 도움을 준다.

영화의 장르 개념에 따르면, 일종의 개별 범주로 영화를 분류하는 것이다. 이를테면 '카우보이 영화', '서부극', '동성애 영화' 이런 식이다. 이것은 그 자체가 문제가 있기는 하지만, 일반적으로 영화의 장르를 구분하는 몇 가지 기준에는 관습적으로 사용되는 요소들, 이를테면 시각적 영상의 특징, 구술 관습, 화법, 대사, 소재, 주제, 등장인물, 플롯, 배경, 음악, 주연 배우 등이 있다.

그래서 장르영화란 앞에서 열거한 몇 가지 기준을 충족하는 어떤 특정 범주에 속하는 영화로서, 오랫동안 관습적으로 공유하고 있는 시각적 이미지와 플롯, 전형적인 인물, 익숙한 이미지, 관객의 기대감을 바탕으로 한 어떤 '유사성'에 의존해 만들어진다. 그래서 영화제작의 선택 기준 가운데 하나는 다름 아닌 장르적 특성이며 장르영화의 해석은 관객이 해당 장르에서 기대하는 바에 바탕을 둔다.

따라서 이들 그룹의 영화는 예상 가능한 영화의 공식과 관습 그리고 아이콘을 가지고 있어야 한다. 그래서 정의실현 같은 관습적인 주제는 물론이거니와, 시각적 관습의 영화 공식과 구조와 인과관계에 바탕을 둔 플롯 기반의 스토리, 등장인물, 의상, 풍경, 분위기 등을 갖고 있어야 한다.1)

일례로 대표적인 법정영화로 알려진 〈12인의 성난 사람들〉(1957)의 오프닝 샷은 시각적 관습의 차원에서 팬 업 샷으로 뉴욕시 법원 건물 기둥을 밑에서부터 위로 천천히 비추어 올라가면서 영화를 시작한다. 참고로 재판이 열리는 법원 건물 기둥에는 "빈자의 아이들을 보호하라"는 문구가 새겨져 있다.

특히 영화 시장에서 법과 정의가 매력적인 테마로 이용되는 주요 이유는 다름 아니라 법과 정의가 갖고 있는 강력한 극적 측면 때문이다. 당연히 영화 서사 내 주체로서 법과 정의를 위해 싸우는 등장인물의 개

---

1) Steve Greenfield, et. al., *Film and the Law: The Cinema of Justice*, p. 78.

성과 서사 전개는 가장 큰 관심의 초점이 아닐 수 없다.

특히 광범위한 당대 혹은 과거의 도덕적 사회적 정치적 이슈를 다룰 경우, 법과 정의에 관련된 주제를 다루는 장르영화는 다양한 사회적 관심사를 탐구하는 수단과 그릇을 제공할 수 있다. 이를 위해, 어떤 식이든 법을 다루는 장르영화에서 가장 자주 등장하는 인물 유형은 변호사다. 이들의 법률상 직업은 부정적이든 긍정적이든 오랜 세월에 걸쳐 법과 관련된 집단적 대중적 이미지 형성에 주종을 이룬다. 등장인물로서 변호사가 어떻게 묘사되는가의 문제와 대중적 신뢰에 대한 효과 등의 문제는 쉽지 않은 문제이긴 하지만 대체로 표면적으로는 매우 직설적이다.

영화 속 등장인물의 경우, 법정 드라마의 대표적 주인공 인물인 변호사를 예로 들자면, 인물의 유형은 관습적이고 전통적 차원에서는 영웅과 악당의 이분법적 구조에서 나누어 살펴볼 수 있다. 가장 쉬운 예로, 로버트 멀리건 감독의 〈앵무새 죽이기〉(1962)에서 그레고리 펙이 연기한 주인공 애티쿠스 핀치는 변호사 출신의 미국 대통령 에이브러햄 링컨을 연상시킨다. 그는 도덕심과 윤리를 갖춘 훌륭하고 능력 있는 변호사의 이상형이다. 링컨은 영화초기부터 가장 인기 있는 캐릭터였다. 그래서 최근 개봉된 로버트 레드포드 감독의 〈음모자The Conspirator〉(2010) 그리고 스티븐 스필버그의 〈링컨〉(2013)에 이르기까지 꾸준하게 영화로 만들어지는 단골 영화 소재로 채택되고 있다. 〈앵무새 죽이기〉의 경우, 애티쿠스 핀치는 진실을 상징하는 흰색 페도라 모자와 복장을 하고 당당하게 걸으며, 진중하고 법의 본질을 강조하는 이상주의적인 변호사의 상을 보여준다.

영화는 미국 남부 사회의 인종주의에 대한 폭넓은 주제를 다룬다. 특히 그는 잘못된 유죄 평결의 결과가 나오더라도 당당히 결과를 받아들이면서 법체계와 권리를 수호하고 법질서를 준수한다. 그에게는 법이 무고한 톰 로빈슨에게 잘못된 유죄 평결을 내린 문제 있는 법질서가 아닌가 하는 문제는 또 다른 차원이다.

반면에, 대체로 대중적인 장르영화가 갖는 선악 구도의 일반적인 특성상, 탐욕스럽고 천박하고 비윤리적인 이미지의 변호사는, '영웅적인' 대안의 방법도 별로 없이 변호사의 가치에 대한 대중의 의견에 영향을 미치게 된다.

그럼에도 불구하고 영화 속 변호사의 인물 유형은 자신의 도덕적 권위를 혼란에 빠뜨리는 복잡한 사회문화적 문제와 맞닥뜨리는 등, 경제 문제에서 인종과 성, 그리고 정치에 이르기까지 다양한 이슈를 다룬다.

할리우드 영화의 경우 베트남 전쟁과 워터게이트 시대의 급진적 냉소주의를 다룬 〈더티해리Dirty Harry〉(1971), 〈크리미널 로Criminal Law〉(1988), 〈의혹Presumed Innocent〉(1990), 〈케이프 피어Cape Fear〉(1992) 등을 비롯해, 최근 영화는 초기 할리우드의 느와르 풍 영화에 나오는 인물보다 더욱 어둡고 냉소적이며, 때로는 사법체제에 대한 극단적인 경멸에 가까운 묘사를 선보이고 있다.

〈케이프 피어〉: 선악의 양가성과 법의 냉소주의

마틴 스콜세지 감독의 〈케이프 피어〉(1991)는 기존 리 톰슨 감독의 작품(1961년 판)이 갖고 있는 플롯의 일부를 바꾸고, 더욱 잔인하고 성적인 요소를 가미하여 다양한 평가를 얻는데 성공한 할리우드의 대표적인 스릴러 영화이다. 흥미롭게도 원 편의 두 주연 배우인 그레고리 펙과 로버트 미

첨은 두 번째 영화에서도 카메오 출연한다. 리 톰슨의 〈케이프 피어〉는 정형화된 캐릭터와 상황을 배경으로 한 서스펜스 영화라면, 스콜세지는 기존 영화를 공포와 위협을 보강한 뒤 효과적으로 연출하여 음울한 분위기의 스릴러로 재창조하는데 성공한다.

캐릭터의 관점에서 볼 때 〈케이프 피어〉는 대표적인 여성혐오영화라 할 수 있다. 따라서 영화의 실제 공포는 다름 아닌 여성화에 있다. 예를 들어 대표적인 반 영웅으로 변호사 샘 보든은 매우 모호한 인물이다. 영화 속 샘 보든은 허약함과 거짓, 그리고 도덕적 애매모호함 같은 수동적인 여성의 속성과 정형화된 가치에 물들어 영웅적이고 적극적인 남성관, 고결함, 명예와 같은 남성의 가치를 훼손시켰다는 것이다. 이런 점에서 스콜세지는 매우 분명하게 여성혐오영화를 만들어내고 있다. 영화 속 두 인물은 서로 법적으로 대립되도록 설정되어 있다. 한쪽은 사건을 의뢰한 맥스 캐디(로버트 드 니로)이고 다른 쪽은 변호사 샘 보든(닉 놀테)이다.

성폭행 혐의로 14년을 복역한 뒤 출소한 캐디는 피해자가 성적으로 문란했다는 증거를 기록한 보고서를 변호사가 숨긴 사실을 알게 된다. 만일 변호사가 당시에 보고서를 제출했다면 피해자의 증언을 감안하더라도 무죄 평결의 가능성도 엿볼 수 있었던 상황인 것이다. 이 때문에 출소 이후 캐디는 보든에 대한 보복에 착수한다. 그는 보든을 심리적, 물리적으로 괴롭히기 시작하고 보든은 당시 소송에서 일어난 일을 그의 동료에게 설명한다.

영화 속에서 보든은 전반적으로 도덕성이 부족하고, 아내를 속이고 고객에게 의무를 다하지 않는 사람으로 묘사된다. 특히 보고서를 숨겼다 하더라도 보든에게 개인적으로 이득이 간 것은 없으며 오히려 그는 모든 것을 잃은 상황이다. 보든이 보고서를 제출하지 않은 것은 자신이 갖고 있는 정의와 윤리관에서 비롯된 것으로 보인다. 다시 말해 캐디가 저지른 일을 감안할 때 적절한 법적 보호와 제재 조치만이 사회를 보호하고 정의를 구현하는 것이라고 생각했을 것이다.

그가 국선변호사 실을 떠날 때 "이것이 내가 왜 국선 변호사 실을 떠나는지 이유이다. 그러한 역량으로는 법을 수호할 방법이 없습니다"라고 말한 것은 많은 것을 시사한다. 이것은 단순히 묻혀버린 보고서가 문제가 아니라는 점이며, 그의 관심을 보인 것은 다름 아니라 정의실현이며 법은 항상 정의를 위해 일하지 않는다는 것을 그가 실감했다는 사실이다. 심지어 그는 폭력배를 동원해 캐디를 공격할 준비까지 되어 있다. 법적으로 캐디는 아무런 잘못을 실제 하지 않았기 때문에 캐디를 구속하거나 그의 행동을 제한하기에는 법을 통해 무엇인가 효과적으로 할 수 있는 것이 아무것도 없기 때문이다.

이 점 때문에 이 같은 그의 실행 동기가 어떠하든 보든은 변호사임에도 불구하고 법을 지키지 않는 인간으로 비춰지는 것이다. 특히 보든은 자신이 감수한 희생으로 인해 이득을 취한 것은 없음에도 불구하고 변호사로서 고객에 대한 의무를 다하지 않은 것은 비판받을 수 있지만, 그러한 비판은 캐디를 자유롭게 풀어주도록 놔둘 수 있는 법적 규정 체계에도 가해질 수 있는 것이기도 하다. 이 점 때문에 샘 보든이 서 있는 곳은 정확히 약하고 비도덕적인 인간 보든과 법률체계를 넘어 정의 문제에 관심을 기울이는 변호사 보든 사이의 양가적 위치이다.

〈시빌 액션〉: 다윗과 골리앗

골리앗과 맞서 정의를 실현하려는 영웅 다윗의 유형을 갖고 있는 법정 영화는 〈시빌 액션〉과 〈에린 브로코비치〉가 있다. 이밖에 시드니 루맷의 재판영화 〈심판The Verdict〉(1982)에서도 세상에 염증을 느낀 프랭크 갈빈 (폴 뉴먼)은 가난한 변호사로서 보스턴의 대형 로펌을 상대해야 하는 일종의 다윗과 골리앗의 대립 구도를 갖고 있다. 마지막 순간 그의 사임은 정의에 관해 어떻게 호소하는지 잘 요약해 준다. 그는 배심원단에게 자신들이 가진 힘을 삶의 평범한 일상적 제약을 넘어 날아오를 수 있도록 써달라고 호소하는 것이다.

〈시빌 액션〉에서 개인 상해 소송 전문 변호사인 얀 슐릭만(존 트라볼타)은 산업폐기물로 인한 환경오염이 주요 원인인 백혈병으로 어린 아들을 잃은 앤 앤더슨(캐슬린 퀸란)을 위해 대기업과 맞서고, 두 번의 이혼 경력을 가진 채, 변호사 사무실에 사무원으로 취업한 에린 브로코비치도 변호사 에드 마스리와 함께 거대 기업을 상대로 환경오염 관련 소송을 준비한다.

영화의 등장인물은 대체로 기존의 선악의 이분법에 근거한 영웅과 악당 혹은 영웅과 반 영웅과 같은 관습적인 구분을 거부하는 경우가 많다. 〈시빌 액션〉의 경우가 대표적이다. 주인공 얀 슐릭만 변호사만 하더라도 복잡한 캐릭터를 가진 일종의 소시민적인 반 영웅이다. 그는 동료들과 소규모 법률사무소를 운영하고 있는 개인 상해 소송 전문변호사이다. 법절차와 소송에 대해 대단히 시니컬한 일면을 갖고 있는 그는 돈이 된다 싶으면 어떤 소송도 마다하지 않는 일종의 속물이다.

영화는 진실을 규명하기 위해 자신의 모든 것을 희생한 한 변호사의 실제 이야기를 다룬 소설이 원작이다. 그는 우연히 백혈병으로 아들을 잃은 한 가족의 비극적인 사연을 듣게 되고 소송을 맡게 되지만 주머니가 두둑한 고객이 아니라는 이유로 소송 진행에는 별 관심을 두지 않는다.

1979년, 미국 매사추세츠 주에 위치한 작은 마을 이스트 워번에서 산업폐기물에 의한 생수 오염이 발생하고 백혈병 사망 율이 갑자기 증가한다. 희생자 가운데 어린 아들을 잃은 앤 앤더슨(캐슬린 퀸란 분)은 이 환경오염으로 인한 비극에 대한 공식적인 책임소재를 묻기 시작한다. 그리고 그 마을에 위치한 대기업 베아스트리스 푸즈Beastrice Foods와 W. R. 그레이스W. R. Grace & Co. 사의 공장 폐기물이 그 원인임을 의심하게 된다. 개인 상해 소송 전담 변호사였던 잰 슐리츠먼(존 트라볼타 분)과 그의 소규모 법률 사무소는 이 대기업을 상대로 소송하는 케이스를 우연히 맡게 되었고, 잰 슐리츠먼의 법률사무소와는 비교도 안 되는 보스턴의 대규모 법률사무소의 노련한 검사 제롬 패처(로버트 듀발 분)와 윌리엄 치즈먼 (브루스 노리스 분)이 두 대기업(베아스트리스 푸즈와 W. R. 그레이스)의 변호를 맡게 된다.

슐릭만이 볼 때, 로펌의 존재 이유는 사건 합의에 압력을 넣을만한 증거를 충분히 수집하는 일이다. 그러나 돈보다도 제대로 된 책임규명을 원하는 앤 앤더슨 때문에 슐릭만과 동료 변호사들은 곤란스러워 한다. 마을 주민 대부분이 베아스트리스 푸즈사의 직원이었던 까닭에 증인을 내세우는 데 불리했고 과학적인 증거자료 수집 때문에 이미 파산 직전에 가있던 상태였기 때문이다. 승산이 보이지 않는 소송에 지친 동료들은 더 이상은 못하겠다며 슐릭만의 곁을 떠나고, 패처는 슐릭만에게 계속 소송을 포기하도록 설득한다. 선택의 기로에 선 슐릭만이 사건의 숨겨진 사실을 알게 되고 이제는 재정적 파탄을 감수한 채 자신이 가지고 있던 모든 것을 걸고 소송을 준비한다.

심지어 합의 이후에도 그는 계속해서 오염이 어떻게 발생할 수 있었는지 조사하며 추가 증거를 찾아 환경보호국EPA에 제출한다. 이제 영화는 자금 부족을 겪으면서도 거대 자본 기업을 상대로 오직 진실과 정의만을 찾는데 몰두하는 영웅적인 변호사 슐릭만을 보여준다. 영화 속 캐릭터는 매정하고 돈밖에 모르는 건방지고 속물적인 변호사는 온데간데없이 이제는 자신의 신분과 위상에 개의치 않고 매사에 사과할 줄 알고 가슴 따뜻하고 사려 깊은 사람으로 변신한 영웅적인 변호사이다.

〈데블스 애드버킷〉: 악마의 변호사

법률가에 대하여 가장 극단적으로 부정적인 묘사를 한 영화 한편을 고르라면 단연 〈데블스 애드버킷Devil's Advocate〉(1997)을 고를 수 있다. 영화는 젊은 플로리다의 젊은 변호사 케빈 로막스(키아누 리브스)와 함께 시작한다. 그는 64번이 넘는 재판에서 단 한 번도 져본 적이 없는 매우 성공한 소송 전문변호사이다. 영화는 그는 플로리다의 소도시 갱스빌에서 제자를 성희롱한 혐의로 한 남자 교사가 기소되어 피의자의 유죄가 분명해 보이고 패색이 짙은 소송 사건을 맡게 되는데, 케빈 자신을 비롯해 누구도 아동 성추행 피의자를 유죄로 확신하는 상황에서 그가 일종의 윤리적 딜레마에 처해 있는 모습을 보여준다.

재판이 열리는 도중 때마침 화장실에서 그와 마주친 기자 한 명은 누구나 한 번은 질 때가 있다는 견해를 피력하며 피의자의 유죄가 확실해 보인다고 말한다. 법정에 다시 돌아온 케빈은 누구도 본 적이 없는 증거를 사용하여 증인을 몰아붙여 재판을 승리로 이끈다. 승소 축하 파티를 벌이던 날, 뉴욕에 있는 대형 로펌(밀튼 채드웍 워터스)이 거액을 제안하며 배심원 선정을 요청한다. 케빈은 아내 매리앤(Mary Ann Lomax: 샤를리즈 테론)과 함께 뉴욕으로 간 뒤, 소송 사건의 배심원단 선정을 도와주고 또 한 번의 소송 관련 승리를 거둔다.

마침내, 밀튼 사의 회장인 존 밀튼(알 파치노)은 그에게 최고급 아파트와 거액의 보수와 함께 로펌 합류를 제안한다. 그와 대면한 캐빈은 그의 강렬한 카리스마에 순식간에 압도된다. 케빈은 그의 제안을 받아들이고 일에 몰두한다. 그의 아내 메리는 소외감을 느끼기 시작한다. 케빈의 어머니 앨리스(쥬디스 아이비)는 뉴욕을 방문한 후 두 사람에게 고향으로 돌아갈 것을 제안하지만 케빈은 거절한다.

케빈은 알렉스 쿨렌(크레이그 넬슨)을 변호한다. 그는 자신의 아내, 양아들 그리고 유모를 살해한 혐의로 기소된 억만장자이다. 케빈은 이 사건으로 더 많은 시간을 일에 몰두하게 되고, 케빈이 일에 몰두할수록 아내 매리 앤은 외로움과 원인 모를 공포감에 빠지게 되고 때론 꿈과 현실을 혼동하기에 이른다. 메리 앤은 파트너의 아내들이 악마가 되는 비전을 보기 시작하고 끔찍한 악몽을 꾸기 시작한다.

케빈은 이런 사실을 일시적인 현상으로 넘겨버린 채, 뇌쇄적인 매력을 가진 여자 파트너 크리스타벨라(코니 닐슨)에게 매료된다. 의사로부터 불임 진단을 받은 후, 그녀는 케빈에게 플로리다 게인즈빌로 돌아가자고 요청한다. 밀턴은 소송에서 손을 떼고 아내를 돌볼 것을 케빈에게 제안하지만 케빈은 거절한다. 법무법인의 경영 파트너로 일하는 에디 바준은 케빈의 이름을 회사의 헌장에서 발견하고는 그가 자신의 자리를 노리고 있다고 확신한다. 케빈이 해당 사실을 부인함에도 불구하고 에디는 전미 변호사협회에 그동안 회사가 저지른 일을 고발하겠다고 위협한다. 케빈은 밀튼에게 에디의 위협을 말하지만 밀튼은 이를 무시한다. 한편 에디는 악마의 형상을 한 부랑인들에게 구타당해 사망한다. 메리 앤은 이것을 목격한 뒤 더욱 충격에 사로잡힌다.

한편, 쿨렌의 알리바이에 대해 멜리사의 증언을 준비하는 동안, 케빈은 그녀가 거짓말을 하고 있다고 보고 쿨렌이 유죄임을 밀튼에게 말한다. 밀튼은 케빈에게 그가 무엇을 결정하더라도 지원을 아끼지 않겠다고 말한다. 케빈은 멜리사의 증언을 계속 진행하고 결국에는 무죄를 받아낸다. 이후, 케빈은 인근 교회에서 담요를 뒤집어 쓴 모습을 하고 있는 메리 앤을 발견한다. 그녀는 밀튼이 자신을 겁탈했다고 말한다. 그러나 케빈은 밀튼이 그 시간에 밀튼이 자신과 법정에 있었고 메리 앤이 한 말이 사실이 아니라고 말한다. 메리 앤은 온통 난자당해 상처투성이 되어버린 자신의 몸을 보여주면서 밀튼이 자행한 짓이며 자신은 미치지 않았다고 말한다. 그제야 케빈은 메리 앤의 말을 믿게 되고 그녀를 병원에 입원시킨다.

케빈의 어머니 앨리스는 병원을 방문한다. 케빈과 케빈의 로펌 소송관리자인 팸 가레티가 병원을 방문한다. 팸이 악마로 보이는 메리 앤은 그녀를 손거울로 내리치고 방문을 잠그고 깨진 유리로 자살을 시도한다. 병원에서 앨리스는 밀튼이 케빈의 아버지라는 놀라운 사실을 말한다. 케빈은 병원을 나와 밀튼을 만나러 간다. 밀튼은 자신이 메리 앤을 강간했음을 인정한다.

케빈은 밀튼의 가슴을 향해 총을 쏘지만 그는 죽지 않는다. 밀튼은 자신이 사탄임을 밝힌다. 케빈은 일어난 모든 일에 대한 책임을 밀튼에게 돌린다. 그러나 밀튼은 자신이 단지 무대만을 마련했을 뿐이며 케빈은 언제든 그만둘 수 있었다고 말한다. 케빈은 자신이 언제나 이기길 원했음을 깨닫는다.

밀튼은 케빈에게 자신이 케빈과 케빈의 이복여동생인 크리스타벨라가 아기를 갖기를 원한다고 말한다. 케빈은 처음에는 순응하는 듯 보이지만 곧 자유의지를 인용하면서 자신의 이마에 총을 발사하면서 사탄의 혈통을 거부한다. 스스로를 철저히 포기하며 자기희생의 극단을 보여준다.

이 순간 영화는 게티스 재판 때의 시간으로 되돌아간다. 케빈은 화장실에서 세수를 하며 거울을 쳐다보고 있고, 때마침 화장실에서 그를 본 기자는, 그동안 아주 잘했고 언젠가는 져야지 항상 이길 수는 없다는 말을 던지고 화장실을 나선다. 재판이 속개되자 케빈은 변호사 자격이 박탈될 수 있다는 위협에도 불구하고 아동성추행 피의자의 변호를 맡을 수 없다고 말하면서 메리 앤에게 자신이 옳은 일을 선택한 것이라고 말한다.

마지막 장면에서 화장실에서 본 기자가 다시 나타나 그에게 인터뷰를 요청하고 그를 스타로 만들어주겠다고 약속한다. 메리 앤의 응원에 케빈은 기자회견에 동의한다. 이들이 떠나자 기자는 밀튼의 모습으로 변신하고, 카메라를 응시하며 허영은 자신이 가장 좋아하는 악이라고 말한다. 이 순간 관객은 가장 치명적인 결함인 허영의 결함을 보게 된다. 이것은 결코 놓칠 수 없는 악마의 변호사인 케빈에 대한 믿음과 연결된다. 결국, 그는 변호사이고, 변호사는 질 수 없다는 믿음이다. 사실 영화가 말하는 것은 변호사에 대한 양가적 시각이다. 즉 한 측면에서 법과 관련한 직업이 사악한 비율을 거친 악마의 관로로 보는 것이고, 다른 하나는 인간의 얼굴을 한 변호사로서 인간을 구원하기 위한 궁극적 희생을 하는 변호사인 것이다. 결국 선택은 수용자로서 관객의 몫으로 남는다.

:8 장르와 플롯
장르영화 속의 정의실현

장르의 목적은 다양한 종류의 영화가 어떻게 만들어지고 수용되는지 탐구할 수 있게 해준다. 이것은 해당 범주 내에서 다양한 상호 연계적 요인을 끌어당긴다는 점에서 의미심장하다. 그래서 장르는 영화가 만들어지고 수용되고 또한 그 효과가 어떠한지 알려주는 분석 도구이기도 하다.

장르는 실제로 자기 봉쇄적이고 일관되고 통제 가능한 의미 구조 속으로 살고 있는 세계를 변화시키기 위한 형식 체계이다. 따라서 장르영화는 주어진 어떤 공동체의 현실과 일상에 내재하는 갈등과 주요 이슈를 친숙한 성격의 등장인물과 이들의 행동 패턴에 따라서 표출하고, 문제제기를 통해 해결한다.

이를 위해 다양한 이론적 프레임워크를 찾고 그것을 영화의 핵심에 적용하는 것이 중요하다. 이에 따라 장르를 결정하는 특징은 다름 아닌 사회문화적 맥락이고, 각각의 장르영화는 이를 형식과 유형, 스타일과 구조와 같은 장르적 틀을 통해 반복 변주하는 것이다. 장르는 유형화된 등장인물들과 이들 사이의 정형화된 행위 활동을 통해서 극중 갈등이 강화되고 해결되는 일종의 축약된 서사를 보여준다. 즉 장르영화의 캐릭터는 시각적 영상 이미지를 넘어 일정한 태도, 스타일, 세계관의 구현체로서, 예정되고 불변하는 기존의 사회문화적 가치체계와 충돌하고 갈등하고 해결한다.

장르영화가 가장 많이 사용하는 플롯 장치 가운데 하나는 '뜻밖의 해결'이다. 시드니 루맷의 〈심판The Verdict〉(1982)을 예로 들어보자. 원래 가톨릭교회에서 쫓겨난 적이 있던 간호사는 의사의 실수가 어떻게 입막음되었는지에 대해 증거를 제시하기 위해 모든 위험을 감수하고 법정 증언을 할 만반의 준비를 한 뒤, 마침내 법정 증언을 통해 배심원들의 마음을 돌려놓는다. 결국 갤빈은 사건의 진실을 밝히는 데 성공하고 재판을 승리로 이끈다.

숀 펜 주연의 〈아이 앰 샘I Am Sam〉(2002)도 뜻밖의 해결을 통한 인생의 정의실현을 보여준다. 양육권을 박탈당한 뒤, 딸의 양육권을 되찾기 위해 샘 도슨(숀 펜)은 지루한 법정 싸움을 시작하지만, 우여곡절 끝에 루시 다이아몬드 도슨(다코타 패닝)은 새로운 집으로 자신의 아빠인 샘과 다시 돌아온다.

일반적으로 대중 영화는 플롯과 시각적 요소 그리고 대화와 관련된 관습적인 극적 장치를 통해 관객의 기대에 부응할 수 있다. 영화 장르는 본질적으로 서술 체계이기 때문에, 장르는 기본적으로 플롯, 등장인물, 세팅, 주제, 스타일 등의 구조적 구성 요소의 견지에서 고찰이 가능하다.

하지만 영화의 장르와 장르 영화 사이는 구별할 필요가 있다. 장르가 영화제작자와 관객 사이에 맺어진 일종의 암묵적 거래에 가깝다면, 장르 영화는 그러한 거래를 기반으로 한 실제 작품이기 때문이다. 서부극 장르를 논의하는 것은 한편의 웨스턴/서부극 영화를 논하거나 서부극 영화 전체를 논하는 것이 아니다. 오히려 서부극 영화를 그런 식으로 동일시하는 관습체계를 논하는 것이다. 그러므로 영화 장르란 한마디로 범주체계다.

모든 영화도 마찬가지이긴 하지만, 〈심판〉과 같은 재판 영화의 핵심은 모든 재판이 사실상 관습적인 규정과 규범과 절차에 기반을 두고 있다는 것이다. 그래서 법정 드라마를 범주화하여 하나의 특징 유형으로 인정할 경우 그 물리적인 유형과 고정된 스타일에 근거하여 법정이라는 물리적인 공간 세팅과 의례 그리고 복장 등에서 그 주요 특징을 찾을 수 있는 것이다.

그러나 장르영화로서 법정영화는 개념상 용인된 범주체계처럼 보이지만 사실 명확하게 선을 긋거나 경계를 치는 것은 매우 어렵다. 어떤 경우에는 법정 영화 대신 법정 드라마의 용어를 사용하여 좁은 의미의 해석을 시도할 수도 있고, 특히 관습적인 주제 혹은 이야기 전개를 예로 들어, 법정영화를 구별 짓는 주요 특징과 요소를 '정의' 실현이라고 말하는 경우도 있을 수 있기 때문이다.

만일 정의구현을 법정영화의 장르적 핵심 특성으로서 볼 경우, 이것은 다양한 사회문화적 맥락의 주제와 연계되어 살펴볼 수 있다. 왜냐하면 영화의 내재적 측면에서 법이 관여할 것은 별로 없으며 오히려 다양한 사회 문화 정치 등의 현안 문제들과 사법적 실행 차원 혹은 도덕적 이념적 문화적 차원의 예민한 이슈들이 얽혀 있기 때문이다.

예를 들어, 1950년대 인종차별을 다룬 〈앵무새 죽이기〉(1962), 동성애 이슈를 다룬 〈필라델피아〉(1993), 사형 제도를 다룬 〈데드맨워킹〉(1995)과 같은 영화들이 대표적이다. 이들 영화는 기본적으로 재판 영화이자 법정 드라마이지만 영화의 핵심은 법이 아니라 사회 내의 인종차별, 사형, 동성애 등을 비롯한 전반적으로 커다란 사회적 문제 혹은 도덕 논쟁을 야기할만한 이슈들이다.

그래서 법적 차원은 법이 그러한 문제를 해결하는 도구적 실무적 방법적 차원에 머물러 있을 뿐이다. 이때의 사회 내 여러 논쟁 이슈는 다름 아닌 법적 역할의 권한 범위 내에서 주연을 맡은 등장인물의 영웅적인 활약을 통해 전달되고 탐색되는 것이다. 그러므로 법정영화는 사실 법이 갖는 본질 혹은 법의 디테일로 묘사될 수 있는 것에 관한 것이 아니라, 법의 주변부, 법이 적용되는 장소와 공간 혹은 사람에 관한 것일 수 있다. 그래서 영화에서 법 그 자체는 주요 문제가 아닌 오히려 주변적이며, 이 경우, 두 가지 관련 문제를 검토할 필요가 있다. 우선은 법과 관련하여 재판영화 내지는 법정 드라마라고 분류할 수 있는 장르영화의 특징이며, 다음으로는 영화가 장르적 관점에서 재판 영화 내지는 법정 드라마로 분류할 수 없다 하더라도, 부분 혹은 전체적 측면에서 해당 영화가 법에 관해 다루고 있는 주제가 다름 아닌 그것이다.

영화는 적절한 특징을 공유하는 수많은 하위 범주를 생각해볼 수 있지만, 우선 정의를 실현하는 방법상 공식적이고 합법적인 절차적 시행과 비공식적 시행 두 가지 관점에서 영화를 구분할 수 있을 것이다. 물론 두 가지 모두 동시에 들어 있을 수 있으며, 법정영화의 특성상 어떤 형식 혹은 형태로든 법의 지리적 공간, 법과 관련한 언어와 의상, 법조인, 그리고 법의 권위 등이 들어 있어야 한다.

예를 들어, 전직 경찰 내지는 자경단이 주인공으로 등장하는 영화의 경우 정의와 관련하여 영화의 초점은 오로지 기존의 법 실행 체계를 벗어나서 비공식적이고 자의적이며 주관적 방법을 동원한 영웅적인 정의 실현 체계에 매달려 있다. 또한 전쟁영화, 사회 드라마 및 가족 드라마 등에도 정의가 법의 프레임워크 외부에서 시행되는 경우가 많다.

피터 예이츠 감독의 〈의혹의 밤Suspect〉(1987)이 대표적이다. 영화는 살인사건을 다룬 전형적인 법정드라마이지만 정작 정의실현은 법의 테두리 밖에서 이루어진다. 영화의 내용은 다음과 같다. 크리스마스를 일주일 앞둔 어느 날 워싱턴의 포토맥 강가에서 20대의 여자가 목이 잘린 시체로 발견된다. 살해된 사람은 법무부 서기로 판명되고, 용의자는 월남전 파월 장병 경력이 있고, 듣거나 말을 하지 못하는 칼 웨인 앤더슨이라는 부랑자가 용의자로 체포된다. 때마침, 국선 변호인 캐서린 라일리가 이 사건을 맡게 되고, 배심원으로 참석한 국회 로비스트인 에디는 라일리에게 호감을 갖고 사건 해결을 도우려고 한다. 재판이 계속될수록 용의자가 무죄라는 심증이 굳어지지만 이들을 협박하는 검은 그림자가 점점 다가오고, 영화에서 국선 변호사 캐슬린 라일리는 자신의 고객을 부당한 유죄판결로 몰고 가는 미스터리를 해결하기 위해 배심원과 부적절한 관계를 전개한다. 때문에, 법은 정의실현에 오히려 장애로 묘사되고 있고, 따라서 변호사는 법의 실행 테두리 밖에서 정당한 최종 결과를 위해 최선을 다해야 하는 모습으로 나온다.

　장르는 그래서, 영화가 박진감 넘치도록, 허용되는 범위 내에서 관습적인 규칙 체계와 언어를 제공한다. 이런 방식을 감안해볼 때, 장르의 사용은 법의 범주 내에 잘 들어맞는다. 보통 법은 선례의 구속성을 통한 사건분류에 크게 의존하며, 선례 구속성 원칙은 원 사건을 기반으로 공통 기반을 찾고 판결을 내리기 위한 것이다. 그러나 영화를 비롯한 예술작품에서 관객/독자의 관심을 끌고 유지하는 것은 법적 규정이나 절차 자체가 아닌 법적 분쟁과 관련된 인간적, 사회적 맥락이다. 핵심요소는 법의 매체를 통해 논쟁의 대상이 되는 보다 큰 사회적 도덕적 이슈이다.

　재판에서 증거 제출에 연계된 규칙은 그것이 아무리 소송의 핵심 요소로서 중요하지만, 정작 관객의 관심을 끄는 것은 도덕성과 극적인 차원의 정의실현이다. 예를 들어, 〈심판The Verdict〉(1982)에서 원고의 주장의 핵심 부분으로서 프랭크 갈빈이 제출한 증거는 소송의 핵심 요소로서 매우 중요하지만 판사에 의해 막힌다. 절차적 규칙을 위반했기 때문이다. 이때 영화의 상황은 원고의 도덕성과 정의실현을 위해 배심원이 올바른 결정을 내려야 할 순간으로 뒤바뀌고, 프랭크 갈빈(폴 뉴먼)은 최종변론을 통해 배심원에게 합당한 결정을 내려달라고 탄원한다. 법적 규정 실행이 정의실현의 장애가 되는 순간은 도처에서 찾아볼 수 있다. 이때 규정은 보다 큰 도덕적 초점에 비교해서 부수적인 이슈가 되고, 법의 규칙을 준수하는 것은 오히려 정의실현의 목적을 추구하는데 장애가 된다는 것이다. 그래서 영화의 극적 초점은 이 같은 법적 규정의 장벽을 극복하고 정의를 실현하는 여부에 맞춰져 있는 것이다.

〈7번방의 선물〉

영화는 다양한 시기의 정상과 비정상을 둘러싼 가족의 개념과 의미를 포함하여 다양한 이슈를 법적 사회적 문화적 맥락에서 다룬다. 이것은 법을 소재로 다루는 영화에서도 마찬가지이다. 대체로 많은 법정 드라마는 가족 담론 내지 가족의 이야기를 다루고 있다 해도 과언이 아니다.

전통적인 가족의 개념은 미국의 경우, 2차 세계대전 직후 도시의 급속한 확장과 성장에 따라 다양한 사회경제적 요인에 의거하여 다민족 가족에서부터 백인 중산층 핵가족에 이르기까지 이상적인 가족의 형태에 많은 변화가 뒤따른다. 예를 들어, 델버트 맨 감독의 〈마티Marty〉(1955)는 시어머니 문제로 부부 싸움하는 모습, 가족 갈등 그리고 결혼을 둘러싼 노총각, 노처녀의 심리를 사실적으로 묘사한 영화로 50년대 급속한 사회 변화의 축소판으로 미국 가정의 단면을 담아낸다.

이환경 감독의 〈7번방의 선물〉(2012)은 재판영화로서, 일종의 모의재판을 통한 정의와 인권의 실현을 주제로 다룬다. 영화는 '최악의 흉악범들이 모인 교도소 7번방'에 들어온 '6살 지능의 딸 바보 용구'와 같은 영화 전략을 통해 특정 사회적 공간과 구조 내에서 유통되는 가족 담론의 이상적인 형태와 위기 내지는 비적절성 등을 묘사하면서 관객들에게 가족의 의미를 되묻는다.

영화가 이처럼 당대의 다양한 가족 환경과 상황에 관한 사회적 대화와 활동을 다룰 때, 가족 담론이 영화 제작을 위한 목표 관객이자 마케팅 전략의 일환이지만, 영화를 둘러싼 다양한 상호텍스트적 지형과 요소는 영화 속의 가족의 재현을 통해 정의와 인권을 비롯한 실로 많은 것을 말해줄 수 있다.

〈7번방의 선물〉은 6살 지능을 가진 주인공 용구가 경찰청장의 딸을 계획적으로 살해한 범인으로 몰려 구속되고 끝내 사형에 처해질 상황에 처한다는 기막힌 사연을 축으로 전개되는 코미디 영화이다.

영화는 성인이 된 용구의 딸 예승이가 2012년 12월 23일 열린 사법연수원의 42기 모의 국민 참여 재판을 통해 아버지의 누명을 벗겨낸다는 이른바 법정 드라마의 액자형 구조를 가지고 시작한다. 영화는 이 틀 속에서 지적 장애를 가진 용구를 위해 동료 수감자들이 교도소에 용구의 어린 딸을 몰래 반입하는 등, 용구의 이야기는 밀수, 사기, 간통, 소매치기, 자해 공갈 등 다양한 범죄 이력과 사연으로 수감된 교도소 죄수들의 개성 있는 에피소드와 맞물린다.

영화는 코미디 장르와 법정 드라마에 다양한 극적 장치뿐 아니라 감방에 딸아이를 숨겨 들여오거나 기구를 타고 딸과 함께 탈옥을 시도하는 등 지극히 비현실적이고 동화적인 판타지를 가미하고 있음에도 불구하고 기대 이상의 영화적 설득력을 제고하여 관객의 정서적 호응을 얻는다. 코믹 판타지 장르의 영화로는 드물게 2013년 당해 전국 누적 관객 1,200만 명 이상을 기록하는 경이적인 상업적 성공을 거둔다.

영화는 눈발이 날리는 교도소 앞에 성인이 된 예승이 교도소 담벼락 위를 응시하고 있는 장면으로 시작된다. 교도소 담장에 노란풍선이 철사에 걸려 날아가지 못하고 있다. 영화는 이른바 법정 드라마이면서도 노란 풍선이 철사에 걸린 매듭을 풀고 하늘로 훨훨 날아가기까지의 과정을 눈물과 웃음을 적절히 가미된 가족 드라마로 그려낸다.

주인공 용구는 지적 장애를 지닌 인물이지만 누구보다 딸 예승을 사랑하는 순수하고 착한 이른바 '바보 아빠'이다. 그는 경찰청장의 딸을 강간하고 살해한 혐의를 뒤집어쓰고 구속되어 사형선고를 받고 교도소에 수감된다. 용구에게 부과된 죄목은 경찰청장을 겨냥한 보복살인 사건으로 미성년자 약취 유인, 강간 살인이라는 그야말로 흉악한 범죄 혐의이다. 사람들이 아는 용구는 절대 그런 사람이 아니지만 하루아침에 그는 아동을 강간하며 살인한, 정말로 흉악한 범죄자로 몰린다. 영화는 이러한 양 극단의 설정을 통해 관객들로 하여금 용구에게 어떤 애틋한 감정을 가질 것을 요구한다. 그리고 이 극단을 해소하고 용구의 누명을 벗겨내어 그의 순수하며 착한 본성을 복원시키는 것이 영화 서사의 중요한 흐름이자 목적이 된다.

기본적으로 〈7번방의 선물〉은 한국 영화로는 매우 드물게 아빠와 딸 사이의 애틋한 부성애가 이야기의 주요 골격을 이루고 있다. 지금까지는 대체로 어머니의 헌신과 희생을 바탕으로 한 자식의 성공과, 이에 대비하여 무기력하고 힘없는 가부장 내지는 가족의 몰락과 가정 파괴 혹은 가족에게 곤란을 야기하는 주요 원인으로 아버지의 존재를 그렸다면, 〈7번방의 선물〉은 아빠에 대한 딸의 사랑, 딸에 대한 아빠의 사랑을 화두로 삼고 있다.

교도소에 들어간 첫날 "이용구는 61년 1월 18일에 태어났어요. 제왕절개. 엄마 아팠어요. 내 머리 커서"라고 말을 더듬으며 인사하자 같은 방 수감자들은 "상태 왜 이래 이거?"하면서 불쾌감을 드러낸다. 그러나 수감자들은 이내 용구의 순진무구함과 딱한 사정을 알게 된 후 그를 위한 특별한 이벤트를 준비하기 시작한다. 동시에 관객은 영화가 코믹 판타지임에도 불구하고 불가능이 가능한 현실이 되기를 갈망할 만큼 용구의 입장과 시선에서 지적 장애인 용구가 당하는 사법적 무고와 억울함에 분노하고 용구와 그의 딸 예승이 사이의 애틋한 부녀지간에 감동할 만큼 영화적 현실에 교감하며, 영화의 전개와 연출 또한 이에 맞추어 관객의 부성애를 자극한다.

용구는 몇 차례 누명을 벗을 기회를 맞이하지만, 결국 영화 속 시간대인 1997년 12월 23일, 하필이면 딸 예승의 생일에 사형 당한다. 교도소에서 생일 파티를 준비하고 있다가 불려나온 용구는 관객을 애태우는 몇 번의 장면을 거친 뒤 사형대로 향한다. 그리고 세월이 흘러 14년 후 예승은 사법연수원생이 되어 모의 국민 참여 재판에서 피고 측 변론을 통해 아버지의 누명을 벗겨내고자 한다. 그러므로 영화는 모의재판의 형식을 빌려 딸이 되돌아보는 일종의 후일담이며, 바보이면서 순수하고 착한, 또한 그렇기 때문에 자신의 억울함을 제대로 말로 표현하지 못한 채, 국가 폭력에 그대로 노출되어 사형대의 이슬로 사라져버린 지적 장애인 아버지의 누명을 벗겨내고자 한다.

1997년 지적장애를 앓고 있는 아버지 이용구는 딸 예승을 위해 세일러 문 캐릭터가 그려진 노란색 가방을 사는 것을 꿈꾸며, 매일같이 가방 가게 앞에 들른다. 영화 속에서 예승이가 제일 좋아하는 만화영화의 노래는 '세일러 문'이며, 〈세일러 문〉의 대사 중에는 이러한 내용도 들어있다. "사랑과 정의의 이름으로 널 용서하지 않겠어." 그래서 노란색 가방의 '세일러 문' 캐릭터는 훗날 세월이 흘러, 비록 모의 국민 참여 재판이지만, 아버지의 누명을 벗기고 법적 정의를 되찾으려는 용구의 딸 예승의 상징이 된다.

결국 용구는 가게에서 세일러 문 가방을 살 수 없다. 마지막으로 하나 남은 가방은 공교롭게도 경찰청장의 딸의 것으로 넘어가기 때문이다.

그 가방을 예승에게 사주고 싶었던 용구는 세일러 문 가방을 매고 있던 경찰청장의 딸에게 집적대다가 경찰청장에게 맞는다. 다음 날, 용구가 마트 주차요원으로 근무하여 받은 월급을 계산하던 도중 가방을 사 갔던 경찰청장의 딸을 만나고, 가방을 멘 아이는 용구에게 자신을 따라오라고 한다. 세일러 문 가방을 파는 다른 곳을 알려주려고 전통시장의 골목길을 뛰어가던 아이는 스스로 빙판에 미끄러져 넘어지면서 뒤통수가 깨지고 떨어진 벽돌에 맞아 사망하고 만다.

아이를 따라갔던 용구는 목격자의 신고에 따라 경찰청장의 폭력에 대한 보복으로 아이를 살해, 강간한 것으로 억울하게 누명을 쓰고 결국 사형선고를 받아 성남교도소에 입감된다. 집에 혼자 남은 예승은 보육원으로 들어가게 된다. 성남 교도소에 있던 용구는 어느 날 같은 방을 쓰던 방장을 살리게 되고 방장은 용구에게 원하는 것을 말하라고 한다. 용구가 딸이 필요하다고 하자, 다른 수형자들의 도움으로 예승을 몰래 교도소 감방으로 들여온다. 하지만 얼마 안 가 납치범에게 아들을 잃은 보안과장에게 이 사실이 발각되어 용구는 과장으로부터 미움을 받지만, 다른 재소자가 저지른 방화로 죽을 뻔한 보안과장을 용구가 구하자 과장 역시 생각이 달라져 용구를 도우려고 한다. 결국 모든 재소자들이 용구의 누명을 벗겨주기 위해 탄원서를 작성하고, 용구가 재심 법정에서 말해야 할 말들을 미리 준비하여 알려준다. 그러나 국선 변호사의 무성의한 변론 진행괴 경찰청장의 협박·폭행으로 용구는 정작 현장에서 준비해갔던 말들을 이야기하지 못하고, 거짓 자백을 하며 재심에서도 사형 선고를 받는다.

마지막 방법으로 다른 수형자들이 열기구를 만들어 예승과 용구를 탈출시키려 하지만, 열기구가 교도소 담에 걸려 실패하고 만다. 결국 1997년 12월 23일, 예승의 생일에 용구의 사형이 집행되고, 14년 후 성인이 된 예승은 사법연수생이 되어 2012년 12월 23일 열린 모의 국민 참여 재판에서 아버지의 누명을 벗기고 무죄를 확인하는 것으로 영화는 끝난다.

용구의 딸 예승은 사법연수원의 모의법정을 통해 아버지의 누명을 벗겨내는데 성공한다. 그 순간, 영화 속 모든 등장인물들, 그리고 관객들 모두가 크게 감격하고 감동한다. 마치 오래된 억울함이 다 해소되는 느낌이다. 하지만 현실적으로 봤을 때, 용구의 억울한 살인 강간 죄목은 결코 사라지지 않은 것임에 주목해야 한다. 용구의 무죄는 모의법정의 형식을 통해 해결된 것으로 현실적 구속력을 지닌 법정이 아니기 때문이다. 관객 역시 이 영화가 선사하는 아버지 용구와 딸 예승 사이의 '교도소 - 가족 로맨스'를 통해, 잠시나마 자신을 사랑하는 착하고 순수한 아버지라는 환상을 즐기며 영화관을 나온다. 관객은 이러한 관계 맺음이 실제로는 존재하지 않으리라는 것을 영화를 통해 다시금 재확인할 뿐이다.

〈쇼생크 탈출〉

1994년 개봉된 프랭크 다라본트 감독의 영화 〈쇼생크 탈출〉은 스티븐 킹의 소설을 원작으로 한다. 두 작품 모두 쇼생크 감옥의 장기수들의 삶을 다룬다. 영화는 미국의 스티븐 킹이 1982년에 집필한 단편소설 「리타 헤이워드와 쇼생크 탈출」을 원작으로 하며, 그의 단편집 『사계*Different Seasons*』에 실린 첫 번째 작품으로, 주인공이 억울한 살인죄의 누명을 쓰고 오랜 세월 교도소에서 복역한다는 점에서 러시아의 소설가 레오 톨스토이가 1872년에 쓴 단편소설 「신은 진실을 알지만 때를 기다린다」와 상당히 유사한 플롯 구조를 지니고 있다.

다만, 스티븐 킹의 소설과 영화는 주인공 앤디가 억울한 살인죄의 누명을 썼지만 나중에 사건의 진실을 알게 되고 각고의 노력 끝에 자유를 찾아 탈출하는 반면, 톨스토이의 단편은 불의와 용서 그리고 신과 정의의 문제에 좀 더 초점을 맞추고 있다. 특히 제목 그 자체는 매우 종교적이고 우화적인 의미를 내포하고 있다.

톨스토이 이야기의 초점은 주인공 이반 드미트리히에 집중하면서 그가 억울한 살인죄의 누명을 쓰고 시베리아 유형지에서 26년간의 복역 끝에 사건의 진실을 알게 되고 실제 살인범을 용서하지만, 석방의 순간 끝내 고향으로 돌아가지 못하고 교도소에서 죽음을 맞이한다는 내용이다. 우선 영화를 살펴보기 전에, 비교 검토 차원에서 상당히 유사한 플롯 구조를 갖고 있는 톨스토이의 이야기를 간단히 요약하면 아래와 같다.

이반 드미트리히 악시아노프는 러시아의 마을 블라디미르에 살고 있는 상인이다. 그는 술을 좋아하지만 폭력적이지 않고 책임감이 강하며 사람들은 그를 좋아한다. 어느 날 큰 장터에 가기로 결정하지만 그의 아내는 전날 밤 꾼 악몽 때문에 가지 말라고 간청한다. 결국 그는 아내의 간청을 물리치고 떠난다. 그는 길을 가다가 평소 알고 지내던 한 상인을 만나고 두 사람은 하룻밤 묵기 위해 같은 여인숙에 들러 함께 담소를 나누다 각자 헤어진다. 그는 이튿날 아침 일찍 일어나서 상인을 깨우지 않고 길을 떠난다. 얼마가지 못해 그는 경찰의 검문을 당한다. 경찰은 전날 밤 상인이 강도를 당해 죽었다는 것을 설명하고 악시아노프의 가방을 뒤진다. 경찰은 자신이 살인자가 아니라는 악시아노프의 주장에도 불구하고 그의 가방에서 피 묻은 칼을 찾아내고, 그는 유죄 판결을 받고 시베리아 광산으로 유배를 떠난다. 그는 시베리아에서 26년을 보낸다. 시간이 흐를수록 그의 머리는 눈처럼 하얗게 변해가고 회색 수염은 가늘고 길게 자란다. 그의 유쾌한 성격은 온데 간데 사라지고 허리는 굽고, 걸음은 느려지고 말도 없어지고 웃지도 않으며 온종일 신에게 기도만 하면서 자신의 삶을 신에게 헌신한다. 그는 유형지 감옥에서 일종의 중재자가 되어 수감자와 간수들의 존경을 받게 된다. 어느 날 새로운 죄수들이 도착하고 그들 중 말을 훔쳤다는 죄목으로 잡혀 온 마카르 세미어노프라는 죄수도 있었다. 그날 밤 악시아노프는 그들이 나누는 대화를 듣다가 세미어노프가 자신이 누명을 쓴 실제 살인의 범인일지 모른다는 것을 직감하게 된다. 그날 밤 그는 잠을 이루지 못하고 젊고 행복했던 시절을 비롯하여 26년간의 옥살이와 늙어버린 자신의 모습 등 과거의 일들이 주마등같이 스쳐 지나간다. 그는 복수의 분노가 용솟음치면서 번민하게 되고 그렇게 두 주가 지나간다. 어느 날 간수들은 누군가가 땅에 흙을 뿌렸다는 것을 알아차리고 감옥을 수색한 끝에 터널을 찾아낸다. 교도소장은 악시아노프에게 누가 땅을 팠는지를 묻지만, 악시아노프는 그 구멍을 파고 있던 사람이 세미어노프라는 것을 알고 있으면서도 자신은 그 문제에 관해 말할 수 없다고 말하면서 끝내 진술을 거부한다. 다음날 밤, 세미어노프가 악시아노프에게 다가와 자신이 상인을 죽인 범인임을 실토하면서 용서를 구한다. 악시아노프는 그를 용서하고 그 순간 그는 자신을 짓누르던 어떤 끔찍한 짐이 떨어져나가는 것을 느끼면서 영혼이 평안해지는 것을 느낀다. 세미어노프는 당국에 자수하고 악시아노프의 석방 절차가 시작되지만 안타깝게도 그는 집으로 돌려보내라는 명령이 내려오기 전 평화롭게 죽는다.

프랭크 다라본트의 영화는 기본적으로 앤디 듀프레인에 관한 이야기이지만 영화의 서사는 교도소 수감동료인 레드의 내레이션으로 전개된다. 영화의 배경으로서 주요 공간은 크게 세 군데이다. 성공한 은행가였지만 자신의 아내와 정부를 살해한 혐의로 두 건의 종신형을 선고받은 앤디가 수감되는 쇼생크 주립 교도소, 그리고 가석방된 그의 교도소 동료 레드가 그를 만나기 가기 위해 그가 일러준 대로 찾아가는 벅스톤 마을의 거대한 참나무가 서있는 돌담 구릉, 그리고 앤디가 각고의 노력 끝에 교도소를 탈출한 뒤 정착한 태평양의 푸른 바다가 넘실대는 멕시코의 해변 마을 지와타네호 등이다. 이러한 교도소의 안과 밖이라는 영화의 공간은 그 자체가 상당한 상징적 의미를 내포하고 있다. 영화는 강간과 구타, 배신과 착취가 난무하는 교도소에서 살아남기 위해 각고의 노력을 경주하는 앤디의 뒤를 쫓고 있으며, 마침내 그가 바깥세상의 자유를 찾아 탈출에 성공하여 멕시코의 목가적인 해안가 마을에서 새로운 삶을 시작하는 장면으로 끝을 맺는다.

앤디는 아내와 정부를 죽인 죄로 갇힌다. 실제 영화는 죽이고 싶어 총까지 구입해 아내가 정사를 나누는 창 아래를 서성거리는 그의 모습을 보여준다. 그가 정말로 아내를 죽인 것인지는 관객은 알 도리가 없다. 영화는 그 어떤 단서도 제공하지 않는다. 다만 아내를 지키지 못한 죄책감에 시달리고 있는 그의 심리 상태를 영화 도처에서 보여줄 뿐이다. 교도소는 자유롭지 못한 통제와 규율, 구속과 훈육의 공간이다.

교도소 내 모든 수감자는 길들여져야 한다. 교도소의 공간은 자유롭지 못한 길들여진 삶만이 존재한다. 쇼생크 감옥이 억눌린 자유와 길들여진 인간 사회에 대한 은유라면, 영화는 억울한 누명을 쓰고 수감된 앤디의 자유에 대한 갈망과 투쟁에 대한 목가적 서사시이다. 이런 점에서 영화 속 다양한 소품들 이를테면, 감옥과 돌망치, 리타 헤이워드와 마릴린 먼로 그리고 라쿠엘 웰치의 대형 브로마이드 포스터, 모차르트 오페라 〈피가로의 결혼〉에 나오는 아리아 '저녁 바람 부드럽게' 등은 이러한 자유에 대한 희망과 의지 그리고 구원을 나타내는 상징적 모티프이다.

쇼생크 교도소의 워든 노튼 교도소장은 뇌물과 갈취로 악명이 높다. 교도소 죄수들에게는 신을 욕되게 하지 말라고 훈시하면서 규율과 성경을 들먹이지만 자신이야말로 온갖 불법을 저지르며 부정축재를 일삼는 위선적인 인물이며, 바이런 해들리 간수장도 교도소장 못지않게 욕설과 구타를 일삼는 인물이다.

교도소 내에서 앤디는 거의 대부분의 물건을 구해줄 수 있는 레드, 교도소 안에서 새를 기르며 도서관을 관리하는 브룩스 등을 알게 되고 곧 친구가 된다. 이들 역시 종신형을 선고받고 복역 중이다. 교도소 내 세탁소에서 일하는 앤디는 주기적으로 감옥 내 강간 패거리의 공격 대상이 된다. 레드는 앤디의 부탁을 받고 바위를 깨는 망치와 리타 헤이워드의 대형 포스터를 구해주고, 앤디는 망치를 자신의 성경책 안에 숨겨둔다.

1949년 어느 봄날, 앤디는 교도소 지붕 도료 칠 작업에 레드 등과 함께 동원된 뒤, 유산 상속 과세에 관해 불평하며 힘들어하는 교도소 간수장 바이런 해들리의 말을 우연히 듣게 되고 그에게 같이 일하는 동료 죄수들에게 맥주 세 병씩을 제공해주는 조건으로 죽은 형의 유산 상속에 따른 절세 방법을 도와준다. 그리하여 교도소 지붕에 타르를 칠하던 죄수들은 양철통에 맥주를 담아 놓고 건물 옥상에 앉아 햇볕을 쬐며 맥주를 마시는데 레드는 맥주 한모금의 자유를 다음과 같이 회상한다.

햇볕 아래 앉아 맥주를 마시며 우리는 자유인이 된 것 같았다. 마치 우리 자신의 집 지붕에 타르를 칠하는 것 같았다. 우리는 더 이상 부러울 것이 없었다. 휴식 시간 동안 앤디는 그늘에 쭈그리고 앉아서 묘한 미소를 지으며 자신 덕분에 맥주를 마시는 우리를 바라보았다. . . . 그것이 간수의 환심을 사려고 한 행동일 수도 있고, 우리들과 친해지기 위해 그랬는지 모르지만, 내 생각에는 그가 잠시나마 평범했던 자신으로 돌아가고 싶었던 것일지 모르겠다.

이후 앤디가 또 다시 보그스를 비롯한 강간 패거리로부터 심한 폭행을 당하자, 이번엔 간수장 해들리가 보그스를 반신불수가 될 정도로 심하게 패고난 뒤 그를 아예 다른 교도소로 보내버리는 등 앤디를 보호한다. 이후 간수장 해들리의 세금 문제를 해결해준 일을 계기로 앤디는 교도소 내 간수들의 자산과 세금 감면 등의 문제를 해결해주는 해결사 노릇을 하게 된다. 이를 위해 교도소장 사무엘 노튼은 앤디를 면담한 후 브룩스가 일하는 교도소 도서관에 배속한다. 앤디는 브룩스와 함께 감옥 도서관을 운영하면서 교도소장과 간수들 그리고 이웃 교도소 간수들의 세금까지 절세할 수 있도록 도와준다.

그러나 영화의 가장 충격적인 장면은 70살의 장기복역수 브룩스가 가석방 결정이 내려지자 동료 복역수인 헤이우드의 목에 칼을 들이대며 울부짖는 장면이다. 감옥 생활에 길들여진 브룩스는 자신이 감옥 바깥의 세상에 적응할 수 없는 쓸모없는 인간임을 스스로 잘 알고 있기 때문에, 자신의 석방을 축하해주려는 동료를 살해하려는 소동을 부리는 등, 새로운 환경에 적응하는 일이 두려워 세상에 나가지 않으려고 몸부림친다. 이렇게라도 해야 얼마 남지 않은 여생을 교도소에서 보낼 수 있기 때문이다. 그래서 브룩스의 행동에 대해 헤이우드는 그가 미쳤다고 말하지만, 레드는 브룩스가 교도소에 길들여졌을 뿐이라고 설명한다.

> 레드: 브룩스는 길들여졌을 뿐이야.
> 헤이우드: 길들여지긴 뭐가!
> 레드: 50년을 이곳에서 있던 사람이지. 그는 이곳밖에 몰라. 이 안에서 그는 중요한 사람이지. 배운 사람이고 도서관 사서란 말이지. 하지만 바깥세상에선 아무 것도 아냐. 양손에 관절염이 걸린 쓸모 없는 전과자에 불과하지. 밖에서는 도서관 대출증도 못 받을 거야. 내 말 알겠어? . . . 이 감옥의 벽은 웃기지. 처음엔 싫지만 차츰 익숙해지지. 그리고 세월이 지나면 벗어날 수 없어. 그게 길들여진다는 거야.

그는 장기간의 수형 생활에 익숙해진 나머지, 오히려 변해버린 바깥세상이 두렵다. 쇼생크가 자신의 집이 되어버린 것이다. 1954년 브룩스는 50년의 오랜 복역 끝에 가석방되었지만, 50년의 세월동안 교도소에서 간수의 통제 속에 일정한 틀 안에서 생활하도록 길들여진 브룩스는 바깥세상에 대해서는 아무것도 모른 채 오랜 세월 동안 감옥에 격리되어 살아가는 존재가 되어 버린 것이다. 그에게 낯설고 변해버린 바깥세상은 자신의 삶에 아무런 의미를 주지 못하고 두렵고 외로울 뿐이다. 그는 가석방 이후 바깥세상과 생활을 편지에 적어 교도소 동료들에게 보내는데 모두들 탈출을 꿈꾸는 감옥이 그에게는 가장 편한 곳이었던 것이다.

결국 그는 밤마다 절벽에서 떨어지는 악몽을 꾸는 등 불안감에 시달리면서 감옥 밖의 바깥 생활에 적응하지 못하고 자신에게 주어진 자유를 감당하지 못한 브룩스는 "브룩스 여기 왔다 가노라"라는 글귀를 여인숙 벽에 새겨 남겨놓고는 끝내 목을 매어 자살한다. 그는 교도소가 상징하는 통제된 질서와 규율에 완전히 길들여진 채, 통제 밖의 자유로운 바깥 세상에 대한 적응성을 완전히 상실한 새장에 갇힌 새였으며, 그가 사회에 다시 나가는 것을 두려워하는 것은 다름 아닌 이러한 이유 때문이다. 그는 자신에게 주어진 자유의 무게를 감당하지 못한 것이다.

이러한 브룩스와 대척점에 서 있는 인물이 다름 아닌 앤디이다. 그는 브룩스가 보여주는 길들여짐에 모든 면에서 대조를 보여준다. 레드의 설명에 따르면 그는 자신을 보호해줄 투명망토라도 걸친 것처럼 제도에 순응하지 않고 교도소 내에서 별다른 존재였다. 그는 근 20년간 꼼꼼하고 철저하게 쇼생크 탈출을 기획하고, 포크레인으로도 부술 수 없다는 교도소 벽을 작은 망치 하나로 허문다.

브룩스가 감옥에 남기 위해 동료를 위협한다면, 앤디는 제도에 순응하지 않고 자유를 찾기 위해 20년간 굴을 파고 최후에는 500야드의 정화조 파이프를 기어 종국에는 탈출에 성공한다. 레드에게서 구한 작은 돌망치로 낮에는 돌을 다듬는 것처럼 위장하지만 밤마다 간수의 눈을 피해 벽을 파고 탈출 통로를 만들고 구멍을 파내던 20년의 세월은 그에게는 자유의지의 시간이다. 교도소 내 가혹한 행위와 반인륜적 행위 그리고 갖은 핍박을 이겨낸 것은 다름 아닌 자유를 향한 열망 때문이다.

그러므로 그의 자유를 향한 열망과 의지를 잘 보여주는 대표적인 상징은 다름 아닌 돌망치와 그가 수감된 교도소 내 독방의 한쪽 벽을 가린 여배우의 포스터이다. 1949년 앤디가 레드로부터 구해 얻은 리타 헤이워드, 1957년 무렵에는 마릴린 먼로 그리고 앤디가 탈옥하기 직전인 1966년부터는 라쿠엘 웰치의 대형 브로마이드 포스터로 자신이 돌망치로 파낸 감옥 벽의 구멍을 가린 것이다. 이런 점에서 포스터는 다른 사람들이 앤디의 탈출계획을 눈치 채지 못하도록 가려주는 일종의 투명코트 역할을 한 것이다.

이 구멍은 자유와 희망을 향해 재탄생하는 생명의 통로가 된다. 특히 원시적 관능미를 드러내는 라쿠엘 웰치는 자유를 향한 통로이자 영원한 안식처 그리고 유토피아를 상징한다면, 돌망치는 자유라는 희망의 길을 뚫어나가는 구체적인 행위의 상징인 것이다. 그리고 그것을 쟁취하기 위해 지금 당장 현실에서 필요한 것은 욕망과 자유의지이다. 한 치도 꼼짝할 수 없는 현실의 구속과 속박 그리고 그러한 모순의 현실에서 벗어나기 위해 탈출을 꿈꾸는 것은, 앤디가 단단한 감옥의 벽에 작은 망치 하나로 구멍을 내는 일만큼이나 너무나도 위험한 일이지만, 앤디가 레드에게 말하고 있는 것처럼, 희망은 좋은 것이다.

감옥을 벗어나 자유를 향한 앤디의 이러한 열망은 그가 교도소에서 모차르트의 오페라 〈피가로의 결혼〉 중 아리아 '저녁 바람 부드럽게'를 틀어주는 장면에서 잘 나타난다. 어느 날 앤디는 교도소에 도착한 사회 각계각층에서 보내준 책과 자료를 정리하던 중 모차르트의 오페라 〈피가로의 결혼〉 음반을 발견한다. 그는 곧바로 교도소 방송실 문을 걸어 잠그고 교도소 영내에 확성기를 통해 오페라 아리아 '저녁 바람 부드럽게'를 틀어준다. 교도소의 모든 죄수들은 넋을 잃고 이 음악 소리를 듣게 된다.

〈피가로의 결혼〉은 하인 피가로가 초야권(영주가 신랑보다 먼저 신부와 첫날 밤을 보낼 수 있는 권리)으로 약혼녀를 가로채려는 바람둥이 백작 알마비바를 혼내주고 무사히 결혼식을 올리게 되는 내용의 오페라이다. 아리아의 가습 아프도록 아름다운 선율은 운동장에 모인 죄수들에게 한 마리 새가 되어 담장 너머 날아오르는 느낌을 준다.

이것은 피가로가 되지 못한 앤디의 안타까운 상황과 속박을 풀고 자유를 찾고 싶은 그의 간절한 갈망이 잘 녹아든 장면이다. 넋을 잃고 아리아를 듣는 레드는 두 이탈리아 여성이 무엇을 노래했는지 알지 못하지만 그들의 노래는 "너무나도 아름다워 말로 표현할 수 없고 가슴을 저밀게 하는 것을 노래하고 있다"고 말하면서 "마치 아름다운 새 한 마리가 우리가 갇힌 새장에 날아와 그 벽을 무너뜨리는 것 같았다"고 회상한다. 하지만 이 일로 앤디는 곧바로 체포되어 독방에 두 주간 수감된다. 독방에서 석방된 뒤, 앤디는 레드에게 희망이란 시간의 노력을 통해 스스로 쟁취하는 것이라고 말하면서 진정한 자유는 외부에서 오는 것이 아니라 마음에서 비롯되는 자신만의 것이라고 강조한다.

1963년, 교도소장은 공공 노동에 교도소 노역을 투입하여 임금을 착취하고 뒷거래를 통해 검은 돈을 챙긴다. 그는 도서관 개선을 비롯하여 앤디의 노력으로 시작된 교도소 직업훈련교육으로 받은 각종 외부 지원금을 착복한다. 앤디는 랜덜 스티븐스라는 가상의 인물과 계좌를 사용하여 그의 불법 수입을 관리하여 돈 세탁을 도와준다.

1965년에 토미 윌리암스라는 새로운 죄수가 무단 침입 죄로 2년형을 선고받고 교도소로 들어온다. 앤디와 레드는 곧 토미와 친해진다. 토미는 앤디에게 검정고시를 도와줄 것을 부탁하고 토미는 검정고시에 C+로 통과한다. 1년 후, 토미는 앤디의 사연을 듣게 되고 과거에 자신과 토마스톤 감옥 동기였던 엘모 블래치라는 이름의 한 범죄자의 이야기를 들려준다. 자동차를 훔친 혐의로 6년형을 선고받고 복역 중이던 블래치가 도

둑질하다가 실제로는 살인까지 저지른 이야기인데, 토미의 말에 따르면, 블래치가 술집에서 일할 때 술을 마시러 왔던 프로골퍼를 대상으로 강도 짓을 하려고 뒤따라갔다가 결국 프로골퍼를 죽이고 그의 아내까지도 죽였는데, 나중에 알고 보니 죽인 여자는 그의 아내가 아니라 정부였으며 종국에는 정부의 남편인 은행가가 그 죄를 뒤집어썼다는 것이다.

앤디는 충격을 받고 갈등에 휩싸이지만, 토미는 앤디의 누명과 혐의를 벗고 무죄를 입증해줄 극적인 인물로 부상하면서 앤디는 석방될 절호의 기회를 맞이하게 된다. 앤디는 교도소장을 찾아가 토미의 이야기를 전하면서 자신의 무죄를 입증할 기회를 달라고 청원하지만, 앤디의 석방을 원치 않는 교도소장은 그가 무죄 판결을 통해 정상적으로 석방될 기회를 차단한다. 교도소장은 이미 앤디에게 자신이 저질러온 온갖 종류의 불법과 탈법적인 일들에 대한 장부관리를 맡기고 있었기 때문에 결국 앤디에게 이야기를 들려준 토미를 밤에 불러내어 탈출했다는 누명을 씌워 간수를 통해 총살한다. 앤디를 이용하여 탈세를 하고 부정축재를 했지만 앤디가 살인 누명을 벗고 석방되어 교도소를 나갈 경우 자신의 비리가 발각될까 두려워 토미를 살해한 것이다. 그리고는 앤디에게 한 달 간의 독방 형을 명령하면서 다시 자신의 일을 도우라고 강요한다.

앤디는 이와 같은 위선적인 폭압과 자신의 무죄를 입증해줄 증인이 사라져서 정상적으로 자유인이 될 수 있는 꿈이 무산되고 만다. 그럼에도 불구하고, 한 달 동안의 독방생활을 끝내고 다시 쇼생크의 일상으로 돌아온 앤디는 자신의 신념을 굽히지 않고 희망을 잃지 않는다. 그는 레드에게 언젠가 쇼생크를 나가게 되면 멕시코의 작은 해안가 마을 '지와타네호'에서 작은 호텔과 낡은 배를 사서 사람들을 태우고 낚시나 하면서 살고 싶다는 자신의 꿈을 이야기하면서 그곳에서 같이 살자고 제안한다. 앤디는 언젠가 레드 또한 가석방 등으로 출소하게 된다면 메인 주 벅스톤 마을을 찾아가 마을 언덕의 커다란 참나무를 끼고 있는 긴 돌담 아래 특이하게 생긴 검은 돌 찾아보라고 부탁한다.[1] 그곳은 다름 아닌 앤디가 자신의 아내에게 청혼했던 곳이다.

앤디는 이미 다른 죄수에게 부탁해서 밧줄을 빌린 상태이고 앤디에게 도움을 받았던 모든 동료 죄수들은 앤디를 걱정한다. 다음날 아침 조회 시간에 앤디는 나오지 않는다. 간수들이 직접 앤디의 방으로 가지만 그는 어디에도 없다. 대대적인 수색이 벌어지고 결국 앤디가 전날 밤 탈옥했음이 밝혀지고, 구속과 자유의 경계인 감옥의 벽에 구멍을 내어 16년 전 레드에게서 구했던 작은 돌망치 하나로 쇼생크를 탈출하여 마침내 자유를 쟁취한 것이다. 레드는 앤디가 오랜 시간을 들여 압력과 지질학을 공부했고 굴을 파려면 600년이 걸릴 걸로 생각했던 작은 돌망치 하나로 탈출 통로인 터널을 뚫었다고 말한다. 폭우가 쏟아지는 날, 앤디는 그 터널을 지나 어둡고 냄새나는 하수구를 3킬로미터나 기어나가 쇼생크를 빠져 나온 뒤 하늘을 향해 양 팔을 벌린 채 하늘에서 쏟아지는 비를 맞으며 온 몸을 정화한다.

그는 이제 다시 태어난 것이다. 앤디는 탈옥한 그날 아침 12곳의 은행에 들러 가상의 인물인 랜달 스티븐스 명의로 넣어둔 교도소장의 돈

---

1) 미 동북부 메인 주에 있는 벅스톤 마을은 소설 원작의 작가인 스티븐 킹의 고향 마을이다. 실제 촬영은 오하이오 주 루카스 마을의 말라바 팜 스테이트 파크에 있는 100미터 높이의 참나무 (일명 쇼생크 나무) 주변에서 이루어졌다. 영화 개봉 후 매년 35,000명 이상이 찾는 유명 관광지가 되었다.
Wikipedia, "Shawshank Tree," https://en.wikipedia.org/wiki/Shawshank_tree

37만 달러를 모두 찾아 멕시코 지와타네호로 떠나면서 교도소장과 쇼생크의 모든 부패와 살인에 대한 자료와 장부를 언론사에 보낸다. 언론은 쇼생크 교도소에서 자행된 살인과 온갖 부정부패에 대해 대서특필한다. 정부당국이 모든 사실을 접하고 간수장은 체포되고 교도소장은 앤디가 자신에게 남겨놓은 것은 성경책을 발견한다. 성경책 앞장에는 다음과 같은 문구가 있다. "소장, 당신 말이 옳았소. 이 책에 구원이 있었소." 앤디는 성경책 안의 「출애굽기Exodus」부분에 구멍을 파서 구원과 자유의 상징인 돌망치를 숨겨놓았던 것이다. 교소소장은 경찰이 자신의 사무실로 들이닥치자 권총으로 자살하며 인생의 막을 내린다.

40년의 형기를 마친 레드는 마침내 가석방이 승인되고 바깥세상의 자유인이 된다. 평생을 감옥에서 보내면서 브룩스처럼 길들여져 '사회에 나가면 쓸모없는 인간'이 되어버린 레드 또한 냉혹한 현실 앞에 할 수 있는 일이란 아무 것도 없음을 절감한다. 그가 할 수 있는 유일한 일이란 죄를 지어 교도소로 돌아가는 길밖에 없음을 깨닫고는 두려움에 떤다. 그러나 레드는 앤디가 자신에게 해준 말을 잊지 않고 갈등 끝에 가석방 선서를 어기는 생애 두 번째의 범죄를 저지른다. 그는 앤디가 알려준 대로 벅스톤 인근의 참나무와 돌담으로 둘러싸인 언덕을 찾아간 것이다. 그곳에서 레드는 특이하게 생긴 검은 돌 아래 숨겨진 약간의 돈과 함께 앤디가 쓴 엽서를 발견한다. 엽서에는 대략 이렇게 쓰여 있다.

레드, 당신이 이걸 읽는다면 이제 자유의 몸일 겁니다. 이만큼 왔다면 조금 더 멀리 올 마음도 있겠죠. 마을 이름 기억하죠? . . . 사업을 도와 줄 친구가 필요합니다. 체스판도 준비하고 기다리겠습니다. 명심하세요, 레드. 희망은 좋은 것이죠. 아마도 가장 좋은 것입니다. 좋은 것은 절대 사라지지 않아요. 이 편지가 당신에게 발견되길 빌며. 그리고 당신도 찾을 수 있기를. 당신의 친구, 앤디.

앤디는 스스로 희망을 잃지 않을 뿐만 아니라 그의 교도소 동료 레드가 자유를 포기하지 않도록 자극하는 등 타인의 희망까지도 일깨우고 있는 것이다. 영화는 쇼생크 교도소 입소 이후 포기하지 않고 온갖 난관을 이겨내고 감옥의 벽을 돌망치 하나로 뚫어 탈출에 성공한 앤디를 통해 희망과 자유를 이야기 한다. 다름 아닌 이것이 영화가 전하는 핵심 메시지 인 것이다. 레드는 '끝을 알 수 없는 긴 여정을 시작하는 자유를 가진 자만이 느낄 수 있는 흥분'을 느끼며 앤디가 예전에 말했던 멕시코 지와타네호로 자유를 찾아 버스에 올라탄다. 추위 없는 따뜻한 곳이란 의미를 갖고 있는 지와타네호는 영화 속 희망의 낙원을 상징하는 장소가 된다. 태평양의 잔잔하고 푸른 바다가 보이는 한적한 이곳에서 호텔을 구하고 낡은 배를 수리해서 손님들과 낚시를 즐길 것이라고 했던 것처럼 앤디 듀프레인은 낡은 배를 손질하다 레드와 만나 극적으로 해후하는 것으로 영화는 끝이 난다.

:9 셰익스피어와 영화 수용
각색 영화의 사회문화적 맥락

1990년대는 〈로미오와 줄리엣〉과 〈햄릿〉과 같은 잘 알려진 작품뿐만 아니라 〈헨리 5세〉 그리고 〈헛소동〉처럼 비교적 덜 알려진 작품에 이르기까지 다양한 셰익스피어 영화들이 한국에 들어온다. 이 시기에는 한국에는 〈아이다호My Own Private Idaho〉, 〈리차드를 찾아서Looking for Richard〉, 〈셰익스피어 인 러브〉를 비롯한 15편의 셰익스피어 영화들이 소개된다. 이들 가운데 바즈 루만의 〈로미오와 줄리엣〉과 〈셰익스피어 인 러브〉는 상업적으로 큰 성공을 거둔다.

1990년대는 한국에서 셰익스피어 영화가 대중적인 관심을 갖게 됨과 동시에 학문적 탐구의 대상으로 편입된 시기이자 대체로 셰익스피어 영화의 수입과 관람이 일종의 붐을 이루던 시기이다. 로만 폴란스키, 프랑코 제피렐리 그리고 구로자와 아키라 감독의 영화 외에는 이렇다 할 셰익스피어 영화를 만날 수 없었던 70-80년대의 정체기를 지나고 난 뒤, 1990년대 이후 다양한 셰익스피어 영화들이 한국에 들어옴으로써, 이들 영화는 셰익스피어의 대중성에 기여해왔을 뿐만 아니라 치밀한 연출이 뒷받침된 잘 만든 각색영화로서 관객들의 눈높이를 만족시킨다.[1]

돌이켜보면, 1990년대는 영화뿐만 아니라 영화 비평서와 에세이를 비롯하여 영화 관련 도서의 출판이 일종의 붐을 이루기 시작하던 때라 할 수 있다. 이때부터 셰익스피어 문학과 영화는 기존과는 다른 문화적 환경 변화의 시기를 거치면서 새로운 독자와 관객을 맞이하기 시작하기 때문이다. 이 시기의 대학가는 영화를 다루는 강좌들이 생겨나기 시작하던 때이다. 영화는 단순히 엔터테인먼트 매체에 그치지 않고 대학에서 각종 연구와 교육 매체로 자리 잡게 되는데, 각색 영화를 비롯한 다양한 장르 영화의 수업 활용은 강의실 내의 일상 풍경이 되고, 이 과정에서 셰익스피어 영화도 이들 강좌의 영화 목록에서 최소한 한 두 자리를 차지하기 시작한다.

사회문화적 맥락에서 셰익스피어 영화가 갖는 의미를 살펴보기 위해서는 우선 영화의 수용 주체로서 관객의 의미를 살펴본 후 사회적 행위로서 영화 관람과 이들 관객의 영화 수용에 내포된 다양한 사회문화적 맥락을 짚어볼 필요가 있다. 한국의 셰익스피어 영화의 수용과 그 의미와 관련하여 다양한 담론과 사회 제도 그리고 작품 수용을 둘러싼 사회

---

1) 권혜경 (2002), 「셰익스피어 비틀기와 뒤집기: 리차드 3세와 프로스페로의 책을 중심으로」, 『셰익스피어 비평』 38.4, 844쪽.

문화적 요인들의 상호작용을 비롯한 다양한 맥락을 검토할 필요가 있기 때문이다.

영화는 검열을 비롯한 외부의 간섭이나 영향에서 완전히 벗어난 자율적인 매체가 아니라 오히려 영화를 둘러싼 외부세력이나 상황에 완전히 노출된 채 다양한 맥락 관계 속에서 대단히 탄력적으로 상호 영향을 주고받는 매체라 할 수 있다. 영화 상영과 같은 영화를 둘러싼 다양한 실천 양상과 역사 문화적 맥락 사이의 관계는 궁극적으로 서로 상관이 없는 것이 아니라 유동적이고 상호적이다. 이것은 단순한 비평 연구만으로는 영화 수용의 전반적 상황을 조망하고 이해하는데 한계가 있으며, 영화를 둘러싼 역사적, 이념적 의미뿐만 아니라 사회적 맥락 관계와 담론 상황을 적절히 설명할 수 없기 때문이다.

스테이거Janet Staiger에 따르면 영화에 있어서 역사적 수용 연구는 실제 독자와 텍스트, 실제 관객과 영화 사이의 상호관계의 역사를 다루는 것이며, 이것은 관객과 영화 사이의 관계를 이해하기 위한 것이다. 수용 연구의 목적은 텍스트 자체의 해석이 아니라, 역사적으로 생산된 텍스트 해석을 이해하는 것이다.[2]

클링어Klinger는 영화의 의미와 관련한 사회적 상황의 긴밀한 영향을 밝히기 위해서는 다양한 맥락의 연구가 필요하다고 말한다.[3] 클링어는 영화에 대한 총체적 시각을 위해서 영화의 산업적 맥락에서부터 사회적, 역사적 발전에 이르기까지 광범위한 상호연관의 체계에 개입해야 한다

---

2) Janet Staiger (1992), *Interpreting Films: Studies in the Historical Reception in American Cinema*, Princeton: Princeton UP, pp. 8-9.

3) Barbara Klinger (1997), "Film History: Terminable and Interminable," *Screen* 38.2, p. 108.

고 주장하면서, 통시적 관점은 영화 산업에 대한 편견에서 기인하는 해석적 문제뿐만 아니라 단일 담론을 견지할 때 발생할 수 있는 여러 비평상의 문제를 해결할 수 있다고 말한다.[4]

스태포드Roy Stafford도 한 편의 영화 텍스트의 의미를 제대로 파악하기 위해서는 몇 편의 서로 다른 영화 지식이 필요하다고 주장한다. 이것은 영화 연구에 있어서 상호텍스트적 맥락 파악의 중요성을 강조한 것이다.[5] 이러한 시도는 영화를 다면적인 상호텍스트와 역사의 틀 안에 둠으로써 영화가 가질 수 있는 다양하고 심지어 모순적인 이념적 의미를 포착할 수 있다는 것인데, 다시 말해 영화적 상황을 하나의 복잡한 사회적 담론 환경 안에 둠으로써 해당 영화에 관한 다양한 역사적 리얼리티를 발굴한다는 것이다.

이것은 영화에 관련된 사회적 문화적 정치적 의미망을 분석함으로써 텍스트가 담지할 수 있는 거의 완전한 역사성을 분석하려는 시도라 할 수 있다. 이를 통해, 기존의 공식화 된 영화의 의미와 관련한 다양한 목소리를 수면위로 드러낼 수 있기 때문이다.[6] 이를테면, 영화 산업은 영화 텍스트 연구에 있어서 오랫동안 주된 비평적 관심의 대상이지만, 영화 산업 자체에 국한된 접근 방식은 사회적 역사적 맥락의 측면에서 다양한 의문을 제기할 수가 없다. 역사적 수용 연구에서 상호 맥락을 중시하는 이유는 의미 발견의 주요 장소는 텍스트 자체가 아니라 텍스트와 텍스트 사이의 맥락이기 때문이다.[7]

---

4) Barbara Klinger (1997), p. 111.
5) Roy Stafford (2007), *Understanding Audiences and the Film Industry*. London: BFI, p. 83.
6) Barbara Klinger (1997), p. 110.

나아가 이 같은 접근은 특정한 사회적 형성에 적용 가능한 일련의 해석 전략을 추적함으로써 텍스트를 해석하는 순간에 대한 역사적 설명을 시도할 수 있다는 것이다.[8] 예를 들어, 한 편의 영화 혹은 영화사적 흐름을 제대로 파악하기 위해서는 영화 상영과 소비 성향 등을 비롯해 당대의 사회사적 이해에 필요한 다양한 사회문화적 수용 요인을 정리하고 분석하는 것이 필요하다는 의미가 된다.

　　영화 관객이란 영화관에 가서 영화를 보는 사람이다. 영화관이란 상영되는 극적 이미지의 스펙터클을 관객에 의해 평가를 받는 공간이며, 관객의 영화의 관람은 기본적으로 개인적 행위인 동시에 사회적 행위 내지 사회적 관습이 된다. 사람들은 관객 안에 있을 때 관객이 된다는 점에서, 영화의 결정적 의미는 영화적 기호와 텍스트 그 자체에 본래 내재되어 있는 것이 아니라, 관객에 의해 구성된다. 그런 점에서 영화의 소비와 수용은 사회적 행위이다.[9]

　　사회의 공적 공간으로서 영화관에 가는 행위, 즉 영화 관람은 모든 사람이 공유하는 사회적 행위가 되고, 이때 영화관은 사회적 구성물이 된다. 스태포드는 "누군가 영화를 보기 전에 영화 그 자체는 진정한 의미를 가질 수 없다"고 말한다.[10] 즉, 영화 관객은 영화라는 고유형식에 대한 정서적 반응을 통해 구성된 사회적 산물이다.

---

7) Jonathan Culler (1988), *Framing the Sign: Criticism and Its Institutions*, Norman: U of Oklahoma P, p. 148.
8) Janet Staiger (1992), pp. 80-81.
9) Ross and Nightingale (2003), *Media and Audience: New Perspective*, Berkshire: Open UP, p. 6.
10) Roy Stafford (2007), p. 78.

개인에게 특별한 감정의 순간을 제공하는 영화 관람이 사회적 행위인 이유는 영화 관람은 그 영화 수용 과정에서 의미를 생산하는 가운데 다양한 사회적, 문화적 맥락 속에서 담론화 되기 때문이다. 영화 관객이 된다는 것은 매체과정에 참여한다는 것, 다시 말해 매체가 매개하는 정보에 참여한다는 것을 의미한다.[11] 그러므로 집단적 영화 경험과 소비는 대중(으로서 관객)의 문화적 충동과 긴밀히 연결되고, 영화의 소비와 수용은 그 자체가 이데올로기적이면서도 의미 있는 정치적, 문화적 힘 또는 의미를 지니게 된다.

몰리David Morley 또한 영화가 관람의 대상인만큼 관람의 맥락이 중요하므로 영화가 상영되는 영화관 가기 현상에 주목해야 한다고 말한다.[12] 영화 체험이 관객의 입장에서 사회적 문화적 사건이라면, 동일한 관객 집단 구성원 사이에서 이루어지는 영화 보기는 어떤 특정한 정서적 체험을 공유하는 것이다. 이것은 문화 경험에 있어서 취향의 문제와 연관이 있으며 관객의 취향을 이해하는 것은 영화의 소비와 수용에 대한 맥락 이해만큼 중요한 문제이다. 텍스트로서 영화 작품의 수용 수준은 관객의 능력과 이해 수준에 따라 각양각색이며 이것의 차이는 개인적 특이성보다는 계급이나 성별 혹은 문화적 정체성의 형식에서 기인된다. 다시 말해서, 영화의 수용은 기본적으로 수용 주체로서 관객의 계급 신분과 밀접한 관계가 있다는 것을 의미하는데, 클링어는 이 같은 계급 요인의 영향은 영화 산업의 경제구조에서부터 관객의 구성에 이르기까지 광범위하게 찾아볼 수 있다고 말한다.[13]

---

11) Roy Stafford (2007), p. 73.
12) David Morley (1992), *Television Audience and Cultural Studies*, Routledge, pp. 157-158.

한국의 셰익스피어 영화 수용의 경우에 있어서 이것은 부분적으로 (하지만 상당한 측면에서) 예술영화 관객과 관련 영상문화의 성장과 일정 부분 연관이 있다. 미국과 영국의 경우에는 60년대에 교육 수준이 향상되고 대학생을 비롯한 새로운 영화 세대 관객들이 등장하면서, 아트시네마는 대안 문화에 대한 열망 속에서 영화 산업 내에서 생존한 저예산 특제 영화들의 공간으로 변모할 수 있었다.[14]

한국의 경우는, 예술영화의 성장에 있어서 80-90년대 소극장을 중심으로 한 아트시네마의 인기와 역할은 매우 컸으며, 대학을 중심으로 한 젊은 관객과 지식인 관객의 예술영화의 소비와 수용 증가는 이른바 예술영화의 발전에 한 축을 담당했다. 특히, 80년대 중반 이후 외국영화의 수입 자유화와 비디오 문화가 활성화되고 90년대 접어들어 비디오와 케이블/위성 텔레비전 그리고 DVD의 성장은 외국의 고전영화와 예술영화의 소비와 유통에 큰 영향을 미치게 된다.

그러나 헌신적 관객에 의해 주도된 예술영화의 문화적 수용과 발전은 다음 두 가지 의미 맥락에서 바라봐야 한다. 첫째는 이것이 기존의 주류 영화 문화에 대한 강한 반발에서 비롯된 것이라 말할 수 있다. 다시 말하자면, 이른바 잘 만든 영화에 대한 관객의 열망과 선호는 기존의 관습적인 주류 영화에 대한 예술적 실망을 담은 일종의 저항과 관련이 있으며 이들의 영화 보기는 일종의 컬트 문화에 가까운 이른바 고전 문학 작품 읽기에 비견될 만하다. 그러므로 관습적이지 않은 영화를 보고자

---

13) Barbara Klinger (1997), p. 120.

14) Wilinsky (2001), *Sure Seaters: The Emergency of Art House*. Minneapolis: U of Minnesota P, p. 134.

하는 예술영화 관객의 성장은 일견 대안적이고 지적인 고급 예술 문화 활동의 관점에서 바라볼 필요가 있는 것이다.

두 번째는 문화 소비의 계급적 관계 및 재생산과 연계된 메커니즘의 측면과 관련한 것이다. 지배문화를 가진 권력은 지식층의 주도의 학교 교육을 통해 특정 문화를 선택하거나 배제하여 문화적 불평등을 재생산 하기 때문이다.[15] 이것은 지배문화가 문화적 정당성을 부여하는 권력 행사를 통해 고유한 문화적 능력을 인정하고자 함이다.

이 같은 맥락 의미는 90년대 지식인 관객 주도의 셰익스피어 영화 수용의 맥락을 읽는 하나의 관점으로서 의미가 있을 것이다. 고전 예술영 화와 셰익스피어 영화와 같은 특정한 역사적 시기에 유행한 영화들은 당시의 정치적, 경제적, 사회적 문화적 환경과 무관하지 않다는 점을 감안해볼 때, 90년대 셰익스피어 영화 붐과 대학 강좌의 영화적 수용과 관련한 사회문화적 맥락을 이해할 수 있는 토대가 된다.

이 시기에 셰익스피어 영화가 문화적 학술적 제도로서 본격 자리 잡게 된 과정에는 예술영화 관객의 성장 속에서 학생, 학자, 교원을 비롯한 이른바 지식인 관객과 깊은 관련이 있지만, 같은 시기에 문학과 미디어 문화 분야의 학제 간 연구의 관심이 높아지기 시작한 것도 셰익스피어 영화의 학문적 수용과 관련하여 별도로 주목할 필요가 있다.

셰익스피어 영화에 대한 학술적 관심과 수용은 특히 90년대 말 이후 셰익스피어 연구의 한 가지 특징으로 지목할 수 있는 매우 두드러진 현상이다. 이 시기에 셰익스피어 영화를 비롯한 이른바 '잘 만들어진 영화'는

---

15) Bourdieu and Passeron, "The Social Definition of Photography." In Jessica Evans and Stuart Hall (eds.), *Visual Culture: The Reader.* London: Sage, 1999. pp. 5-11.

학교 교육 및 학술적 연구 대상으로 적극 편입되기 시작했기 때문이다.

셰익스피어 영화에 대한 가장 대표적인 학술적 관심 테마 가운데 하나는 문학 원전과 영화의 접목에 대한 지속적인 관심이라 할 수 있다. 이 같은 관심은 대학 내 학술적 연구와 교육의 관점에서 하나의 중요한 학제 간 연구 경향으로 자리 잡으면서 문학 연구의 연장으로서 각색 영화 연구에 대해 학술적, 문화적 정당성을 부여하는 계기가 된다.

영화에 대한 관심은 90년대 대학가를 중심으로 시작된 학제개편의 변화과정의 여파로 기인된 인문학의 변화 흐름과 긴밀히 연결되어 있다. 특히, 셰익스피어 영화를 비롯한 문학 각색 영화는 가장 대표적인 상호텍스트적 영향을 바탕으로 한 영화장르로서, 90년대 동안 케네스 브래너의 〈헨리 5세〉부터 마이클 래드포드의 〈베니스의 상인〉에 이르기까지 10년간 전성기를 맞이한 셰익스피어 영화 붐은 많은 인문학자들의 시선을 끌기에 충분했다. 이 기간 동안, 셰익스피어 영화 보기는 다양한 비평적 평가와 상업적인 과정을 통해 셰익스피어를 대중적이고 매우 영향력 있는 문화적 아이콘으로 형성하는데 기여한다.

물론 이러한 셰익스피어 영화의 수용의 핵심은 지식인 관객에 의한 강의와 연구이다. 셰익스피어 영화는 비평적 실천의 핵심 테마로 부상하는 과정에서 문화적 가치의 핵심 아이콘으로 셰익스피어를 자리 매김하는 동시에, 한편으로는 학생들에게 중요한 학술적 테마로서 다양한 셰익스피어 영화들이 추천되고 제시된다. 즉, 셰익스피어 영화는 학생, 학자, 교사 등을 비롯한 특정 관객을 겨냥하여 소위 아트 필름으로 마케팅 되거나 혹은 잘 만들어진 고급영화로 소개되거나 비춰진 것이다. 대체로 이들 관객층은 한국의 문화와 학술 지형 내에서 셰익스피어 영화 수용의

틀을 형성하는데 핵심 역할을 하는 대학 교원과 학자들이다. 이들은 90
년대 이후 학교 커리큘럼 내에서 비디오를 수업 교재로 사용하는 등 셰
익스피어 영화 활용을 주도했기 때문이다. 이것은 셰익스피어 영화가 90
년대 초부터 한국 시장 내에서 어떻게 시장을 개척했는지 혹은 어떻게
문화적 수용을 거쳐 왔는지 잘 보여주는 대표적인 사례이다.

　　대체로, 외국영화는 80년대 중반 이래 한국 시장에 무제한 노출이 가
능했는데, 셰익스피어 영화들도 구스 반 산트, 케네스 브래너 그리고 프
랑코 제피렐리를 필두로 매우 다양한 장르의 영화들이 소개되어 왔다.
물론, 90년대의 한국 극장에서 셰익스피어 영화 상영 붐은 할리우드가 스
타 배우들을 캐스팅하여 영화를 제작하던 시기와 일치한다. 이 과정에서
미국적 가치와 미국적 대중문화를 반영한 일부 할리우드 셰익스피어 영
화들은 흥행과 비평 모두에서 폭넓은 호응을 얻는데 성공하면서, 이를
토대로 셰익스피어 영화의 문화적 가치는 나름 독자적인 영역을 구축할
수 있게 된 것이다.

　　이것은 90년대 전반에 걸쳐 일어난 일이지만 이 시기 셰익스피어 영
화에 대한 다양한 비평 담론의 맥락이 언론과 학술 저널을 통해 어떤 가
시적 형태로서 그 흐름을 형성해왔는지 살펴볼 필요가 있다. 클링어의
말처럼, 비평가는 비평을 통해 자신들이 생산한 담론 의미를 사회문화적
역사적 그리고 심지어 정치적 변화 발전의 맥락과 결부하여 만들어내려
고 시도하기 때문이다.16) 영화를 둘러싸고 이루어지는 다양한 담론의 유
통은 영화가 대중적으로 논의될 수 있는 용어를 정립하는데 도움을 주기

---

16) Barbara Klinger, p. 119.

도 하지만 영화에 대해 가해지는 비평적 평가는 영화를 사회문화적 맥락과 깊숙이 연결하게 하는 역할을 수행한다는 사실은 주목할 필요가 있다.[17]

실제로 1990년대 후반 이후 연구와 강의 양쪽 모두에서 셰익스피어 영화와 관련한 학술적 성과는 이전 시기와 비교해볼 때 괄목상대한 것인데, 특히 영문학 전공학자들을 중심으로 셰익스피어 영화와 관련한 연구와 강의의 질적, 양적 측면에서 뚜렷한 성장세를 보이게 된다. 예를 들어 『셰익스피어 비평』은 90년대 중반 이후 셰익스피어 영화 관련 논문들을 싣기 시작했으며, 이후 전문 학술지에 투고되는 셰익스피어 영화 관련 논문은 꾸준한 증가세를 보여 왔다. 한국 학자들의 셰익스피어 영화의 비평적 수용과 관련하여 한 가지는 분명해 보인다. 그것은 스타일의 관점에서 셰익스피어 영화를 예술영화 혹은 문예영화로 다루거나, 혹은 셰익스피어 연구의 새로운 접근 경로로 다루는 것이다.[18]

이러한 가정은 셰익스피어 영화가 예술영화로서 한 가지 일정한 기준을 충족하고 있으며 이것은 셰익스피어 영화의 학술 논의의 적절성을 뒷받침하는 것이고, 이미 셰익스피어 영화는 하나의 장르가 되었다는 입장으로 풀이될 수 있다.[19] 분명한 것은 셰익스피어 영화는 90년대 일부 셰익스피어 영화의 상업적 성공 이후 교과과정 속으로 유입되기 시작했다는 점이다. 다시 말해 학자들은 그들의 관심을 각색 영화에 쏟기 시작

---

17) Allen and Gomery, p. 90.
18) 임왕태, 「셰익스피어 영화: 셰익스피어 해석의 새로운 방법」, 『디오니소스』 3 (1999), 52쪽.
19) 권혜경 (1999), 「셰익스피어와 파시즘: 이언 매컬런의 리차드 3세를 중심으로」, 『디오니소스』, 341쪽.

했으며 그러한 과정에서 셰익스피어 영화는 정체된 기존의 강좌를 되살리는데 있어서 최소한 일정한 역할을 수행한 것이다. 그러므로 다음 장에서는 셰익스피어 영화에 대한 대중적 학술적 관심의 증가로 인해 셰익스피어 영화 수용과 관련한 학술적 테마의 가치와 교육적인 측면에서 어떤 중요한 의미 변화가 있었는지 주요 언론 매체와 학술지를 통해 그 양상을 살펴보도록 할 것이다.

1990년대 셰익스피어 영화 붐은 〈셰익스피어 인 러브〉에서 그 절정을 맞게 된다. 영화는 각계각층의 폭넓은 호응을 얻는 가운데 90년대 후반 고전에 대한 대중의 관심 증가에 일조했다.[20] 무엇보다도 셰익스피어 영화의 대중적인 인기는 셰익스피어 영화에 대한 다양한 학술적 비평적 관심을 끌어 올리고 나아가 셰익스피어 비평 혹은 이와 관련한 학술적 저변을 영화 매체로 확장하게 되는 계기를 마련하게 된다.

1990년대 셰익스피어 영화에 대한 언론의 첫 반응은 1992년 개봉된 구스 반 산트의 〈아이다호My Own Private Idaho〉이다. 비록 흥행 성적은 보잘 것 없었지만, 거리의 남창인 마이크(리버 피닉스)와 스콧(키아누 리브스)이 마이크의 아이다호 고향마을로 그리고 마이크의 어머니를 찾으러 이탈리아로 떠난다는 줄거리를 바탕으로 한 〈아이다호〉는 개인적인 발견의 여정을 다룬 영화로 여겨지면서 90년대 전반에 걸쳐 비교적 폭넓은 반응을 얻는다.[21]

반 산트의 영화에 대한 시각은 상대적인 것이다. 같은 시기에 전국의 대형 극장에서 동시에 개봉한 브루스 윌리스Bruce Willis 주연의 〈허드슨

---

20) 고현석, "세기말의 '향수' 고전주의 열풍". 『경향신문』 (1999년 3월 9일), 9면.
21) 옥대환ᴮ, "리버피닉스". 『조선일보』 (1993년 11월 10일), 17면.

호크Hudson Hawk〉는 빈약한 영화 완성도로 인해 평단의 별다른 호응을 얻지 못하는 상황에서, 자연히 저예산의 비주류 독립영화이면서도 상대적으로 높은 완성도를 보여준 반 산트의 영화로 눈을 돌리게 되었기 때문이다.

한 신문은 셰익스피어 사극의 골격을 바탕으로 동성애 주제를 다룬 반 산트의 영화를 '미국식 예술영화'의 맥을 잇는 영화라고 불렀다.22) 이와 같은 정의는 사실상 아메리칸 뉴 웨이브의 개념을 연상케 하는데, 이것은 반 산트의 영화가 이후 어떤 특성으로 한국에 수용되고 있는지 잘 보여주는 대표적인 사례이다. 이를테면 반 산트의 영화는 언더그라운드 영화를 경유하여 등장한 아방가르드 시네마의 형식은 실제로 반 산트와 같은 예술 감독들이 개척한 방식이긴 하지만, 〈아이다호〉를 통해 현대의 감수성을 미학적으로 포착하기 위해 셰익스피어를 차가운 무덤에서 깨워내어 그의 고전 연극에다 창의적 재능을 불어넣었다는 식의 평을 얻게 된다.23)

또한 그의 영화는 초사실주의적인 도시의 일상과 풍경 묘사로도 주목을 끌게 되는데, 환상적이고 표현주의적인 현대적 촬영기법에 의한 다양한 영화적 모티프와 테마 그리고 인물묘사를 통해 관객들에게 신비한 영화적 경험을 준다는 것이다.24) 물론 언론은 이 영화에서 주연을 맡은 배우 리버 피닉스가 베니스 국제영화제에서 최우수 남우주연상을 탄 것

---

22) 안정숙^A, "새 영화 대거 선뵌다". 『한겨레신문』 (1992년 2월 1일), 9면.
23) 이종도, 「아스팔트 위에서 셰익스피어를 읽다: 구스 반 산트 〈아이다호〉」. 『필름 셰익스피어』. 남동철 엮음. 서울: 씨네21, 2005, 310쪽.
24) 강한섭, 『강한섭의 영화이야기』. 범조사, 1993, 241쪽.

을 잊지 않고 강조한다. 이것은 영화제 수상 사실 자체가 언론의 영화에 대한 긍정적 평가에 영향을 미쳤음을 반영하는 것이기도 하다. 각 언론은 리버 피닉스가 대단히 재능 있는 새롭게 떠오르는 미국의 십대 아이돌 스타임을 강조하면서, 그가 〈스탠드 바이 미Stand By Me〉를 통해 영화에 입문했지만 이번에 반 산트의 아방가르드 영화에서 게이 수면발작환자 역할을 훌륭히 연기했다는 점을 부각한다.

동시에, 한 신문은 영화사가 영화를 칼질하여 '순수한 예술영화'로 포장하려는 마케팅 전략은 대중에게 어필하여 영화의 접근성을 높이고 보다 높은 수익을 보장받으려는 전략이라고 지적한다. 이를테면, 논란 있는 장면들은 칼질하여 삭제 편집된 후 영화를 상영했다는 점을 지적한 것이다.[25]

언론이 주목한 것은 영화를 개봉하기 전 상영 금지 당하지 않도록 불쾌한 장면들을 미리 자진 삭제한 배급사에서 이른바 '자율 검열' 행위이다. 특히 동성애와 기면발작 장면을 담은 '민감한 장면들'을 삭제한 이 같은 행위는 감독의 예술적 비전을 무시한 무책임하고 속물적인 행위로 지적한 것이다.[26] 신문은 이것을 리버 피닉스와 키아누 리브스라는 할리우드 배우의 대중적 인지도를 감안하여 최소한 18세 관람 가 등급을 받아서 영화의 수익성을 좀 더 높여보려는 지극히 상업적인 의도라고 해석하고 있다.[27]

---

25) 안정숙[B], "수입영화 가위질 지나치다". 『한겨레신문』 (1992년 5월 23일), 9면.
26) 신현덕, "영화심의 화면 삭제". 『세계일보』 (1992년 9월 20일), 11면; 이헌익, "예술성 높은 외화 국내 상영 칼질 심하다". 『중앙일보』 (1992년 11월 10일), 15면.
27) 안정숙[B], 9쪽.

그런데 영화에 주연으로 출연한 리버 피닉스가 23세로 요절했을 때, 한 신문은 그를 '제2의 제임스 딘'이라 부르는 가운데 영화는 다시 언론의 관심을 받게 된다.[28] 그의 갑작스러운 죽음은 그가 출연했던 생전 영화에 대한 영화적 비평적 관심을 촉발한 계기가 되었지만, 이 영화는 90년대 동안에 동시대 미국 젊은이의 사회적 문제를 다룬 아메리칸 로드 무비로 조명 받았다.[29] 실제로, 퀴어 컬쳐와 퀴어 시네마에 대한 사회문화적 관심이 90년대 후반에서 2000년대 초까지 지속되는 동안에 이 영화에 대한 관심도 끊이지 않았다.[30] 동성애에 대한 사회적 관심이 높아지면서 동성애를 다룬 영화에 대한 사회적 관심이 커질 때 케이블 텔레비전 채널들은 이들 장르 혹은 주제를 다룬 영화들을 특집으로 방영하기 시작한 것이다.

이것은 〈아이다호〉라는 영화에 대한 관객의 사회문화적 시각이 〈아이다호〉=동성애 영화였음을 보여준다. 신문 기사들도 이 영화를 게이 주제를 다룬 독립영화로 조명하면서 영화를 이른바 '퀴어무비'라는 이름으로 읽기 시작한다.[31] 영화적 감수성의 관점에서 볼 때, 〈아이다호〉를 퀴어 섹슈얼리티를 로드 무비 스타일로 탐구한 최초의 뉴 아트필름 가운데 하나로 간주한 것이다. 이 같은 시도는 특정 케이블 텔레비전 채널을 비롯한 언론 방송 매체가 영화 관람이라는 소비를 위해 어떻게 한 영화를

---

28) "23세로 숨진 제2의 제임스 딘". 『경향신문』 (1993년 11월 22일), 14면.
29) 배장수. "리버피닉스의 아이다호". 『경향신문 (선데이 매거진)』 (1992년 2월 8일), 10면; 김혜리, "로드무비". 『조선일보』 (1999년 8월 8일), 36면.
30) 김종면, "퀴어문화". 『서울신문』 (2000년 2월 25일), 20면.
31) 전종휘, "케이블로 다가온 동성애". 『한겨레신문』 (2003년 11월 12일), 38면.; 김수혜, "홈 CGV 동성애 영화 특집 방영". 『조선일보』 (2003년 11월 12일), C5면.

정의하려고 시도하는지를 잘 보여주는 전형적인 사례인 것이다.[32] 스크린을 통해 동성애 영화를 더욱 쉽게 접할 수 있게 되자, 〈아이다호〉는 동성애 테마를 다룬 영화로 인식하게 되는데, 이것은 〈아이다호〉가 젊은 이의 게이 문화를 리얼리즘적으로 다루고 있다고 여겼기 때문이다.

반 산트의 셰익스피어 영화 개봉 이후, 브래너의 〈헨리 5세〉와 제피렐리의 〈햄릿〉이 연달아 그 해 봄에 개봉된다. 멜 깁슨 주연의 〈햄릿〉은 서울에서만 약 97만 명의 관객을 끌어 모은 〈원초적 본능〉과 같은 할리우드 영화와 흥행을 놓고 다퉈야 했지만, 나름대로의 선전을 펼친 가운데 비교적 준수한 성적을 거두게 된다. 눈길을 끄는 부분은 〈햄릿〉은 서울에서 단관 개봉되어 약 11만 명의 관객을 불러들인 반면, 서울에서 4개 극장을 확보했던 〈헨리 5세〉는 개봉 후 21,000명의 관객을 불러들이는데 그친다.

브래너의 〈헛소동Much Ado About Nothing〉은 1993년 여름 한국에 개봉된다. 영화는 댄젤 워싱턴과 키아누 리브스와 같이 한국 관객들에게 친숙한 할리우드 스타들을 캐스팅했지만 같은 시기 개봉한 할리우드 영화 〈클리프 행어〉와 〈쥬라기 공원〉에 밀려 한 달 간 2만 명 정도의 관객을 모으는데 그친다.

이에 대해 영화평론가 정성일은 〈헛소동〉이 갖고 있는 독특한 스타일과 위트 그리고 유머를 높이 평가한다. 셰익스피어 무대 공연으로 가장 잘 알려진 브래너는 무대뿐만 아니라 영화를 통해서도 자신의 경력을 공고히 구축했으며, 이를 통해 셰익스피어의 대중화에 대한 공헌을 폭넓

---

32) Klinger, p. 125.

게 인정받아 왔다고 평하는 한편, 예술영화는 외면한 채 상업영화에만 눈을 돌리는 관객들의 관람 행태를 강하게 비판한 것은 당시 이른바 예술영화와 대중영화에 대한 평론가의 시각을 잘 드러낸 대목이다.[33]

브래너의 셰익스피어 영화들은 대체로 고전 셰익스피어 극에 바탕을 둔 잘 만들어진 영화로 간주된다. 이를테면, 〈헨리 5세〉는 '생생한 리얼리즘'을 잘 구현했다는 식이다.[34] 김희진은 그의 영화를 로렌스 올리비에와 오손 웰스와 같은 주요 셰익스피어 영화감독의 뒤를 잇는 뛰어난 업적으로 평가하기에 이른다.[35] 실제로, 많은 이들은 브래너가 90년대 셰익스피어 붐의 중심이라고 말하면서 그가 예술영화로서 셰익스피어 영화의 부활뿐만 아니라 영화를 통해 셰익스피어의 세계화를 주도했다는 것이다.

이현우는 브래너가 셰익스피어에다 할리우드의 대중문화 감수성을 결합하여 고급문화와 대중문화를 타협하여 새로운 경향의 영국 셰익스피어 영화를 만들어냈다고 주장한다.[36] 예를 들어, 브래너는 하워드 혹스Howard Hawks와 스탠리 도넨Stanley Donnen을 비롯한 미국 갱스터 영화를 광범위하게 차용하여 할리우드 스타일을 통합함으로써 대중영화 장르의 프레임 내에서 셰익스피어 텍스트를 꼼꼼하게 재구성하고 있고, 그렇게 함으로써 셰익스피어 영화에 대해 더 많은 젊은 관객들을 끌어들일 수 있는 새로운 대중영화 언어를 찾으려고 했다는 것이다.

---

33) 정성일, "진지한 작품 흥행 참패 여전".『한겨레신문』(1993년 8월 28일), 9면.
34) 옥대환ᴬ. "문학 작품 영상화 수작 비디오 많다".『조선일보』(1993년 10월 20일), 17면.
35) 김희진.「〈햄릿〉과 영화 〈햄릿〉들: 로렌스 올리비에에서 케네스 브래너까지」.『영미 문학 영화로 읽기』. 문학과영상학회 편, 동인, 2001, 116쪽.
36) 이현우.「셰익스피어와 할리우드 이데올로기」.『셰익스피어 비평』36.3 (2000): 542쪽.

김강은 케일Paeuline Kael의 표현을 빌려 그가 '현란한 사실주의자'(Kael 216)로서 셰익스피어의 활기찬 극적 언어에다가 제피렐리 식의 현란한 시각적 스타일을 결합하면서 독특한 균형의 영상미를 창조했다고 말한다.37) 셰익스피어 원작을 대중영화 프레임 내에 재배치함으로써, 영화가 대중적 청년문화의 자의식적 자각을 발전시킬 수 있게 하고 셰익스피어가 그 시대의 중요한 문화적 기표로 기능하게 한다는 것이다.38)

브래너의 다른 영화들도 대체로 다양한 맥락에서 비추어지고 있다. 이를테면, 〈햄릿〉에서 정치적 전환기에 초점을 맞출 때처럼 브래너는 자신의 영화에서 어떤 정치적 의미를 부각시킨다는 것이다.39) 제피렐리가 〈햄릿〉에서 가정비극의 테마에 초점을 맞추면서 정치적 갈등의 테마를 완전히 무시한 반면, 브래너는 햄릿을 명상적 인간이 아니라 덴마크의 정치적 권력관계를 배경으로 한 햄릿의 정치적 역학구도를 묘사하기 위해 적극적 인간으로 묘사하고 있다.40) 김용태에 따르면, 늙은 햄릿의 고스트와 클로디어스의 기능은 낡은 정치체와 새로운 정치체 사이의 권력이행의 정치적 상황을 함축하는 것이며 그래서 자신의 아버지로부터의 햄릿의 억압은 심리적인 것이 아니라 정치적이다. 이런 점에서, 김용태는 브래너의 셰익스피어 영화가 할리우드의 스타일을 통합하고 있을 뿐만 아니라, 한 국가의 부상과 몰락의 역사적 사이클의 보다 큰 과정에서 작용하는 일종의 '정치적 관음'의 동시대적 이슈를 다루고 있다고 보고

---

37) 김강. 「1990년대 셰익스피어 영화화 작업과 문화적 의미」. 『고전르네상스영문학』 14.1 (2005): 129쪽.
38) 앞의 글, 127쪽.
39) 앞의 글, 116-117쪽.
40) 김동욱, 「햄릿의 영상 텍스트 분석」. 『셰익스피어 비평』 40.3 (2004), 505쪽.

있다.[41]

시대적 설정과 관련해볼 때, 올리비에와 제피렐리는 관습적으로 셰익스피어 시대와 이보다 약간 오래된 중세시대를 각각 선택했지만, 브래너가 19세기 후반을 시대 배경으로 풍부한 시대적 디테일을 가미하여 〈햄릿〉을 재창조한 것은 정치적 맥락을 고려한 것이다. 김희진은 이것이 관객들에게 역사적 장면들 뒤의 맥락에서 다층적인 해석을 부여하게 하는 것이라 주장하는 가운데, 브래너가 블랜하임 궁전을 엘시노 성으로 사용한 것에 주목한다.[42]

1704년 블랜하임 궁전은 프랑스의 패배에 뒤이어 말보로 공작을 위해 지어졌고 게다가 윈스턴 처칠이 1874년 그곳에서 태어났다는 블랜하임 궁전의 역사적 배경을 생각해볼 때, 이곳은 영국과 프랑스 사이의 역사적 정치적 갈등과 영국과 독일 사이, 그리고 심지어 영국 귀족가문과 다른 정치적 실체 사이의 다원적인 의미를 수반하는 것으로 비춰진다는 것이다.[43] 이와 같이 브래너의 영화가 셰익스피어 비극의 의미에 관한 기존의 전통적인 이해에 반한 풍부한 다층적 의미를 제공하면서 원작 연극의 정치적 의미를 되살리고 있다고 주장한 것은 그의 영화가 세기말 역사적 혁명의 정치적 맥락을 넘어 맥락적 읽기를 자극하는 다원적 영화로 이해되고 있음을 알 수 있다.

브래너에 의해 촉발된 셰익스피어 부흥은 바즈 루만의 〈로미오와 줄

41) 김용태, 「케너스 브라나의 〈햄릿〉: 감추고 보기의 전략」, 『셰익스피어비평』 42.4 (2006): 679-81.
42) 김희진 (2001), 119쪽.
43) 앞의 글, 119쪽.

리엣〉 그리고 〈셰익스피어 인 러브〉와 같은 할리우드 배우들을 캐스팅
한 셰익스피어 영화로 이어진다. 셰익스피어 영화 속 할리우드 배우들은
대중극장에서 만족할만한 흥행 요인으로 비춰지기도 했지만, 그보다도,
영화를 통해 셰익스피어는 현대 문화의 문화적 아이콘으로 재포장되고
셰익스피어를 대중화하고 세계화하는데 영향을 행사해왔다는 점이다.

먼저, 바즈 루만의 〈로미오와 줄리엣〉은 90년대 한국에서 개봉한 셰
익스피어 영화 가운데 가장 성공적인 작품 가운데 하나로서 1996년 연말
개봉 후 약 50만의 서울 관객을 끌어 들여 흥행 선두를 차지하였는데, 이
것은 같은 시기에 개봉하여 약 43만 명의 관객을 모은 실베스터 스탤론
주연의 액션 스릴러 〈데이라잇Daylight〉을 압도한 것이다.

루만의 영화는 이미 대중에게 익숙한 원작의 낭만 비극을 현란한 사
운드트랙과 영상스타일로 연출하여 젊은 관객들에게 호응을 얻었다. 이
런 점 때문에, 일부 언론은 이 영화를 디지털 시대의 한가운데 선 셰익스
피어 영화라고 쓰기도 했다.[44] 상상력 부재와 소재 기근에 시달린 할리
우드는 셰익스피어를 비롯한 고전에 눈을 돌리게 되었고 디지털 기술에
힘입어 영화적 상상력뿐만 아니라 영화적 표현의 한계를 넓힐 수 있게
되었다는 것이다. 언론은 값싼 액션 영화에서 나오는 지나친 폭력과 선
정적 장면처럼 자극적인 내용에 대해 거부감과 식상함을 느끼게 된 관객
들이 사랑, 음모, 배반과 같은 극적 요소를 기본적으로 제공할 수 있는
셰익스피어 영화에 눈을 돌리게 되었으며, 이것이 셰익스피어가 할리우
드에서 인기를 끌게 된 또 하나의 이유로 지목한다.[45]

---

44) 안정숙, "셰익스피어 다시 보기". 『한겨레신문』 (1996년 12월 14일) 11면.
45) 박원재, "미영 셰익스피어 영화 붐". 『동아일보』 (1996년 11월 21일), 18면.

비평가들은 또한 루만이 현대 미국을 배경으로 낭만적 사랑 이야기를 재창조한 것으로 보고 있다. 루만의 〈로미오와 줄리엣〉은 가장 미국적인 셰익스피어 영화라는 것이다. 영화에서 등장인물들은 화려한 하와이안 셔츠를 입고 진주장식의 피스톨을 가지고 멋진 스포츠카를 타고 질주하기 때문이다. 이 때문에, 루만의 영화에 비판적인 비평적 관점은 제피렐리의 영화와 비교하여 원작과의 급격한 차이를 지적한다. 일례로, 강한섭은 루만의 영화가 과격하고 열정적이며 위트가 넘친다고 지적하면서도 한편으로는 진지함이 부족하고 셰익스피어의 시적 상상력이 부족하다고 비판했다.[46]

그렇지만 언론의 반응은 대체로 폭력과 로맨스와 같은 원작이 갖고 있는 내재적 특질에 초점을 맞추고 있고 영화 속 고전적 이미지와 음악 비디오 문화를 섞어 이미지와 음악의 홍수를 이루고 있는 포스트모던적 특징에 주목한다. 루만은 영화 속에서 대중문화에서 가지고 온 시각적 코드를 전유하고 포스트모던적 영화적 전략으로서 키치를 사용하는 가운데 고급문화와 대중문화 사이의 경계를 무너뜨리고 있다는 것이다. 왜냐하면 영화는 모던 얼터너티브 락이라든지 팝뮤직을 활용하여 마치 MTV 비디오를 보는 효과를 갖게 하면서 신세대 관객들에게 어필하기 때문이다.[47]

한창호는 MTV스타일에서 영감을 얻은 대중적 감수성을 가지고 시도한 시의 적절한 포스트모던적 해석에 그 공을 돌린다.[48] 셰익스피어를

---

46) 강한섭 (1997), 『강한섭의 영화이야기』. 범조사, 1993, 18쪽.
47) 박흥진, "현대판 로미오와 줄리엣 화제". 『한국일보』 (1996년 9월 23일), 27면.
48) 한창호, 「전형적 형식 속 전복적 내용 vs 전위적 형식 속 관습적 내용: 프랑코 제피렐

MTV 록 비디오로 재창조하면서 젊은 관객들을 영화에 데리고 오는데 도움 될 만한 시각적 언어를 사용하고 있다는 것이다. 현대 미국의 젊은 관객들의 취향과 감정은 동시대 미국 대중문화에서 비롯하고 있으며, 따라서 만화경 같은 상상력 속에서 빠르게 변화하는 뮤직 비디오의 사용은 루만이 젊은 관객들의 감수성에 주의를 기울이고 있다는 점을 보여주는 것이다.[49]

대부분의 비평가들은 셰익스피어 영화에 대해서 원작에 충실했는지의 여부에 우선 방점을 찍었는데, 루만의 셰익스피어 영화도 예외가 아니어서 기존의 제피렐리의 영화와 자주 비교되었다. 이를테면, 제피렐리 영화는 셰익스피어 원작에 충실하지만, 루만의 영화는 감독 자신의 목적에 따라 보다 실험적으로 영화의 메시지와 배경을 달리한다는 식이다. 신웅재에 따르면, 제피렐리의 영화는 낭만 비극에 초점을 맞추지만, 루만은 주인공의 사랑을 훼방하도록 작용하는 사회적 환경과 운명에 보다 무게를 두고 있다고 지적한다. 즉, 제피렐리는 현대 관객에게 고전적 러브 스토리를 설득력 있고 감동적으로 제시하는 가운데, 젊은 세대의 낭만적 순수성과 도덕적 우월성을 강조하면서, 비록 동시대의 사회 혹은 인간 운명에 관한 보다 깊은 이슈를 제기하는 데는 실패하지만, 셰익스피어의 낭만 비극을 초월한 사랑이야기로 화려하게 재창조하고 있다는 것이다.[50] 반면, 루만은 부패한 사회 환경이나 운명의 잔혹성에 초점을 맞춘

리, 〈로미오와 줄리엣〉 vs 바즈 루어만, 〈로미오+줄리엣〉」.『필름 셰익스피어』. 남동철 엮음. 서울: 씨네21, 2005, 109쪽.

49) 이명인, "로미오와 줄리엣 현대로 옮겨진 낭만적 사랑".『한겨레신문』(1996년 12월 28일), 12면.

50) 신웅재,「제피렐리와 루어만의 로미오와 줄리엣 영화 비교」.『셰익스피어비평』39.2

운명 비극에 가깝다. 두 가지 모두는 로미오와 줄리엣의 사랑을 위협하는 요소인데, 영화는 기본적으로 낭만적 사랑은 단지 낡은 이상에 불과하며 따라서 타락한 현대 사회에서는 가능하지 않다는 비관적 시점을 드러내고 있다는 것이다.[51]

한창호는 두 영화에 대해 조금 다른 관점을 제시한다. 루만의 영화보다 원작에 더 충실한 것처럼 보이는 제피렐리의 영화는 영화 속의 성적 역할의 관점에서 봤을 때 루만의 영화보다 오히려 더욱 진보적 특성을 갖고 있다고 주장한다.[52] 그에 따르면, 제피렐리의 영화가 일반적으로 연극적 관습의 관점에서 봤을 때 좀 더 진부하게 보이지만, 여주인공인 줄리엣으로 하여금 영화 속에서 주연을 연기하게 한 것은 창의적 발상이라고 설명한다.

그러므로 제피렐리의 영화는 상황과 운명의 수동적 희생양이기보다는 자기 의지로 무장된 주인공으로 줄리엣을 창조하였기 때문에 제피렐리의 영화가 훨씬 진보적이라는 것이다.[53] 이에 비해, 루만의 영화는 제피렐리의 영화보다 더욱 관습적이다. 루만의 영화는 줄리엣보다는 로미오에 초점을 맞추면서 로미오의 캐릭터를 보다 적극적으로 그리고 줄리엣을 수동적으로 묘사하면서 줄리엣을 셰익스피어의 여주인공이 갖는 열정과 동인이 부족한 인물로 그리고 있다.

특히, 인종의 관점에서 로미오가 백인이며 특히 이것은 화려한 할리우

(2003), 340쪽.
51) 앞의 글, 346쪽.
52) 한창호, 96쪽.
53) 한창호, 93-4쪽.

드 스타일 속에서 백인 남성 주인공을 연기하는 가운데 영화 속 역할과 비교적 일관된 반면, 줄리엣은 히스패닉이며 현대사회 속의 줄리엣 가문의 소수적 위치는 줄리엣의 존재를 제한적이고 힘없는 존재로 만든다.

한창호에 따르면, 비록 그러한 요소가 그의 행동을 대담한 것으로 만든다 하더라도, 그녀는 의미 없는 존재로 그려지고 있고 그래서 그녀는 영화 속 내내 허무한 기표로 남겨지게 된다. 그러므로 전형적인 할리우드 영화의 스타일을 따르고 있는 루만의 영화는 최소한 젠더 정치의 관점에서 봤을 때 제피렐리의 영화보다 훨씬 보수적이라는 것이다.[54] 한창호는 이 영화가 친숙한 할리우드 이데올로기가 영화에 스며들어있고 특히 젠더의 재현 측면에서 관습적이지만, 그럼에도 불구하고, 형식과 스타일의 관점에서 포스트모던 영화라고 주장한다. 동시대의 감수성에 호소하고 있기 때문이다.[55]

루만의 영화가 셰익스피어의 시적 감수성과 상상력을 충분히 되살리고 있지는 못하지만 할리우드 셰익스피어 영화에 대해 새로운 패러다임을 제시하고 있다.[56] 이현우는 이 영화가 미국배우에 의한 미국식 액센트와 연기스타일로 구현된 화려한 미국식 셰익스피어 영화라고 주장한다.[57]

학자들이 일반적으로 동의하는 것은 루만은 동시대 젊은 관객들을 겨냥하여 놀라운 성공을 거두고 있을 뿐만 아니라 동시대 대중문화에 적

---

54) 한창호, 107쪽.
55) 한창호, 109쪽.
56) 이형식, 「두 편의 [로미오와 줄리엣: 각기 다른 시대정신의 반영물」, 『영미문학 영화로 읽기』, 문학과영상학회 편, 서울: 동인, 2001, 84-85쪽.
57) 이현우, 「셰익스피어와 할리우드 이데올로기」, 『셰익스피어 비평』 36.3 (2000), 554쪽.

절한 다양한 테마, 스타일 그리고 시각적 기술을 가지고 셰익스피어가 어떻게 스크린에 표현될 수 있는지에 대한 탁월한 사례를 제공한다는 점이다.[58]

90년대 셰익스피어 영화 가운데 가장 큰 성공은 〈셰익스피어 인 러브〉의 몫이 되면서, 셰익스피어 붐은 그 정점에 이르게 된다. 〈로미오와 줄리엣〉 그리고 〈12야〉에서 영감을 얻은 이 영화는 당시 떠오르던 스타였던 조셉 파인즈와 기네스 펠트로가 주연을 맡아 셰익스피어와 젊은 귀족 여인 사이의 허구적 로맨스를 그린다. 영화는 다양한 매체를 이용해 홍보가 이루어졌지만 아카데미상 수상이 가져다준 홍보의 파급력은 대단했다. 특히, 주요 언론의 영화상 수상 보도가 개봉영화의 매출에 큰 영향을 미치고 있음은 주목할 대목이다. 실제로 영화는 개봉 첫 두 주에 40만 명의 관객을 동원하지만, 아카데미상 수상이 전해진 다음부터는 약 75%의 관객 증가를 보여주었기 때문이다.[59] 영화는 1999년 봄 서울에서만 29개 극장에서 개봉되어 50만 명 이상의 관객을 동원하여 비평과 흥행 모두에서 한국에서 개봉된 셰익스피어 영화 가운데 가장 큰 성공을 거두게 된다.

셰익스피어 영화에 대한 언론의 반응도 본 영화의 개봉과 더불어 최고조에 이르게 되는데, 대체로 "현대적 감수성과 매력을 지닌 유쾌한 이야기"[60] 그리고 "진지한 찬사를 받을만한 가치가 있는 재치 있고, 유머러

---

58) 김희진 (2004), 「너무 근사한 할리우드 셰익스피어: 〈내가 널 사랑할 수 없는 10가지 이유〉와 〈햄릿〉」. 『안과밖』 17 (2004), 227쪽.
59) "아카데미수상작 관객 몰린다". 『문화일보』 (1999년 3월 26일), 17면.
60) 이미영, "셰익스피어 인 러브". 『조선일보』 (1999년 3월 2일), 39면.

스하고 유쾌한 상상력의 연출"[61])과 같은 반응이 주류를 이루었지만, 한 편으로는 존 매든의 영화로 정점에 이른 이른바 '셰익스피어 르네상스'에 대한 언론의 관심은 눈길을 끄는 대목이다.

이를테면, 한 언론은 셰익스피어는 현대 사회에서 파괴된 인간성을 회복함에 있어서 현대 기술에 대한 해독제라고 말했다.[62] 또 다른 신문은 존 매든 영화의 성공은 관객과 영화제작자들의 고전주의에 대한 관심을 잘 보여주는 예로서 새로운 천 년이 시작될 즈음에 '고전주의 붐'을 불러일으킨 증거라고 논평하기도 했다.[63]

신문은 셰익스피어 르네상스 혹은 고전주의 붐과 같은 현상의 이유를 다음 두 가지로 이해했는데, 첫 번째는 미래에 대한 불안이고 두 번째는 과거에 대한 향수라는 것이다. 전자는 이른바 다가오는 새천년에 대한 불안과 관련된 것으로서 사람들을 낯선 것에 대해 경계하게 만드는 미래에 대한 불안으로서, 이것은 그 반대급부로서 사람들로 하여금 좋았던 옛 시절을 그리워하게 만든다는 것이다. 후자는 예술과 문화, 특히 음악과 영화와 관련된 고전이 독자나 관객들로 하여금 편안함을 느끼게 할 수 있다는 것으로 '기본으로 돌아가자'는 모토를 가지고 단순함과 안정을 강조하는 것이 관객과 독자들에게 강한 호소력을 지닌다는 것이다.[64]

영화에 대한 언론의 반응은 대체로 역사적 세부사항을 낭만적 상상의 주제와 연결한 것으로 특히 영화가 셰익스피어의 연극에 영감을 받았

61) 김희경, "아카데미후보작 셰익스피어 인 러브". 『동아일보』(1999년 2월 26일), 14면.
62) 유병선, "미래의 해독제". 『경향신문』(1999년 2월 12일), 2면.
63) 맹경완, "미 대륙에 부는 셰익스피어 열풍". 『국민일보』(1999년 3월 3일), 31면.
64) 고현석, "세기말의 '향수' 고전주의 열풍". 『경향신문』(1999년 3월 9일), 9면.

다는 점에 주목한다. 이를테면 정교하게 잘 짜인 해피엔딩의 로맨스 드라마로 묘사하면서, 셰익스피어 원작을 바탕으로 하여 창의적 상상력을 섞어서 잘 만든 역사 낭만 코미디라고 주장한 것이 여기에 해당한다.[65]

다시 말해 영화는 낭만적 상상이 가미된 풍부한 역사적 세부 묘사로 가득 차 있다는 식이다. 조선일보는 이 영화가 역사적 사실과 영화적 상상 사이에서 분출한 낭만적 테마에 관한 유쾌한 변주라고 쓰고 있지만, 이상적으로 낭만화한 인물화와 플롯 라인이 부분적으로 역사적 사실을 왜곡하고 있는 점도 잊지 않는다. 이를테면 셰익스피어는 사회계급과 금전문제를 뛰어 넘은 낭만적 예술가의 아이콘으로 묘사된 한편, 영화는 사회적 관습으로서 사랑과 결혼의 복잡성에 반한 두 주인공의 로맨스를 그리고 있다는 것이다.[66]

〈셰익스피어 인 러브〉에 대한 학자들의 시선도 대체로 언론의 시각과 크게 다르지 않다. 이교선은 이 영화가 오리지널 스크린플레이이지만 여전히 새로운 시각적 의미를 만들어내면서 자신만의 방식으로 셰익스피어 극에 충실하고 있다고 주장한다.[67] 김규종은 아트와 리얼리티를 섞는 가운데 영화는 모든 세계는 무대이며 모든 사람들은 단지 배우에 불과하다는 셰익스피어적 명제를 재현하는데 충실할 수 있었다고 주장한다.[68] 영화 속 허구와 사실 사이의 역동적 상호작용 또한 주목의 대상이다. 이를테면, 신겸수는 역사적 사실과 허구의 정교한 결합은 영화 팬들

---

65) 배장수, "셰익스피어 인 러브". 『경향신문』 (1999년 3월 5일), 27면.
66) 이미영, 39면.
67) 이교선, 「바이올라 인 러브, 셰익스피어 인 러브」, 『안과밖』 6 (1999), 156쪽.
68) 김규종, 『문학교수, 영화 속으로 들어가다』. 대구: 경북대학교출판부, 2005, 97쪽.

에게 셰익스피어는 위대한 시인일 뿐만 아니라 위대한 연인이었다는 환
상을 창조했다고 주장한다.[69] 최영주는 이 영화가 셰익스피어를 의식적
으로 차용한 시대극 패러디이자 역사적 사실과 순수한 허구가 어우러진
위대한 러브 스토리라고 평가한다.[70]

이런 가운데, 영화는 90년대 할리우드 영화 산업에 대한 하나의 풍자
로 여겨진다. 영화는 배우와 작가 그리고 제작자 사이의 긴장관계뿐만
아니라 예술과 오락 사이의 갈등을 적절히 반영하고 있기 때문이다. 특
히 영화 속 관심을 끈 주제 가운데 하나는 문화연구의 맥락에서 젠더와
성 연구와 관련한 복장 전도 문제이다. 이교선은 이 영화가 바이올라 자
신의 삶에 집중하면서 주체성과 관련한 시각적 재현에 초점을 맞추고 있
기 때문에 이른바 '바이올라 인 러브'에 관한 것이라고 말하면서, 셰익스
피어의 삶과 그의 문학 세계와 연계하여 그녀의 복장전도가 갖는 중요성
에 집중할 필요가 있다고 주장한다.[71]

김화선은 로맨틱 코미디의 맥락에서 복장전도에 의한 관습적 젠더
역할과 관련한 바이올라의 전복적 재각인을 탐구하고 있다는 점에 주목
한다.[72] 바이올라의 복장전도는 여성이 무대 위에 서는 것을 막는 금기
적 관례를 극복하는 하나의 수단이 되면서 이것은 그녀가 사회적 한계를
극복하고 부상할 수 있게 하고 여성에게 부과된 관습적 제한들을 해체하

---

69) 신겸수, 「셰익스피어 인 러브의 사실과 허구」, 『셰익스피어 비평』 41.1 (2005), 78쪽.
70) 최영주, 「거슬러간 시간, 그 상상의 즐거움: 〈사랑에 빠진 셰익스피어〉」, 『문학과 영상』
    2.1 (2001), 80-81쪽.
71) 이교선, 158쪽.
72) 김화선, 「여성의 주체성 추구와 복장전도: 톰 스토파드의 〈사랑에 빠진 셰익스피어〉」,
    『영미문학 페미니즘』 12.1 (2004), 84쪽.

고 마침내 연극배우로서의 바이올라의 꿈을 실현하게 한다는 것이다.

이런 점 때문에, 김화선은 바이올라의 복장전도는 르네상스 여성에게 금기시되던 적극적 사회적 역할을 쟁취할 수 있게 하며, 여성에게 각인된 비평등적인 젠더 역할과 관련한 일탈을 감행하게 한다고 주장한다.[73] 바이올라의 복장은 그녀의 언어 호소력에 시각적 의미를 담게 하면서 남성으로서 그녀의 신체가 갖는 전략적 의미를 강화하는 한편 자신의 자기결정적 주체성과 신세계에 대한 인상적 도착 사이의 시각적 겹침은 영화로 하여금 셰익스피어적 동기부여의 새로운 대중적 소스로 작용한다고 간주되기도 한다.[74]

이현우는 한 걸음 더 나아가 할리우드는 그 자체 이익을 위해 그 자신만의 이데올로기들, 예를 들면 보수적 민족주의, 자본주의 그리고 상업주의와 같은 이념들을 가지고 있다고 주장한다.[75] 그는 셰익스피어의 상업화와 고급문화를 서로 연계하려는 할리우드의 시도, 다시 말해 셰익스피어 정전을 현대 관객을 위한 동시대적 대중문화상품으로 투사하려는 과정은 셰익스피어를 할리우드의 이데올로기 혹은 대중영화의 관습에 맞추려는 시도로 주목한다.

그의 주장에 따르면, 상심한 셰익스피어가 바이올라의 사랑에 의해 비탄의 구렁텅이에서 구원을 받을 때 예술적 영감을 얻게 되고 바이올라는 나중에 아메리카로 떠나고 마침내 아메리카의 조상이 된다는 줄거리

---

73) 앞의 글 103쪽.

74) 김희진, 「할리우드의 셰익스피어 구하기」, 『필름 셰익스피어』. 남동철 엮음. 서울: 씨네21, 2005, 284쪽.

75) 이현우, 「셰익스피어와 할리우드 이데올로기」, 『셰익스피어 비평』 36.3 (2000), 555쪽.

를 근거로 영화는 셰익스피어의 탈신화화와 미국화의 전형적인 예로 볼
수 있다는 것이다.76) 이처럼 90년대 할리우드에 의한 셰익스피어 영화
붐은 어느 정도는 미국을 위해 문학작품의 포스트모던 패러디를 통해 셰
익스피어의 명성을 촉진하는 가운데, 한편으로는 셰익스피어를 전 세계
로 수출할 수 있는 미국적 문화 아이콘의 새로운 유형으로 이용하려는
하나의 시도로 인식된 것이다.77)

물론 이 같은 논의 시도는 비단 〈셰익스피어 인 러브〉뿐만이 아니다.
심지어 셰익스피어 영화가 아닌 〈르네상스 맨〉이나 〈라스트 액션 히어
로〉와 같은 영화들도 미국의 대중문화와 대조해볼 때 고급문화의 상징으
로서 셰익스피어를 빈번히 인용해왔다고 본다.78) 김희진은 이들 영화들
이 미국적 시각에서 독특한 대중영화를 창조하기 위해 셰익스피어를 재
활용하고 있다는 것이다.79) 예를 들어 〈라스트 액션 히어로〉는 〈햄릿〉을
가르치는 교실 장면을 통해 미국적인 셰익스피어 조우를 위한 상징적 장
면을 보여준다. 아놀드 슈와제네거와 멜 깁슨과 같은 액션 배우에 친숙
한 미국 청소년 관객을 대표하는 대니는 영화 속 햄릿의 우유부단함에
대한 자신의 조바심을 드러내는 가운데 다분히 햄릿을 재활용한다.

새로운 세팅과 등장인물 그리고 주제를 가지고 원작 이야기를 재조
명하면서, 이들 영화는 문화적 재활용의 과정에 따라 셰익스피어를 다시
쓰거나 혹은 원작의 권위가 갖는 가치를 활용하기 위해 그리고 동시대

---

76) 앞의 글, 556쪽.
77) 김희진 (2004), 227쪽.
78) 이현우 (2000), 563쪽.
79) 김희진 (2001), 117쪽.

대중 관객의 문화적 수요를 충족하기 위해 그들 자신만의 서사 속에서 원작을 변형하거나 인유했다는 것이다.[80]

이러한 인식은 한편으로는 미국식 문화 자본주의를 대표하는 할리우드 셰익스피어 영화의 다양한 문화적 맥락 의미들을 몇 가지 시각에서 논의할 수 있는 기회를 제공한다. 우선, 이들 90년대의 할리우드 셰익스피어 영화가 셰익스피어를 미국화하려는 집단적 경향을 보여주고 있다는 시각인데, 이들 할리우드 영화가 셰익스피어 연극을 상업적 오락의 범주와 밀접하게 연계하여 미국적 문화 자본으로 변형시키고 있다는 시각이 그 대표적인 경우이다.[81] 그러므로 문화연구와 관련하여 이들 할리우드 셰익스피어 영화에서 주목한 부분은 셰익스피어 영화제작이 성공적인 영화의 제작과 상영 그리고 배급을 위해 미국적 취향을 어떻게 맞추어왔는지 그래서 그 과정에서 셰익스피어는 어떻게 문화적 제국주의 과정의 일원이 되었는지의 문제는 주요 논의 대상 가운데 하나였다.

하지만 이들 비평이 읽어내려고 시도한 것은 수입된 외국 문화의 산물로서 이들 할리우드 영화의 대중성이 갖는 문화적 의미의 제반 평가를 세계화와 민족주의와 같은 첨예한 비평적 논의의 틀 속에서 시도한 경우를 들 수 있다. 할리우드 셰익스피어 영화는 세계 영화 시장을 압도할 수 있는 초국적 대중성을 지닌 영화라는 것이다.[82] 다시 말해 할리우드 셰익스피어 영화는 한국과 같은 세계 속의 지역 시장을 겨냥하기 위해

---

80) 앞의 글.
81) 최영주, 「거슬러간 시간, 그 상상의 즐거움: 〈사랑에 빠진 셰익스피어〉」, 『문학과 영상』 2.1 (2001), 82쪽.
82) 이현우 (2000), 565쪽.

지역 관객들에게 어필할 수 있도록 다양한 고찰의 기회를 봉쇄하고 원작의 가능한 해석들을 제한하는 가운데 미국적 가치와 이데올로기를 적절히 담아낸다는 시각이다.[83]

이들 관점은 대체로 셰익스피어 영화가 갖는 상업적 이념적 맥락 의미를 다양한 시각에서 읽어내려는 시도 가운데 하나로 볼 수 있다. 실제로, 일부 할리우드 셰익스피어 영화가 전형적인 할리우드 러브스토리와 미적 스타일을 통해 다양한 한국 관객들에게 어필한 것은 사실이지만, 그럼에도 불구하고, 대부분의 셰익스피어 영화는 상업적인 측면에서 대체로 대규모 흥행에 실패했기 때문이다.

따라서 90년대 셰익스피어 영화 제작 붐은 이를테면 할리우드의 상업적인 외연 확대의 일부로 파악된다. 다시 말해서, 할리우드는 셰익스피어 영화의 관객을 좀 더 확대할 필요성이 있고, 이에 따라 영화를 홍보하고 관객을 늘리는 등 영화 매출의 외연을 넓히기 위한 전략적인 주요 목표 지점으로 비디오 시장뿐만 아니라 셰익스피어 수업을 실제로 진행하는 학교 시장을 주목한다는 것이다. 이 점과 관련해서, 이현우는 셰익스피어 영화의 적극적인 교육적 활용에 따른 할리우드 이데올로기의 확산 가능성에 관심을 보인다.[84] 즉 할리우드는 관객들에게 자신들의 본질적 보수주의 관점을 담은 주류 할리우드의 가치와 이데올로기 그리고 미학이 담긴 (셰익스피어) 영화를 보여주기 때문에 할리우드 영화의 교육적 활용은 주의할 필요가 있다고 주장한다.

이러한 입장은 학교에서의 셰익스피어 영화 교육과 관련하여 셰익

---

83) 앞의 글, 564쪽.
84) 이현우 (2000), 562쪽.

피어 영화를 본격적인 문화 자본의 한 가시적 형태로 인정한 것으로 사실상 이해할 수 있다.[85] 그렇다면 이와 같은 셰익스피어 영화의 활용은 한국의 교육 과정 속에서 그 문화적 교육적 효용 가치를 스스로 인정받은 결과로 볼 수 있는가 하는 문제가 남는다. 셰익스피어 영화의 수용과 관련한 사회문화적 맥락 의미는 사실상 셰익스피어 영화 교육과 관련된 것이기 때문이다. 다시 말해서 셰익스피어 영화 붐에서 비롯된 셰익스피어 영화에 대한 학술적 관심의 증가는 자연히 학교 교육에 있어서 강의와 커리큘럼의 수정 내지는 재검토로 이어지면서, 셰익스피어 영화는 중요한 학제 간 잠재성을 지닌 다원적 기표로 평가 받게 되는 계기를 마련해 주기 때문이다.[86]

많은 학자와 교사들은 다양한 강좌를 통해서 그리고 상황에 따라 셰익스피어 영화들을 다양한 테마를 다룰 수 있게 하는 학제 간 테마, 강의 자료 혹은 매체로 활용해왔음은 주지의 사실이다. 셰익스피어 영화는 책보다는 영상매체에 더욱 익숙한 학생들에게 셰익스피어를 가르치는 유용한 도구로 활용하게 되었다는 점은 더 이상 주목할 만한 일이 아니다.[87] 교실에서 멀티미디어를 이용해 더욱 쉽고 생생하게 셰익스피어의 연극성을 학생들에게 가르칠 수 있다는 것이다.[88]

1990년대 이후 셰익스피어 영화는 가장 효과적인 보조텍스트로 간주

---

85) 앞의 글 541쪽.
86) 앞의 글, 563쪽.
87) 전준택, 「셰익스피어와 열린 교실 ―영상매체 도입을 위한 서설」, 『셰익스피어 비평』 35.1 (1999), 192쪽.
88) 이현우, 「텍스트를 넘어선 통합적 셰익스피어 교육 방법론 연구 ―비디오+멀티미디어+공연실습」, 『셰익스피어비평』 35.1 (1999), 148-149쪽.

되어 영화화된 셰익스피어는 다양한 강의 공간에서 기존의 셰익스피어 교재를 보완하거나 심지어 대체하기도 했다. 그러므로 셰익스피어 영화는 대학의 교과 과정에서 셰익스피어의 권위와 인기 회복에 상당한 역할을 수행한다. 아울러 동시대 인문학 위기 이후 계속된 학문 구조조정의 맥락에서 학생과 교사들을 위한 문화적 이데올로기 재고에 있어서 일정한 역할을 담당해 왔다는 점에서 의의가 있다.

1990년대 이후 셰익스피어 영화 산업을 비롯해 관련 문화의 성장은 주목할 만 일이라 할 수 있다. 그간 셰익스피어 영화는 지속적으로 널리 보급되어 왔고, 대중예술의 한 형태이든 아니면 고급 예술의 한 형태이든, 셰익스피어 영화가 교육과 학술 연구 모두에서 인기 있는 주요 테마가 된 것은 명백한 하나의 경향이 되었다. 실제로 다양한 학제 간 영역을 넘나드는 강좌들이 새로 만들어지기 시작한 이후, 셰익스피어 영화는 다양한 강좌의 주요 테마 가운데 하나로 등장하면서 연구와 교육 모두에서 새로운 영역의 확장을 가능케 한다.

다양한 셰익스피어 영화의 수용은 셰익스피어 학자뿐만 아니라 대중 관객들에게도 동시대 문화의 관점에서 셰익스피어가 갖는 문화적 정체성과 그 의미를 제고할 수 있게 한다. 이것은 문학과 영화를 비롯한 학제 간 연구의 상호맥락의 관계에서, 그리고 상호 학제적 관점에서 셰익스피어 영화가 갖는 문화적 의미를 이해하기 시작했음을 뜻하는 것이다. 이를 통해 셰익스피어를 문학뿐만 아니라 영화의 동시대적 포스트모던 문화의 기표로 받아들이는 새로운 지평을 열었다는 점은 셰익스피어 영화가 미친 주요한 영향 가운데 하나로 읽을 필요가 있다.

:10 디지털 시대의 놀리우드 영화 산업

머리말

2014년에 발간된 맥킨지 보고서에 따르면, 서아프리카에 위치한 나이지리아는 GDP가 약 5,100억 달러로 세계 26위권이자 아프리카 최대의 경제대국이다. 나이지리아는 매년 7.1%의 경제성장을 기록하는 가운데 2030년경 세계 20대 경제대국이 될 것으로 전망되고 있다. 아프리카 최대 산유국이자 1억 7,000만 명의 인구대국인 나이지리아는 아프리카 최대 경제시장을 갖고 있음에도 불구하고 만연한 부패와 보코하람 같은 테러리즘의 만연으로 그동안 힘없는 골리앗으로 불린 것도 사실이다.[1)]

그러나 나이지리아는 1999년 군부종식에 따른 민주화를 복원한 이후

2015년 5월 대통령 선거에서 사상 처음으로 야당 후보에 의한 평화적인 정권교체를 이루어냄으로써 이제는 아프리카의 미래로 거듭나고 있다. 치안 확보, 부패척결, 경제개발을 내세워 대통령에 당선된 무하마두 부하리는 부유한 남부 니제르 델타 출신의 기독교도인 굿럭 조나단과 반대로 무슬림 신자들이 많이 사는 나이지리아 북부의 카치나 주 출신이다. 사실 그는 이미 1983년 군부 쿠데타를 일으켜 정권을 잡은 뒤 부패와의 전쟁을 벌이다 20개월 만에 또 다른 쿠데타로 권좌에서 물러난 경험이 있는 군부 독재자였다.

그럼에도 부하리가 치안 확보와 부패척결, 경제개발 등의 공약을 통해 국민의 선택을 받은 것은 나이지리아가 아프리카 최대의 산유국이자 최대의 경제권역을 갖고 있음에도, 극심한 가난의 구렁텅이에서 빠져 나오지 못하고 고통 받고 있는 대다수 국민이 가진 변화와 개혁의 염원을 반영한 것이라고 하겠다. 최근 부하리 대통령은 2019년 예정된 대통령 선거에서 재선에 도전하겠다고 공식 선언했다.[2]

나이지리아는 국가 리스크, 부패지수, 비즈니스 용이성 등의 측면에서 세계 최하위 수준을 기록하고 있다.[3] 하지만 세계 10위권의 석유자원과 1억 7천만 명에 달하는 아프리카 최대의 인구를 바탕으로 한 시장경제, 그리고 이번 평화적 정권교체에서 증명된 민주주의에 대한 국가적 의지 등은 국가 경제를 떠받치는 원동력이라고 하겠다. 비록 나이지리아

1) "阿 최대시장 떠오르는 나이지리아 주목해야", 『세계일보』 (2015년 8월 27일).

2) Nsikak Nseyen, "2019: Full Text of Buhari's Declaration for Re-election," *Daily Post* (April 9, 2018). http://dailypost.ng/2018/04/09/2019-full-text-buharis-declaration-re-election/

3) 「평화적 정권교체를 통해 성장기반을 마련한 나이지리아」, 포스코경영연구원 (2015), p. 2.

의 지하경제 규모가 GDP의 63% 정도로 예상된다는 지표는 나이지리아 경제에 여전한 분배 불균형과 극심한 빈부 격차가 있다는 사실을 반증하긴 하지만,[4] 경제, 산업, 문화 등 전 분야에서 나이지리아가 보여주는 성장세는 실로 괄목상대하다.

특히 영화와 통신 산업은 이러한 나이지리아 성장을 잘 보여주는 대표적인 분야다. 일례로 이동통신 가입자 수는 2000년 기준 60만 명 정도에 불과했지만, 2010년에는 8,800만 명으로 증가하였다.[5] 영화 산업은 2010년 기준 8억 달러의 매출에 30만 명의 고용 창출을 기록하고 있지만, 2014년 발표된 나이지리아 정부 통계에 따르면 나이지리아 영화 산업의 시장 규모는 33억 달러에 제작 편수는 1,844편(2013년 기준)에 달한다.[6]

놀리우드의 시작과 기원

이른바 놀리우드Nollywood라고 불리는 현재의 나이지리아 대중영화 산업의 시초는 1990년대 초로 거슬러 올라갈 수 있다. 당시 나이지리아는 정치적 불안정과 IMF와 세계은행에 의해 부과된 여러 경제 제재 조치의 여파로 심각한 어려움을 겪고 있던 시절이었다. 당연히 어려운 경제적 상황 때문에 셀룰로이드 필름 기반의 영화 제작은 언감생심 어려운 일이었고, 이 때문에 영화인들은 새로운 대안과 길을 모색해야 할 처지에 놓였다. 하지만 인구 1,300만 명에 달하는 나이지리아의 경제 수도 라고스를

---

4) "핀테크 시대① 현금이 사라진다", 『미디어잇』 (2015년 5월 25일).
5) 전혜린, 「자원의 저주 딛고 경제 대국 발돋움, 나이지리아」, 『세계는 지금』 333 (2011).
6) Jake Bright, "Meet 'Nollywood': The second largest movie industry in the world," *Fortune* (2015.6.24.).

기반으로 한, 성장과 부침을 거듭한 나이지리아 영화 산업은 제작 편수 기준으로 인도의 볼리우드 다음가는 세계 2위권의 영화 산업으로 올라서면서 지금은 아프리카 역사상 가장 폭발적으로 번창한 대중문화 산업이자 아프리카 최초이자 유일하게 경제적 자립을 할 수 있는 지속 가능한 산업으로 자리매김하고 있다.

1990년대 초 혹독한 경제 불황으로 누구나 먹고살기 어려운 시절, 당시 라고스 시내 비디오 가게 세일즈맨으로 일하던 케네스 은네부Kenneth Nnebue는 가게 창고에 팔리지 않고 산더미처럼 쌓여 있던 비디오 공테이프를 제대로 처분하고 돈도 벌 요량으로 이를 활용하여 〈속박의 삶Living in Bondage〉(1992)이란 제목의 저예산 홈 무비를 캠코더로 찍었다. 줄거리는 매우 간단하다. 한 남자가 돈을 벌 요량으로 비밀스런 주술을 벌여 아내를 희생 제물로 바쳐 살해하지만 나중에 귀신이 되어 돌아와 괴롭히는 아내의 원혼으로 괴로워한다는 내용을 담고 있다. 영화는 나이지리아 제일의 대도시 라고스를 배경으로, 부도덕과 부패, 삼각관계와 가정불화 등의 여러 주제를 미신과 마술, 종교, 그리고 멜로드라마 등의 여러 요소를 두루 섞어 연출하였다. 뜻밖에도 이 영화는 아프리카 전역에 걸쳐 수백만 장 이상의 비디오로 팔리는 기대 이상의 대성공을 거두게 되었고, 이후 이와 유사한 주제와 줄거리를 가진 비디오 모작이 셀 수 없이 많이 양산되며 이른바 놀리우드 영화 산업의 탄생을 알렸다.[7]

현재 놀리우드의 인기와 파급력은 아프리카 대륙을 넘어 유럽과 북미, 호주에 걸쳐 뻗어 있는 아프리카 교민 공동체 사회까지 걸쳐 있다.

---

7) 위와 동일.

1990년대 초 단순히 캠코더를 가지고 비디오를 촬영해 홈 무비를 만드는 수준에서 출발한 나이지리아 영화 산업은 지금은 최신 디지털 테크놀로지를 기반으로 연간 2,000편 안팎의 작품을 제작해내는 수준이 되었으며, 나이지리아 현지뿐만 아니라 전 세계 어느 지역이든 놀리우드 영화를 감상할 수 있는 초국가적인 글로벌 문화현상이 되어 있다.[8]

1990년대 이후, 놀리우드 영화는 디지털 테크놀로지를 적극 받아들여 소형 디지털 카메라와 개인용 PC 편집 소프트웨어를 이용하여 DVD와 VCD로 제작한 후, 평균 개당 2달러 남짓한 가격으로 길거리 시네 클럽과 비디오방 등지에 팔려 나간다. 영어는 기본이고 나이지리아 3대 현지 언어인 요루바, 이보, 하우자어로도 제작되는 놀리우드 영화는 평균 2만 달러~7만5천 달러 사이의 제작비를 가지고 공포, 멜로드라마, 코미디, 액션 등의 장르영화를 주로 만든다. 그러다보니 저예산과 짧은 제작기간의 특성상 좋지 않은 조명과 사운드를 동반한 어설픈 특수효과와 영상 편집 등으로 영상 품질은 기대 이하의 수준이 대부분이지만, 그럼에도 놀리우드 영화는 나이지리아뿐만 아니라 해외에서 많은 인기를 끌고 있다.

놀리우드가 가장 큰 인기를 끈 지역은 다름 아닌 아프리카 대륙이다. 수십 년간 수입영화만 볼 수밖에 없던 아프리카 여러 국가의 관객들에게 아프리카 고유의 이야기와 인물이 등장하는 영화는 크게 어필하였고, 이런 점에서 아프리카 자생 영화 산업으로서 놀리우드 영화 발전은 의미 있는 일이 아닐 수 없다.

놀리우드 영화는 케냐, 탄자니아, 카메룬 등을 비롯하여 아프리카 전

---

8) Matthias Krings & Onookome Okome ed, (2013), *Global Nollywood-Transnational Dimension of an African Video Film Industry*, Indiana University Press, p. 25.

역에서 시청되며 이들 국가의 영화 산업이 붐을 일으키는 데 일조했다. DR콩고, 카메룬, 에티오피아, 잠비아, 남아공, 그리고 짐바브웨 등은 물론이고, 케냐의 리버우드, 우간다의 우가우드, 탄자니아의 봉고우드 등의 명칭에서 알 수 있는 것처럼, 각 나라의 영화 산업이 자생적으로 발전하는 데 크게 기여했다. 예를 들어, 요즘 대단히 인기 있는 탄자니아의 봉고우드 영화 산업이 단적인 예라고 할 수 있다. 탄자니아 관객도 처음에는 수입산 놀리우드 영화를 보기 시작했지만, 2000년 초부터 현지 영화 제작업자들이 야심차게 자체 비디오 영화를 만들기 시작하면서, 이제는 현지 자국 내에서만큼은 봉고우드 영화의 인기가 놀리우드 영화를 압도하기에 이르렀다.[9]

놀리우드가 아프리카에서 인기를 끌고, 각국의 영화 발전에 공헌하고 있는 이유는 당연히 놀리우드 영화가 가진 같은 아프리카라는 공통되고 익숙한 문화적 신념, 생활 습관, 전통, 사회 문화 구조, 역사를 배경으로 하고 있기 때문이라고 말할 수 있을 것이다. 물론 아프리카라는 로케이션 공간과 캐릭터를 바탕으로 아프리카인으로서 관객이 똑같이 느끼는 공포와 꿈과 열망을 영화의 주제와 이야기로 다루고 있기 때문이기도 할 것이다.

아프리카 작가주의 영화와 놀리우드 영화

원래 아프리카 시네마는 1960년대 불어권 아프리카 국가에서 프랑스 영

---

9) Lizelle Bisschoff, "From Nollywood to New Nollywood: the story of Nigeria's runaway success," *The Conversation* (2015.9.28.).

화 산업과 프랑스 정부의 지원을 받아 시작되었다. 이들 영화는 주로 유럽의 아트시네마와 유사한 작가주의 영화를 지향했다. 놀리우드 영화가 등장하기 전까지 아프리카에서 제작되는 영화는 이들 아프리카 작가주의 영화 정도였다. 이들 셀룰로이드 필름 기반의 독립영화는 불어권 서아프리카에서 명맥을 유지했다. 1969년 부르키나파소의 수도 와가두구에서 처음 개최된 후 2년마다 열리는 범아프리카 영화제FESPACO가 이들 영화의 주된 쇼케이스 무대였다.10) 이들은 영화를 아프리카 정신 해방의 도구로 여겨 영화를 만들었는데, 이른바 포스트 식민주의 영화 전통의 성격이 강했으며, 때론 상당히 노골적으로 정치적 색깔을 드러내며 아프리카에 대한 유럽의 지배적 시각에 대항하는 등 저항과 해방의 의도를 담은 영상 미학을 연출하고자 애썼다.11)

그러다 1990년대 초부터 새로운 현상이 아프리카 영화에 나타나기 시작했다. 나이지리아를 중심으로 값싼 비디오카메라로 찍은 싸구려 대중영화들이 쏟아져 나오기 시작한 것이다. 놀리우드라고 불리기 시작한 나이지리아 영화는 아프리카 대륙의 길거리 어디를 가든 흔하게 볼 수 있는 비디오들로서 종래의 작가주의 계열의 영화에서는 찾아볼 수 없는 과감한 미신과 마술의 연출 및 묘사를 통해 아프리카 대중 관객들의 마음을 사로잡았다.12)

---

10) 이를테면 와가두구를 아프리카의 할리우드라고 부르는 식이었고, 90년대까지만 해도 와가두구는 아프리카 시네마의 상징이었다(Gorham Kindem, ed., 2000, p. 132)

11) Ralph A. Austen & Mahir Saul, ed. (2010), *Viewing African Cinema in the Twentieth-First Century: Art Films and the Nollywood Video Revolution*, Athens: Ohio University Press, p. 1.

12) 놀리우드는 기존 아프리카 작가주의 영화와 대척되는 지점에 서 있다. 작가주의 영화인들에게 영화란 아프리카에 대한 서구의 헤게모니적 시각을 뒤집기 위한 하나의 도구이자 수단이다. 이 때문에 기존의 작가주의 영화가 표방하는 아프리카 해방정치의 시

놀리우드 영화는 이제 아프리카를 넘어 세계적인 문화상품의 아이콘이 되었고, 순식간에 아프리카 영화 세계를 지배하는 영화 산업의 중심이 되었다. 놀리우드 영화는 대체로 많은 아프리카인이 즉시 공감할 수있는 어떤 비주얼의 특성을 갖고 있을 뿐만 아니라 내용상 분명한 선악의 메시지를 담고 있다.[13] 가장 대표적인 예는 출연 배우들은 서구적인 외모의 배우가 아닌 그들의 일상에서 쉽게 볼 수 있는 풍만하고 친숙하고 자연스러운 외모의 나이지리아와 아프리카 배우들이다. 이것은 아프리카 영화의 자연스러움과 친숙성을 넘어 사실감과 동질감을 확보하여 일종의 신선한 충격을 주었으며, 영화의 재미와 완성도를 떠나 놀리우드 영화가 나이지리아와 아프리카를 넘어 세계적인 인기를 끌게 된 주된 요인 가운데 하나로 볼 수 있다.[14]

놀리우드 영화는 내용 측면에서 사회적 규범에서 벗어난 충격적인 일탈을 다루고 있는 점 또한 눈길을 끄는 대목이다. 대부분 영화가 부자가 되고 싶다든지, 다른 사람의 재산을 질투한다든지, 선남선녀를 그리워하는 등 관객이 한 번쯤 경험했거나 자신의 일일 수 있다고 여길 만한 실제 일상의 경험과 감성을 스크린을 통해 연출한다.[15]

각과 논리에 비춰볼 때, 아프리카인의 미신과 마술은 혁파의 대상이자 걸림돌이다. 그런데도 불구하고 나이지리아 영화가 아프리카를 넘어 세계적으로 대단한 인기를 끌면서 아프리카를 대표하는 대중영화의 반열에 오른 것은 때로는 충격적이고 경멸스러운 내용과 전통을 담고 있으면서도 대체로 아프리카인의 보편적 정서와 향수를 자극하고 그들의 일상을 반영한 동시대적 현대성을 제대로 그려내고 있기 때문이다.

13) Ralph A. Austen & Mahir Saul, ed. (2010), p. 36.
14) Andrea Bandhauer & Michelle Royer, ed. (2015), *Stars in World Cinema: Screen Icons & Star Systems Across Cultures*, London: I. B. Tauris, p. 26.
15) Ralph A. Austen & Mahir Saul, ed. (2010), p. 36.

놀리우드 영화 속 주인공은 대부분 자신의 꿈을 실현하기 위해 가족의 희생을 서슴지 않는 극단을 보여주지만, 부의 성공을 알리는 화려한 자동차, 값비싼 의상, 대저택, 그리고 화려한 실내장식들로 연출된 시각 영상을 수반한 이야기는 이내 사회적 규범의 일탈과 도덕 붕괴와 연결되면서, 악당은 벌을 받고 피해자는 복수에 성공한다는 식의 멜로드라마와 같은 결말을 맺는다.

양심과는 거리가 먼 악행을 일삼던 악당은 갑자기 마른하늘에서 번개가 치고 전지전능한 목소리가 들리는 등의 어떤 초자연 현상 앞에서 느리고 고통스러운 고뇌에 찬 몰락 과정을 거치면서 벌을 받는다. 결국, 영화가 결말에 이르게 되면 위협받던 도덕과 사회적 규범은 제자리를 찾게 되고 이야기는 마무리 된다. 이와 같이 인과응보에 가까운 교훈을 담보로 한 놀리우드 영화의 주제의식은 영화 기법상의 스타일이나 편집 기술을 통해 전개되는 것이 아니라 사회에 해를 끼칠만한 극단적 일탈의 내용을 담은 줄거리나 이야기 전개를 통해 어떤 충격의 효과를 불러일으키고 관객들의 분노를 노골적으로 자극하는 이른바 분노의 미학이라고 불릴 만한 것을 통해 전개된다.[16]

이와 같은 놀리우드 영화 스타일은 매우 상투적인 연출이긴 하지만, 관객의 몰입을 높이는 속도감 있는 서사 전개와 편집을 덕분에 영화가 전개될수록 마치 관객이 영화 속 현장에 있는 것처럼 사실감과 현장감을 높여 놀리우드 영화에 대한 관객들의 관심과 인기를 더하는 데 크게 일조했다.

---

16) Akin Adesokan (2011), *Postcolonial Artists & Global Aesthetics*, Bloomington: Indiana UP, p. 81.

그러나 놀리우드 영화는 만들어지는 영화 대부분이 비디오영화라는 점에서, 이들 작품을 기존 아프리카 작가주의 영화와 비교해서 영상미학 상의 어떤 특징과 차이를 단적으로 재단하여 말하기는 어렵다. 그럼에도 한 가지 분명한 것은 놀리우드 영화가 기존의 작가주의 계열 영화들과 완전히 다른 방식으로 관객의 호응을 이끌어내고 인기를 얻고 있다는 점 이다. 작가주의 영화들이 대체로 열린 결말을 채택하고 있는 반면, 놀리 우드 영화는 한 치의 의문 없이 사건을 매듭짓고 결말을 맺는 점이 다르 다. 따라서 놀리우드 영화는 어떤 열린 결말이나 생각할 여운조차 남겨 놓지 않는, 누구나 예상 가능한 닫힌 결말의 영화라는 점이 특징이다.[17]

그동안 놀리우드 영화와 아프리카 작가주의 영화는 사실상 같이 만날 일이 없었다. 부르키나파소의 와가두구에서 열리는 범 아프리카 영화제 FESPACO와 남아공의 더번 국제영화제DIFF는 비디오 제작 방식의 놀리우드 대중영화를 잘 받아주지 않는 반면, 아프리카 전역에 널려 있는 비디오방 은 놀리우드 영화와 같은 대중영화를 틀지 예술영화를 잘 틀어주지 않기 때문이다.[18] 하지만 비디오 제작 방식은 역설적으로 놀리우드가 외형상 폭발적으로 성장하는 데 원동력이 되었다. 비용 절감이 가장 큰 이유이기 도 하지만, 무엇보다도 나이지리아를 비롯해 서아프리카, 나아가 아프리 카 어디든 제대로 영화를 상영할만한 극장 내지는 상영관이 사실상 전무 했기 때문이다. 이런 점에서 놀리우드 영화는 역동적이고 아프리카 대중 의 기호와 취향에 맞는 아프리카 대중영화의 출현을 알리고 있다.[19]

---

17) Maria Erikson Baaz & Mai Palmberg, ed. (2011), *Same & Other: Negotiating African Identity in Cultural Production*, Nordiska Afrika Institutet. p. 104.
18) Matthias Krings & Onookome Okome, ed. (2013), p. 26.

사실 기존 아프리카 작가주의 영화와 비교해도 놀리우드 영화는 기술적인 한계와 문제점이 뚜렷하고 화질도 조잡하다. 그러나 두 부류 영화 사이의 가장 큰 차이점은 초기 아프리카 작가주의 영화가 아프리카 영상 미학과 보편적 예술을 추구하는 데는 성공했을지는 몰라도, 관객을 끌어 모으고 확고한 대중성을 확보하는 데는 한계가 있었다. 이에 비해 놀리우드 영화는 제대로 된 상영관이 없어 관객이 영화를 보기 어려운 기존 셀룰로이드 필름 기반의 아프리카 영화가 실패한 유통 배급의 문제를 비디오 영화 제작을 통해 일거에 해결하고 일반 대중을 관객으로 확보하는 데 성공했다는 사실이다.[20]

　놀리우드 영화의 가장 큰 강점은 영화 자체의 작품성과 품질이 아니라 배급과 유통을 통해 수요자로서 관객에게 얼마나 쉽고 용이하게 다가갈 수 있는가 하는 문제를 해결한 데 있다. 게다가 철저히 시장과 유통을 중시한 놀리우드 영화는 비록 불법 복제와 저작권 문제라는 해결해야할 내재적인 문제와 숙제가 있긴 하지만 영화를 만드는 데 있어 최대 난제인 재원 문제를 자체적으로 해결했다. 이는 아프리카 문화산업의 자립과 지속가능성의 관점에서 종래의 아프리카 작가주의 계열 영화 대부분이 프랑스 혹은 다른 유럽 국가의 주재국 문화원 재정 지원에 전적으로 의존함에 따라 그들의 문화 예술 정책에 순응하거나 영향을 받을 수밖에 없는 것과는 완전히 차원이 다른 것이다.[21]

---

19) Uchenna Onuzulike (2007), "Nollywood: The Emergence of the Nigerian Videofilm Industry and Its Representation of Nigerian Culture," MS Thesis, Clark University. p. 21.
20) Ralph A. Austen, Mahir Saul, ed. (2010), p. 36.
21) 상동, p. 34.

놀리우드의 위기와 뉴 놀리우드 영화의 등장

놀리우드의 화려한 성공 뒤에는 불법복제라는 복잡한 현실적 문제가 자리 잡고 있다. 1990년대 초 케네스 은네부의 성공 이후 십 년간 놀리우드는 괄목할만한 성장을 기록했다. 그러나 이후 시장이 과포화상태에 이르면서 각종 문제점이 속속 드러나기 시작했고 곧 영화 산업 자체가 붕괴 위기에 봉착하게 된다. 국가 차원의 제도적인 지원과 뒷받침이 사실상 없는 상태였고 국내 시장에는 비디오 필름 마켓 이외에는 제대로 된 상영관조차 없는 상황에서도 놀리우드 영화는 급속한 성장을 이루면서 1990년대 중반 이후부터는 불법복제와 비공식 유통망을 통해서 전 세계로 보급되기 시작한다.[22] 이 같은 불법복제와 비공식 유통채널은 놀리우드 영화와 영화 산업을 아프리카 대륙을 넘어 전 세계적으로 널리 알리는 데는 크게 일조했다.[23]

하지만 결국 과도한 불법 복제의 증가는 놀리우드 영화 산업에 심각한 위기를 초래하였다. 여기에는 놀리우드 영화의 미디어 제작매체가 VHS에서 VCD로 바뀐 데다, 위성 TV채널과 인터넷 플랫폼과 같은 새로운 콘텐츠 유통 채널이 등장한 점을 주요 요인으로 들 수 있다. 다시 말해 불법복제에 기반한 나이지리아 영화 산업의 거대한 지하경제와 디지털

---

22) 나이지리아의 필름 마켓은 라고스(이두모타), 오니챠(어퍼 이웨카), 그리고 아바(파운드 로드)에만 있다. 놀리우드의 공장 역할을 하는 에누구에는 정작 필름마켓이 없으며, 최근 신흥 영화제작의 중심으로 급부상중인 아부자도 상황은 마찬가지이다. Barclays Foubiri Ayakoroma, *Trends in Nollywood: A Study of Selected Genres*, Kraft Books, 2014, p. 105. 나이지리아에 제대로 된 멀티플렉스 기반의 상영관이 들어서기 시작한 것은 2004년 라고스에 실버버드 갤러리아 시네마가 생긴 이후부터이다.

23) Alessandro Jedlowski (2013), p. 39.

기술은 놀리우드 영화의 갑작스런 붐을 일으킨 장본인인 동시에 위기의 주범이기도 했던 것이다.[24) 앞서 언급한 것처럼, 나이지리아 경제의 특성은 지하경제의 비중이 대단히 높다. 시중에 한 번 발행 유통된 화폐 가운데 60%는 제도 금융권으로 환수되지 않는다. 타 업종과 마찬가지로, 나이지리아 비디오 영화 산업도 셀 수 없이 많은 소규모 영세 업체 사이의 비공식적 상호 거래에 의존하고 있다. 불법 미디어 복제가 제공한 상업 경제의 인프라를 기반으로 불법과 합법의 불안한 동거 관계에서 진화했다. 규제가 없는데다 있으나마나 한 저작권법은 경쟁자들에게 상대적으로 낮은 진입장벽을 제공했다.

이 때문에 나이지리아 영화 산업은 엄청난 모방과 치열한 경쟁의 연속이었지만, 이것은 놀리우드가 단기간 내에 급속한 양적 성장을 이루어내는 데 일정 부분 원인을 제공했다. 실제로 1990년대 초만 하더라도 불과 몇 편 되지 않던 연간 제작편수는 2000년대 중반에 가면 연간 1,500편을 웃돌게 된다. 그러나 매주 출시되는 엄청난 편수의 낮은 품질의 비디오와 천편일률적인 내용에 식상한 나이지리아 관객들은 점차 자국 연예 산업에 흥미를 잃어갔고, 나날이 바뀌는 기술 환경은 이 같은 위기에 기름을 부은 꼴이 되었다.

디지털 기술의 도입은 비디오로 대표되는 나이지리아 영화 산업에 근본적인 전환과 변화를 모색하게 되는 계기를 제공했다. 이른바 극장 상영관 배급이 아닌 비디오 직배 모델을 창출해낸 것이다. 그렇지만 놀리우드 영화는 근원적으로 불법 복제가 가장 큰 문제였다. 홍콩과 인도

---

24) Ramon Lobato (2012), p. 65.

의 볼리우드의 경우 불법복제의 비중이 높기는 하지만 일정 부문 제도권 내 극장 상영의 출구가 보장되어 있는 반면, 상영관과 같은 기반시설이 전무하다시피 한 놀리우드는 비디오 말고는 마땅한 배급망을 갖추고 있지 못한 상황에서 필름 테이프 기반의 VHS 영화 제작에서 디지털 방식의 비디오CD 제작 방식 전환은 불법복제의 문제를 더욱 악화시키는 상황을 연출했다.25)

VHS 시절에는 영화 한 편당 최대 15만 장을 제작해서 유통시장에 내놓으면 흥행이 좋지 않더라도 다시 테이프를 회수하여 재활용하는 방식으로 투자 손실을 줄일 수 있었다.26) 디지털 방식의 비디오 CD가 도입된 후에는 이 같은 방식은 더 이상 통하지 않게 되었다. 컴퓨터만 있으면 누구나 쉽게 복제가 가능해져 엄청난 규모의 지하 놀리우드 영화 시장이 새로 만들어졌기 때문이다. 이에 따라 불법복제의 우려 때문에 편당 정품 제작 카피 수도 예전의 1/10로 대폭 줄어 한 번에 겨우 1~2만 개 정도의 정품 수량만 찍어낼 수밖에 없는 상황으로 내몰리게 된 것이다.27)

게다가 2003년 아프리카 매직Africa Magic을 비롯한 위성 영화 채널의 개국과 놀리우드 영화 전용 케이블 방송의 등장, 그리고 인터넷 사이트를 통한 불법 복제의 증가도 놀리우드 영화의 하락세를 더욱 더 부채질하면서 영화 산업 자체를 막다른 골목으로 몰고 갔다.28) 이러한 상황은 2008년과 2009년에 가서야 겨우 바닥을 찍었지만, 영화 산업의 구조 자체

---

25) Alessandro Jedlowski (2013), p. 36.
26) 상동, p. 37.
27) 상동, p. 38.
28) 상동, p. 37.

는 사실상 붕괴 직전이었고, 작품당 투입 가능한 평균 제작 단가는 겨우 2백만 나이라(약 15,000달러) 정도에 불과했다.[29] 합법적으로 추산 가능한 정품 판매 카피 수는 1만~2만 개 사이 정도였는데, 제작 편수가 눈에 띄게 줄어들면서, 영화 산업의 유지 자체가 불가능할 지경이었다. 최근까지도 유통되는 DVD 가운데 열에 아홉은 불법 복제 영화인 데서 알 수 있듯이, 지하경제에 의존한 놀리우드 영화의 성장과 세계화는 내부적으로는 영화 산업의 위기를 초래한 것이다.[30]

그런데 영화 산업이 위기를 맞이할 무렵 많은 제작자는 우선 불법복제에 맞서 영화 산업의 부활을 꾀할 가지 방책으로서 해외 시장에 눈을 돌려 난국 타개를 시도하게 된다.[31] 다국적 출연 배우와 제작진을 동원한 해외 현지 로케이션 진행, 35mm 영화 촬영, 비디오 출시가 아닌 극장 상영 등을 시도한 점 등이 바로 그것이다.[32] 이와 같은 방식으로 제작된 영화는 이후 나이지리아뿐만 아니라 주요 아프리카 국가의 대도시를 중심으로 멀티플렉스 극장 관람 문화의 부활을 주도하고자 시도했다. 이를 위해 기존 비디오 영화제작과 달리 대규모 자본과 글로벌 공동제작 방식을 통해 처음부터 대형 스크린 극장 개봉을 목표로 영화를 제작했다. 노예문제를 다룬 제타 아마타의 〈어메이징 그레이스〉(2006)와 쿤리 아폴라얀의 〈이라파다Irapada〉(2006)와 〈피규린The Figurine〉(2009) 등이 대표적인

---

29) 상동, p. 38.

30) "Welcome to Nollywood: Nigeria's Film Industry is More Prolific than Hollywood - and Faces Even More Piracy," *Time* (2011.7.20).

31) 2011년 기준 나이지리아 영화 산업에서 불법복제가 차지하는 비율은 82%에 이른다. "Nollywood goes for new models to curb piracy", *The Guardian* (2011.1.14).

32) Alessandro Jedlowski (2013), p. 45.

영화들이다.

대형 투자가 뒷받침된 덕분에 영상 제작 품질을 비롯하여 모든 면에서 기존 놀리우드 비디오 영화보다 훨씬 뛰어난 품질을 보여준 이들 영화는 처음부터 다국적 제작진과 해외 현지 촬영을 통해 극장개봉과 해외 시장 진출을 목표로 제작되었기에 이들 영화를 일명 뉴놀리우드 계열의 영화라고 부른다.[33]

나이지리아 극장 개봉 시 5백만 나이라의 극장 매출을 올리고 영국 오데온 시네마 극장 개봉에도 성공한 바 있는 〈이라파다〉는 일정 기간의 극장 상영 뒤에 DVD로 출시된 첫 나이지리아 영화이기도 하다.[34] 이것은 당시 나이지리아 영화의 극장 상영이 이제 막 시작 단계이고 여전히 많은 수의 영화가 비디오 CD 내지 DVD로 제작 출시되던 시기임을 감안해 본다면 아폴라얀의 사례는 상당히 의미 있는 전통과 관례를 마련한 것으로 간주될 수 있다.

특히 2009년 로테르담 국제영화제에도 출품된 바 있는 서스펜스 스릴러 영화 〈피규린〉은 높은 수준의 영화적 완성도와 상업적인 성공을 동시에 거두면서 그의 영화는 나이지리아와 아프리카를 넘어 세계 각지의 놀리우드 관객을 겨냥한 뉴 놀리우드 시네마의 모델이 되고 있다.[35] 스테파니 오케레케의 〈유리창 넘어〉(2008)도 놀리우드 영화의 또 다른 성공적인 해외 제작 사례이다. 다국적 출연진을 동원하여 미국 LA를 배경으로

---

33) 예를 들어 〈어메이징 그레이스〉만 하더라도 2006년 프랑스 칸 국제 영화제 필름 마켓 상영을 시도했고, 이것은 향후 놀리우드 영화들이 극장 개봉과 국제영화제 출품을 목표로 제작되는 전기를 마련하는 데 큰 역할을 했다.

34) Alessandro Jedlowski (2013), p. 46.

35) "A Scorsese in Lagos: The Making of Nigeria's Film Industry", *New York Times* (2012.2.23).

이주민 다문화를 소재로 한 코미디 영화로서, 실버버드 시네마 배급을 통해 개봉되었을 때, 3주 만에 1천만 나이라(약 65,000달러)의 박스오피스 매출을 기록했다.[36] 이것은 당시 나이지리아 전국에 몇 되지 않는 개봉관 상황을 감안한다면, 사실상 대단한 기록이라고 할 수 있다. 오케레케 감독의 성공은 멀티플렉스 개봉관 문화의 부활이 검토되고 유사한 소재를 다룬 장르영화들이 앞 다투어 나오기 시작한 전기를 마련하였다.

특히 해외 아프리카 교민사회를 소재로 한 영화 제작은 마케팅 차원에서 현지촬영과 스토리 못지않게 중요한 요소로, 뉴 놀리우드 영화의 또 다른 성공 요인이다. 치네제 안예네의 〈이제Ije〉(2010)는 250만 달러의 제작비를 투입하여 나이지리아 특급 배우 주니비에브 은나지와 오모톨라 잘라드-에카인데를 비롯한 다국적 출연진과 제작진을 동원하여 미국 캘리포니아 주와 나이지리아 플라토 주를 오가며 현지 촬영을 진행한 바 있다.

〈이제〉는 아메리카 드림의 환상과 미국의 인종차별과 성차별의 냉혹한 현실 사이의 괴리를 다룬 범죄스릴러물이다. 이 영화는 2010년 라고스 실버버드 시네마에서 프리미어 개봉한 것을 비롯하여 총 5개 상영관 -라고스의 실버버드, 오존, 제네시스-디럭스, 아부자의 실버버드, 포트 하코트의 제네시스-디럭스-에서 개봉한 지 3주 만에 6천만 나이라(약 380,000 달러) 이상의 박스오피스 매출을 올려 같은 시기 개봉된 할리우드 블록버스터 영화인 〈캐리비언 해적〉의 인기를 능가한 바 있다.[37]

---

36) "Stephanie's Through the Glass goes to Ghana, Kenya . . . grosses N10m", *Vanguard* (2009.10.17).
37) Alessandro Jedlowski (2013), p. 47.

이 여세를 몰아 〈이제〉는 아프리카뿐만 아니라 런던의 오데온 극장에서의 프리미어 개봉에 성공하고, 보스턴 국제영화제를 비롯한 유수의 국제영화제에도 초청되는 등 세계적인 성공을 거둘 수 있었다.[38] 이들 뉴 놀리우드 영화의 잇단 성공은 단순히 몇몇 영화만의 상업적 흥행을 넘어 이제 나이지리아의 영화 산업이 대도시 멀티플렉스 극장 개봉 중심의 디지털 영화 산업으로서 세계 주류 영화 시장에 본격 등장하고 있음을 보여주고 있다고 할 것이다.

맺음말

나이지리아는 혹독한 경제 위기와 불황을 겪은 지 불과 20여년 만에 아프리카 최대의 경제대국이자 영화대국으로 성장했다. 이에 걸맞게 영화의 도시 라고스는 라고스 아일랜드에 있는 서아프리카에서 가장 오래되고 가장 큰 이두모타 마켓과 나이지리아 최대의 전자 제품 시장인 알라바 인터내셔널 마켓을 중심으로 아프리카 최대의 비디오/DVD 필름 마켓이 형성되어 있다.

그러나 이제 영화의 소비는 서서히 디지털 필름 기반의 멀티플렉스 시네마와 인터넷 스트리밍 중심으로 패러다임이 바뀌고 있다. 2004년 라고스 빅토리아 아일랜드에서 실버버드 갤러리아 개관을 시작으로 나이지리아 최초의 멀티플렉스의 문을 연 실버버드 시네마 그룹은 라고스와 아부자 등 대도시를 중심으로 총 10개의 멀티플렉스를 운영하고 있고, 곧

---

38) "*IJE* divas Omotola, Genevieve & Chineze rule the red carpet as "IJE-The Journey" Premieres in Lagos," *Bellanaija,* (2010.8.2).

그 뒤를 이어 제네시스 디럭스 시네마가 라고스와 포트하코트, 그리고 에누구 등지에서 총 4개의 멀티플렉스를 개관 운영하고 있다. 가장 최근에 문을 연 필름하우스 시네마 그룹은 라고스 지역 내 세 개의 멀티플렉스를 포함하여 이바단, 포트하코트, 칼라바 등을 비롯한 7개 도시에서 총 10개의 멀티플렉스를 운영하고 있으며 연말까지 5개의 신규 멀티플렉스 개관을 앞두면서 나이지리아 최대 멀티플렉스 상영관으로 발돋움하고 있다. 이외에도 나이지리아뿐만 아니라 서아프리카 최초의 IMAX 상영관 건설이 라고스에서 추진되고 있다.[39]

이것은 라고스 기반의 비디오 영화 산업에서 시작한 놀리우드가 불과 20여 년 만에 세계적인 멀티플렉스 영화 산업으로 변모하고 있는 상황을 극적으로 보여주고 있는 대목이다. 비디오 중심의 영화 산업이 멀티플렉스 상영관을 기반으로 한 메인스트림 개봉영화 중심으로 바뀌고 있는 추세에 따라, 놀리우드 영화 산업 자체는 이제 대도시 기반의 문화 산업으로 근본적으로 변화하고 있으며 이것은 나이지리아 영화의 대중적 접근성과 사회적 영향에도 큰 변화를 가져올 것이 분명해 보인다. 물론 이것은 놀리우드가 이미 아프리카 대륙을 넘어 전 세계 아프리카 다문화 공동체뿐만 아니라 세계적인 협력 기반을 바탕으로 한 전 지구적 극장 개봉 영화로 변신을 꾀하고 있다는 증거이기도 하며 그 가능성 또한 무궁무진하다. 최근 나이지리아 언론과의 인터뷰에서 '연평해전'의 김학순 감독도 앞으로 한국영화와 나이지리아 영화와의 협력은 얼마든지 가능하다는 견해를 피력하기도 했다.[40]

---

39) "IMAX signs agreement with Film house Cinemas," *This Day Live* (2015.12.15).

40) "I'm Ready To Collaborate With Nollywood- Kim Hak-soon," *Leadership* (2015.11.15).

세계적인 동영상 스트리밍 회사인 미국의 넷플릭스는 최근 놀리우드 영화의 동영상 스트리밍 서비스를 제공하기 시작했다. 넷플릭스가 어떤 회사인가? 얼마 전 국내 진출을 목표로 한국의 KT와 LG유플러스를 비롯한 IP TV 3사와 협상을 벌이고 있다는 보도가 나와 화제가 된 바 있는 넷플릭스는 유료 가입자만 6,600만 명에 달하는 세계 최대의 유료 동영상 스트리밍 서비스 회사이다.[41] 넷플릭스는 1997년 미국에서 DVD 대여업체로 출발한 이후, 2007년 인터넷을 이용한 주문형 비디오VOD사업을 시작하여 세계적인 업체로 성장했다. 넷플릭스의 등장으로 미국의 거의 모든 비디오대여점은 문을 닫았고, 케이블 TV 시장도 영향을 받고 있다. 넷플릭스는 2015년 초에는 나이지리아의 165만 달러짜리 최신 인기 영화 〈10월 1일October 1〉의 주문형 온라인 스트리밍 상영에 관해 이미 독점 계약을 체결했다.[42] 최근에는 글로벌 스트리밍 영화 제작 서비스를 목적으로 캐리 푸쿠나가Cary Fukunaga의 인기 전쟁소설 『국적 없는 야수Beast with No Nation』의 판권을 1,200만 달러에 매입한 바 있다.[43]

이뿐만이 아니다. 순전히 놀리우드 영화만을 위한 주문형 비디오 방식의 플랫폼도 최근 등장했다. 대표적인 플랫폼이 나이지리아의 넷플릭스라 불리는 iROKOTV.com이다.[44] 뉴욕에 기반을 둔 투자회사 타이거 글로벌 앤 스웨덴으로부터 2,500만 달러 투자를 받은 바 있는 iROKO 파트너스는 월 1.50달러의 정액제로 놀리우드 영화 콘텐츠를 전 세계 가입자

41) "넷플릭스 한국 상륙, 콘텐츠·유료방송 업계 '희비'", 『이데일리』 (2015.12.5).
42) "Kunle Afolayan's October 1 gets Netflix deal", *Premium* Times (2015.1.23).
43) "Netflix Makes Another Big Splash With 'Beasts of No Nation'," *Variety* (2015.3.2).
44) http://irokotv.com/

에게 서비스하고 있다. 2015년 4월에는 iROKOTV가 넷플릭스에 콘텐츠를 제공하기로 했다는 보도도 나왔다.[45]

넷플릭스와 iROKOTV의 이 같은 행보는 아프리카 최대의 경제대국이자 인구대국인 나이지리아를 기반으로 한 놀리우드 영화가 가진 디지털 시대의 전 세계적인 인기와 무궁무진한 성장 잠재력을 인정한 결과라고 하겠다. 주문형 플랫폼을 기반으로 한 놀리우드 영화의 글로벌 진출과 그 확장성은 나이지리아 놀리우드 영화 산업의 생산성, 대중성, 그리고 작품성을 감안해 볼 때 이제부터 시작이라고 할 수 있다.[46]

2013년 3월 2일 토요일 라고스 시내 스테이트 하우스에서 굿럭 조나단 나이지리아 대통령은 놀리우드 스타들을 초청하여 1992년 9월 케네스 은네부의 〈속박의 삶〉의 출시로 시작된 놀리우드 탄생 20주년 기념 만찬을 베풀었다. 이 자리에서 조나단 대통령은 일명 '프로젝트 놀리우드'라고 명명된 3억 나이라 규모의 나이지리아 영화 산업 지원 기금 조성 계획을 발표했다. 연방 정부 기금을 통해 공식적으로 영화 시나리오 창작, 영화인 역량강화 및 영화 산업 기반시설 지원을 통해 놀리우드 영화 산업 발전을 제도적으로 지원하겠다는 것이다.[47]

돌이켜보면 놀리우드는 지난 짧지 않은 시기 동안 아프리카 스크린을 혁명적으로 바꾸어 놓은 전 지구적 차원의 문화현상이라고 말할 수 있다. 비록 지금도 불법 해적판이 난무하는 등 저작권의 문제가 심각하

---

45) "iROKOtv has Announced It is Providing Content For Netflix's African Section," *Techcabal* (2015.4.15).

46) "Meet 'Nollywood': The second largest movie industry in the world," *Fortune* (2015.6.24).

47) "Nollywood & Mr. President! Goodluck Jonathan Pledges N3 Billion Grant to the Nigerian Movie Industry at Presidential Dinner to Celebrate Nollywood at 20," *BellaNaija* (2013.3.4).

긴 하지만 놀리우드는 어떤 정치적 이데올로기 내지 국가 주도의 성장이 아닌 순수 민간 주도의 상업적 기반에 토대를 두고 자생적 발전과 성장을 이루었다는 데 더 큰 의미가 있다. 그러므로 연방 정부 차원에서 불법 영화 복제를 단속하고 영화 산업을 지원하려는 노력은 놀리우드 산업의 지속 발전 가능성을 더욱 적극적으로 전망하고 기대해 볼 수 있는 또 하나의 잣대가 될 것이다.

아프리카 최대의 대도시 라고스의 작은 비디오 숍에서 탄생한 놀리우드 영화는 그동안 아프리카 민중의 삶의 애환과 그들의 삶의 취향, 문화적 가치를 공유하는 대중영화로 성장해왔지만, 이제 뉴놀리우드 영화는 아프리카뿐만 아니라 전 세계 대도시로 이주해 살고 있는 엘리트 아프리카인의 삶의 취향과 문화적 가치를 공유하는 글로벌 시네마로 성장하고 있다. 따라서 그들의 이야기는 아프리카 민중의 삶의 그것과는 근본적으로 다른 대도시의 이주 문화 혹은 다문화를 반영한다. 이제 뉴놀리우드 영화는 초국가적 의미의 나이지리아 영화인 것이다. 물론 문제가 없는 것은 아니다. 당장 불법복제와 저작권 문제를 해결하는 것이 급선무이기 때문이다. 그럼에도 불구하고, 나이지리아 놀리우드 영화 미래는 매우 밝다고 말할 수 있다. 뉴놀리우드는 미디어의 생산과 소비에서 아프리카 대륙과 전 세계 대도시를 중심으로 한 다문화 공동체의 문화 소비재 차원을 넘어 보다 큰 의미의 디지털 미디어 혁명을 기획하고 있기 때문이다.

참고문헌

강대진. 『신화와 영화』, 작은 이야기, 2004.

강명구. 『소비대중문화와 포스트모더니즘』, 민음사, 1996.

강상중. 『오리엔탈리즘을 넘어서』, 이경덕, 임성모 역. 이산, 1997.

강석진. 「콘라드의 〈어둠의 속〉과 코폴라의 〈지옥의 묵시록〉 비교 연구」. 『현대영미소설』 7.1 (2000): 5-21.

강한섭. 『강한섭의 영화이야기』. 범조사, 1993.

_____. 「로미오와 줄리엣」. 『동아일보』 (1997년 1월 9일), 18면.

고현석. 「세기말의 '향수' 고전주의 열풍」. 『경향신문』 (1999년 3월 9일), 9면.

권혜경. 「셰익스피어 비틀기와 뒤집기: 리차드 3세와 프로스페로의 책을 중심으로」. 『셰익스피어 비평』 38.4 (2002): 843-75.

_____. 「셰익스피어와 파시즘: 이언 매컬런의 리차드 3세를 중심으로」. 『디오니소스』 3 (1999): 41-52.

김강. 「1990년대 셰익스피어 영화화 작업과 문화적 의미」. 『고전르네상스영문학』 14.1 (2005): 113-137.

김규종. 『문학교수, 영화 속으로 들어가다』. 대구: 경북대학교출판부, 2005.

김동욱. 「햄릿의 영상 텍스트 분석」. 『셰익스피어 비평』 40.3 (2004): 491-510.

김수혜. 「홈 CGV 동성애 영화 특집 방영」. 『조선일보』 (2003년 11월 12일), C5면.

김용수. 『영화에서의 몽타주 이론』, 열화당, 1996.

강진철. 「법학과 인문학의 상호작용에 관한 연구」. 『법학연구』 25 (2007): 1-23.

김선아. 「피아노와 올란도: 여성성과 양성성 사이」. 『시네-페미니즘, 대중영화 꼼꼼히 읽기』, 김소영 편, 과학과 사상, 1995.

김성곤, 『김성곤교수의 영화에세이』, 김성곤, 열음사, 1994.

_____. 「법과 문학과 영화」. 『문학과 영상』 1.1 (2000): 161-173.

_____. 『영화기행』, 효형출판, 2002,

_____. 『헐리웃, 20세기 문화의 거울』. 웅진출판, 1997.

김소영. 『김소영의 영화리뷰』, 한겨레신문사, 1997.

김영주. 「영국보다 더 영국적인: 카즈오 이시구로의 〈지난날의 잔재〉」. 『영어영문학』 50.2 (2004).

_____. 「영국의 푸르고 아름다운 땅: 전원주의 국가 신화와 여성/성: E.M. 포스터의 『하워즈 엔드』와 버지니아 울프의 『막간』 비교 연구」. 『영미문학 페미니즘』 12-1 (2004).

김용태. 「케너스 브라나의 〈햄릿〉: 감추고 보기의 전략」. 『셰익스피어비평』 42.4 (2006): 671-692.

김재기. 「현대 문화 속의 성 담론에 대한 철학적 고찰」. 『대동철학』 5 (1999).

김종면. "퀴어문화". 『서울신문』 (2000년 2월 25일), 20면.

김종석. 「역사, 소설, 영화: 〈암흑의 핵심〉과 〈지옥의 묵시록 리덕스〉의 콘텍스트 읽기」. 『영어영문학』, 한국영어영문학회 강원지회, 50.3 (2004).

김종환. 「〈쇼생크 탈출〉: 자유와 희망」. 『영어영문학』 18.2 (2013): 61-81.

김혜리. 「로드무비」. 『조선일보』 (1999년 8월 8일), 36면.

김화선. 「여성의 주체성 추구와 복장전도: 톰 스토파드의 『사랑에 빠진 셰익스피어』」. 『영미문학 페미니즘』 12.1 (2004): 81-103.

김희경. "아카데미후보작 〈셰익스피어 인 러브〉". 『동아일보』 (1999년 2월 26일), 14면.

김희진. 「『햄릿』과 영화 〈햄릿〉들: 로렌스 올리비에에서 케네스 브래너까지」. 『영미문학 영화로 읽기』. 문학과영상학회 편, 동인, 2001. 93-130.

_____. 「너무 근사한 할리우드 셰익스피어: 〈내가 널 사랑할 수 없는 10가지 이유〉와 〈햄릿〉」. 『안과밖』 17 (2004): 225-245.

_____. 「할리우드의 셰익스피어 구하기」. 『필름 셰익스피어』. 남동철 엮음. 서울: 씨네21, 2005. 263-286.

르페브르, 앙리. 『현대세계의 일상성』, 박정자 옮김, 세계일보사, 1990.

리, 하퍼. 『앵무새 죽이기』 김욱동 옮김. 문예출판사, 2002.

리차드슨, 로버트. 『영화와 문학』, 이형식 옮김, 동문선. 2000.

맹경완. "미 대륙에 부는 셰익스피어 열풍". 『국민일보』 (1999년 3월 3일), 31면.

미디어잇. "핀테크 시대① 현금이 사라진다", 2015년 5월 25일.
  http://www.it.co.kr/news/article_print.html?no=2801042

박명진. 「여성의 역사쓰기, 섹슈얼리티, 혼란스러운 정체성 ─여고괴담 두 번째 이
　　　야기, 올란도」. 『욕망하는 영화기계: 한국영화의 시각적 무의식』, 박명진
　　　저, 연극과 인간, 2001.

박시성. 「영화 속 사이코패스에 관한 라깡 정신분석적 고찰」. 『라깡과 현대정신분
　　　석』 11.2 (2009): 67-85.

박원재. "미영 셰익스피어 영화 붐". 『동아일보』 (1996년 11월 21일), 18면.

박홍진. "현대판 로미오와 줄리엣 화제". 『한국일보』 (1996년 9월 23일), 27면.

박은주. 「카프카의 「법 앞에」 서 있는 데리다의 『법 앞에서』」. 『카프카연구』 5
　　　(1996): 111-132.

박종성. "더. 낮게 더. 느리게 더. 부드럽게", 한겨레신문사, 2001,

박찬욱. "남아있는 나날". 『국민일보』 (1999년 3월 2일), 35면.

박홍규. 『예술, 법을 만나다』 이다미디어, 2010.

배장수. "리버피닉스의 아이다호". 『경향신문 (선데이 매거진)』 (1992년 2월 8일), 10면
──────. "셰익스피어 인 러브". 『경향신문』 (1999년 3월 5일), 27면.

보드리아르, 장. 『시뮬라시옹』, 하태환 역, 민음사, 1992.
──────. 『기호의 정치경제학 비판』, 이규현 역, 문학과지성사, 1992.

부르디외, 피에르. 『구별짓기』, 새물결, 2006.

부룩스, 피터. 『육체와 예술』, 이봉지, 한애경 역, 문학과지성사, 2000.

사이드, 에드워드. 『문화와 제국주의』, 김성곤, 정정호 공역, 창, 1995.
──────. 『오리엔탈리즘』, 박홍규 역, 교보문고, 1991.

샤이블레, 하르트무트. 『아도르노』, 김유동 역, 한길사, 1997.

스포티스우드, 레이몬드. 『영화의 문법』, 김소동 옮김, 집문당, 2001.

세계일보. "阿 최대시장 떠오르는 나이지리아 주목해야" (2015년 8월 27일).

석지영. 『법의 재발견』 W 미디어, 2011.

신겸수. 「셰익스피어 인 러브의 사실과 허구」. 『셰익스피어 비평』 41.1 (2005): 57-82.

신웅재. 「제피렐리와 루어만의 로미오와 줄리엣 영화 비교」. 『셰익스피어비평』
　　　39.2 (2003): 335-349.

신현덕. "영화심의 화면 삭제". 『세계일보』 (1992년 9월 20일), 11면.

"아카데미수상작 관객 몰린다". 『문화일보』 (1999년 3월 26일), 17면.

에이젠슈테인, 세르게이. 『몽타쥬 이론』, 예건사, 1990.

안경환. 「미국에서의 "법과 문학" 운동」. 『문학과 영상』 2.1 (2001): 195-235.

_____. 「영상시대의 법과문학」. 『문예운동』 68 (2000): 9-14.

_____. 『법과 문학 사이』. 까치, 1995.

안병섭. 『세계영화 100』. 안병섭 외, 한겨레신문사, 1996.

안정숙A. "새 영화 대거 선뵌다". 『한겨레신문』 (1992년 2월 1일), 9면.

안정숙B. "수입영화 가위질 지나치다". 『한겨레신문』 (1992년 5월 23일), 9면.

안정숙. "셰익스피어 다시 보기". 『한겨레신문』 (1996년 12월 14일) 11면.

양현미. 「올란도: 소설과 영화에 나타난 여성주의」. 『영어영문학연구』 32.1 (2006).

오문완. 「영화로 노동-법 읽기」. 『노동법학』 36 (2010): 341-367.

옥대환A. "문학 작품 영상화 수작 비디오 많다". 『조선일보』 (1993년 10월 20일), 17면.

옥대환B. "리버피닉스". 『조선일보』 (1993년 11월 10일), 17면.

우트리오, 카리. 『이브의 역사』, 자작, 2000.

유병선. "미래의 해독제". 『경향신문』 (1999년 2월 12일), 2면.

이교선. 「바이올라 인 러브, 셰익스피어 인 러브」. 『안과밖』 6 (1999): 153-167.

이데일리. "넷플릭스 한국 상륙 . . . 콘텐츠 · 유료방송 업계 '희비'" (2015년 12월 5일).
  http://www.edaily.co.kr/news/NewsRead.edy?SCD=JB11&DCD=A10101&newsid
  =01810566609595568)

이명인. "로미오와 줄리엣 현대로 옮겨진 낭만적 사랑". 『한겨레신문』 (1996년 12
  월 28일), 12면.

이미영. "셰익스피어 인 러브". 『조선일보』 (1999년 3월 2일), 39면.

이선형. 『예술영화읽기』, 동문선, 2005.

"23세로 숨진 제2의 제임스 딘". 『경향신문』 (1993년 11월 22일), 14면.

이정호. 「조그만 사회 속 삶의 변증법: 하워즈 엔드」. 『영화로 생각하기』, 이병창
  외, 한국방송통신대학교출판부, 2005.

이종도. 「아스팔트 위에서 셰익스피어를 읽다: 구스 반 산트 〈아이다호〉」. 『필름
  셰익스피어』. 남동철 엮음. 서울: 씨네21, 2005. 263-286.

이헌익. 「예술성 높은 외화 국내 상영 칼질 심하다」. 『중앙일보』 (1992년 11월 10
  일), 15면.

이현우. 「텍스트를 넘어선 통합적 셰익스피어 교육 방법론 연구 －비디오+멀티미디어+공연실습」. 『셰익스피어비평』 35.1 (1999): 129-154.

＿＿＿. 「셰익스피어와 할리우드 이데올로기」. 『셰익스피어 비평』 36.3 (2000): 537-569.

이형식. 「두 편의 〈로미오와 줄리엣〉: 각기 다른 시대 정신의 반영물」. 『영미문학 영화로 읽기』. 문학과영상학회 편, 서울: 동인, 2001. 69-92.

임왕태. 「셰익스피어 영화: 셰익스피어 해석의 새로운 방법」. 『디오니소스』 3 (1999): 53-68.

장재선. 『영화로 보는 세상』, 책 만드는 공장, 2003.

장정희. 「소설 『프랑켄슈타인』과 영화 〈메리 셸리의 프랑켄슈타인〉: 괴물과 서술」. 『문학과 영상』 3.2 (2002), 167-190.

전종휘. 「케이블로 다가온 동성애」. 『한겨레신문』 (2003년 11월 12일), 38면.

전준택. 「셰익스피어와 열린 교실 －영상매체 도입을 위한 서설」. 『셰익스피어 비평』 35.1 (1999): 179-199.

전혜린. 「자원의 저주 딛고 경제대국 발돋움, 나이지리아」. 『세계는 지금』 333 (2011).

정성일. 「진지한 작품 흥행 참패 여전」. 『한겨레신문』 (1993년 8월 28일), 9면.

정재형. 「양에서 질로의 변환 혹은 쓰레기 속에서 보석 찾기 (샐리포터 감독 올란도)」. 『상상』 2.2 (1994).

＿＿＿. 「영화의 양성성 개념 연구」. 중앙대박사논문, 2001.

조혜정. 『탈식민지 시대 지식인의 글읽기와 삶읽기 2』 또 하나의 문화, 1994.

최경도. 「헤라클레스의 활: 법과 문학의 서사전략」. 『새한영어영문학』 51.3 (2009): 181-197.

＿＿＿. 「법과 문학: 정의의 문제」. 『새한영어영문학』 48.1 (2006): 83-97.

최영주. 「거슬러간 시간, 그 상상의 즐거움: 『사랑에 빠진 셰익스피어』」. 『문학과 영상』 2.1 (2001): 75-98.

홍성주. 「『프랑켄슈타인』과 『메리셸리의 프랑켄슈타인』에 나타난 출산의 괴물성」. 『문학과 영상』 4.2 (2003): 12-152.

터틀, 리사. 『페미니즘 사전』, 동문선, 1986.

포스코경영연구원. 「평화적 정권교체를 통해 성장기반을 마련한 나이지리아」, 2015.

허필숙. 「『프랑켄슈타인』의 영상적 재현: 스크린 속의 여성인물들이 갖는 전복성」. 『영미문학페미니즘』 12.1 (2004): 301-330.

한창호. 「전형적 형식 속 전복적 내용 vs 전위적 형식 속 관습적 내용: 프랑코 제피 렐리, 『로미오와 줄리엣』 vs 바즈 루어만, 『로미오+줄리엣』」. 『필름 셰익스 피어』. 남동철 엮음. 서울: 씨네21, 2005. 77-110.

Adesokan, Akin (2011), *Postcolonial Artists and Global Aesthetics*. Bloomington: Indiana University Press.

Allen, Robert C. and Gomery, Douglas (1985), *Film History: Theory and Practice*. New York: Knopf.

Anderson, Benedict (1991), *Imagined Community: Reflections on the Origin & Spread of Nationalism*. Revised edition. London: Verso.

Aristodemou, Maria, "Home Is Where The Law Is: A Humbug Reading Of The Wizard Of Oz." *Southern California Interdisciplinary Law Journal* 20.1 (2010), pp. 9-20.

Asimow, Michael and Shannon Mader (2007), *Law and Popular Culture: a Course Book*. New York: Peter Lang.

Austen, Ralph A. & Mahir Saul, ed. (2010), *Viewing African Cinema in the Twentieth-First Century: Art Films and the Nollywood Video Revolution*, Athens: Ohio University Press.

Ayakoroma, Barclays Foubiri (2014), *Trends in Nollywood: A Study of Selected Genres*, Kraft Books.

Baaz, Maria Erikson & Mai Palmberg, ed., (2011), *Same and Other: Negotiating African Identity in Cultural Production*, Nordiska Afrikainsitutet.

Bandhauer, Andrea & Royer, Michelle, ed. (2015), *Stars in World Cinema: Screen Icons and Star Systems Across Cultures*, London: I. B. Tauris.

Bellanaija (2010.8.2.), "*IJE* divas Omotola, Genevieve & Chineze rule the red carpet as 'IJE-The Journey' Premieres in Lagos."
http://www.bellanaija.com/2010/08/02/ije-divas-omotola-genevieve-chineze-rule-the-red-carpet-as-ije-the-journey-premieres-in-lagos/

BellaNaija (2013.3.4.), "Nollywood & Mr. President! Goodluck Jonathan Pledges N3

Billion Grant to the Nigerian Movie Industry at Presidential Dinner to Celebrate Nollywood at 20," http://www.bellanaija.com/2013/03/04/president-goodluck-jonathan-pledges-n3-billion-grant-to-the-nigerian-movie-industry-at-presidential-dinner-to-celebrate-nollywood-at-20/

Bergman, Paul and Michael Asimow (2006), *Reel Justice: The Courtroom Goes to the Movies. Kansas City*, Missouri: Andrews McMeel Publishing.

Bianchi, Andrea. "Terrorism and Armed Conflict: Insights from a Law & Literature Perspective." *Leiden Journal of International Law* 24.1 (2011), pp. 1-21.

Biet, Christian, "Law, Literature, Theatre: The Fiction of Common Judgment." *Law & Humanities* 5.2 (2011), pp. 281-292.

Biet, Christian; Lincoln, Lissa. "Introduction: Law and Literature." *Law & Humanities* 5.1 (2011), pp. 1-5.

Bisschoff, Lizelle, "From Nollywood to New Nollywood: the story of Nigeria's runaway success." *The Conversation* (2015.9.28.). https://theconversation.com/from-nollywood-to-new-nollywood-the-story-of- nigerias-runaway-success-47959

Blanchard, Joël, "A Logic of Appropriation: Practical Relationships between Law and Literature in the Middle." *Law & Humanities* 5.1 (2011), pp. 97-101.

Black, David (1999), *Law in Film: Resonance and Representation.* Urbana and Champaign: U of Illinois P.

Bond, Cynthia D. "Laws of Race/Laws of Representation: The Construction of Race and Law in Contemporary American Film." *Texas Review of Entertainment & Sports Law* 11.2 (2010), pp. 219-265.

Bordwell, David, *Making Meaning: Inference and Rhetoric in the Interpretation of Cinema*, Cambridge, MA: Harvard UP, 1969.

Bourdieu, Pierre, "The Social Definition of Photography." In Jessica Evans & Stuart Hall (eds.) *Visual Culture: The Reader.* London: Sage, 1999. pp. 162-180.

Bourdieu, Pierre and Passeron, Jean-Claude (1977), *Reproduction and Education, Society and Culture.* 2nd Edition. Trans. Richard Nice. London: Sage.

Brody, Susan L, "Law, Literature, And The Legacy Of Virginia Woolf: Stories And

Lessons In Feminist Legal Theory." *Texas Journal of Women & the Law* 21.1 (2011), pp. 1-45.

Blumenthal-Barby, Martin, "Theatricality and Law: Or, a Cinema of Justice." *Debate: Review of Contemporary German Affairs* 14 (2006), pp. 71-76.

Bright, Jake, "Meet 'Nollywood': The second largest movie industry in the world." *Fortune* (2015.6.24.). http://fortune.com/2015/06/24/nollywood-movie-industry/

Bruzzi, Stella. "Film and the Law: The Cinema of Justice." *Law & Humanities* 5.2 (2011), pp. 401-411.

Charney, L. and Schwartz, V. eds. (1995), *Cinema and the Invention of Modern Life*, Berkeley: University of California Press. 1995.

Chase, A. "Civil Action Cinema." *Law Review of Michigan State University-Detroit College Law* (1999), pp. 945-957.

Clifford, James, "Traveling Cultures." In Lawrence Grossberg, Cary Nelson, & Paula Treichler (eds.), *Cultural Studies*. London: Routledge, 1992. pp. 96-116.

Conrad, Joseph (1996), *Heart of Darkness*. Ed. Ross C. Murfin. Boston: Bedford.

Clover, C. "Law and the Order of Popular Culture." In A. Sarat and T. R. Kearns (eds.) *Law in the Domains of Culture*. Ann Arbor: University of Michigan Press, pp. 97-119.

Crofts, Penny. "Monstrous Wickedness and the Judgement of Knight." *Griffith Law Review* 21.1 (2012), pp. 73-100.

Culler, Jonathan (1988), *Framing the Sign: Criticism and Its Institutions*. Norman: U of Oklahoma P.

Davies, Susanne. "From Maycomb to Nuremberg: cinematic visions of law, legal actors and American ways." *International Journal of Law in Context* 8.4 (2012), pp. 449-468.

Denvir, J. ed. (1996), *Legal Reelism: Movies as Legal Texts*. Champaign: U of Illinois P.

Dick, Kirby, Amy Kofman (2005), *Jacques Derrida: Screenplay and Essays on the Film*. Manchester: Manchester University Press.

Fanon, Frantz (1967), *Black Skin, White Masks*. Trans. Charles Lam Markmann. New

York: Grove.

_____. (1963), *The Wretched of the Earth*. Trans. Constance Farrington. New York: Grove.

Freeman, Michael D. A. & Lewis, A. D. E (1999), *Law and Literature*. Oxford: Oxford University Press.

Gans, H, *Popular Culture and High Culture*, New York: Basic Books, 1999.

Glen, Patrick J. "Franz Kafka, Lawrence Joseph and The Possibilities of Jurisprudential Literature." *Southern California Interdisciplinary Law Journal*. 21.1 (2011), pp. 47-95.

Gomery, Douglas (1992), *Shared Pleasures: A History of Movie Presentation in the United States*. Madison: U of Wisconsin P.

Gorham Kindem, ed. (2000), The International Movie Industry, Southern Illinois University Press.

Gramsci, Antonio (1971), *Selections from the Prison Notebooks*. Eds. G. Nowell Smith & Q. Hoare. New York: International Publications.

Greenfield, S., G. Osbom and P. Robson, eds. (2001), *Film and the Law*. London: Cavendish.

Harper Lee, *To Kill a Mockingbird*, New York: Harper and Row, 1960.

Hawkes, L. (2018), "Baz Luhrmann's *The Great Gatsby*: Telling a National Iconic Story Through a Transnational Lens." In Danks A., Gaunson S. & Kunze P. (eds) *American-Australian Cinema*. Palgrave Macmillan, Cham. pp. 295-314.

Hou, Hsiao-Hsien; Liu, Petrus. "Cinema and history: critical reflections." *Inter-Asia Cultural Studies* 9.2 (2008), pp. 173-183.

Huss, R. and Silverstein, N. (1968), *The Film Experience*. New York: Dell.

Hutchings, Peter J. "Entertaining Torture, Embodying Law." *Cultural Studies* 27 (2013), pp. 49-71.

Jameson, Frederic, "Third-World Literature in the Era of Multinational Capitalism." *Social Text* 15 (Fall 1986), pp. 65-88.

Jancovich, Mark (2003), *The Place of the Audience*. London: BFI.

Jedlowski, Alessandro (2013), "From Nollywood to Nollyworld: Processes of Transnationalization," in *the Nigerian Video Film Industry*, Matthias Krings & Onookome Okome (eds.).

Johnson-Odim, Cheryl (1990), "Common Themes, Different Contexts: Third World Women and Feminism" in Chandra Mohanty, Ann Russo, and Lourdes Torres (eds.), *Third World Women and the Politics of Feminism.* Bloomington: Indiana UP.

Jobez, Romain. "From Obsessive Metaphors to Juridical Myth: Some Proposals for a Metaphorical Reading of Early Modern Law and Literature." *Law & Humanities* 5.1 (2011), pp. 121-127.

Kael, Pauline, *Movie Love.* New York: Dutton, 1991.

Kahn, Michael A, "From Shylock to Billy Budd: The Literary 'Headline Trial'." *St. Louis University Law Journal* 55.4 (2011), pp. 1329-1346.

Kamir, Orit. "Why 'Law and Film'and What Does it Actually Mean? A Perspective." *Continuum* 19.2 (June 2005), pp. 255-278.

Kamir, Orit, "Feminist law and film: searching for imagery of justice in popular culture." *Chicago - Kent Law Review* 75 (2000), pp. 899-930.

Kennedy, Rosanne, "Australian Trials of Trauma: The Stolen Generations in Human Rights, Law and Literature." *Comparative Literature Studies* 48.3 (2011), pp. 333-355.

Kim, Byeongcheol, "Production and Consumption of Contemporary Korean Cinema." *Korea Journal* 46.1 (2006), pp. 8-35.

Klinger, Barbara, "Film History: Terminable and Interminable." *Screen* 38.2 (1997): 107-128.

Leadership (2015.11.15.), "I'm Ready To Collaborate With Nollywood- Kim Hak-soon." http://leadership.ng/entertainment/474703/im-ready-to-collaborate-with-nollywood-kim-hak-soon.

Lenz, T. O. (2003), *Changing Images of Law in Film & Television Crime Stories*, Peter Lang, New York.

Levi, Ross D. (2005), *The Celluloid Courtroom: A History of Legal Cinema.* Westport,

C.T.: Praeger.

Lhuilier, Gilles. "Crossing the Borders: Law & Literature (as an epistemological break in legal theory)." *Law & Humanities* 5.1 (2011), pp. 3-9.

Loosemore, Philip. "Revolution, Counter Revolution and Natural Law in Billy Budd, Sailor." *Criticism* 53.1 (2011), pp. 99-126.

Lukacs, Georg (1971), *Realism in Our Time*. New York: Harper.

Machura, S. & Robson, P. eds. (2001), *Law and Film*, Oxford: Blackwell Publishers.

Masson, Antoine and Kevin O'Connor, ed. (2007), *Representations of Justice*. Brussels: Peter Lang.

Matthias Krings, Onookome Okome ed. (2013), *Global Nollywood-Transnational Dimension of an African Video Film Industry*, Indiana University Press.

McGregor, Francine. "Abstraction and Particularity in Chaucer's "Man of Law's Tale." *Chaucer Review* 46.1 (2011), pp. 60-73.

Meilaender, Peter C. "Marriage and the Law: Politics and Theology in *Measure for Measure*." *Perspectives on Political Science* 41.4 (2012), pp. 195-200.

Miller, W. I. "Clint Eastwood and equity: popular culture's theory of revenge," in *Law in the Domains of Culture*, eds A. Sarat & T. R. Kearns, Ann Arbor: University of Michigan Press, 1998. pp. 161-202.

Minda, G. (1995), *Postmodern Legal Movements: Law and Jurisprudence at Century's End*, New York: York University Press.

Morley, David. *Television Audience & Cultural Studies*. Routledge, 1992.

Moretti, Franco (1983), *Signs Taken for Wonders: Essays in the Sociology of Literary Forms*. Trans. Susan Fischer, David Forgacs, & David Miller. London: Verso.

New York Times (2012.2.23.), "A Scorsese in Lagos: The Making of Nigeria's Film Industry." http://www.nytimes.com/2012/02/26/magazine/nollywood-movies.html?_r=0

Ross, K & V. Nightingale (2003), *Media & Audience: New Perspective*, Berkshire: Open UP.

O'Malley, Mary Kay. "Through a Different Lens: Using Film to Teach Family Law." *Family Court Review* 49.4 (2011), pp. 715-722.

Onuzulike, Uchenna (2007), "Nollywood: The Emergence of the Nigerian Videofilm Industry and Its Representation of Nigerian Culture," MS Thesis, Clark University.

O'Sullivan, Sean. "Representing 'The Killing State': The Death Penalty in Nineties Hollywood Cinema." *Howard Journal of Criminal Justice* 42.5 (2003), pp. 485-503.

Pennycook, Alastair (1998), *English and the Discourse of Colonialism*. London: Routledge.

Premium Times (2015.1.23.), "Kunle Afolayan's October 1 gets Netflix deal." http://www.premiumtimesng.com/arts-entertainment/175482-kunle-afolayans-october-1-gets-netflix-deal.html

Pribram Deidre E. (2011), *Emotions, Genre, Justice in Film and Television*. New York: Routledge.

Posner, Richard A. (1998), *Law and Literature*. Cambridge: Harvard University Press.

Ramon Lobato (2012), *Shadow Economies of Cinema: Mapping Informal Film Distribution*, Palgrave Macmillan.

Ross, K, and Nightingale, V, *Media and Audience: New Perspective*. Berkshire: Open UP, 2003.

Sarat, Austin, editor, "Law and Literature Reconsidered." *Studies in Law, Politics, and Society* 43 (2008).

Shakespeare, William (1977), *The Tempest*. Ed. Frank Kermode. London: Methuen.

Sherwin, R. K. (2000), *When Law Goes Pop: the Vanishing Line between Law and Popular Culture*, Chicago: University of Chicago Press.

Silbey, Jessica, "The Politics of Law and Film Study: An Introduction to the Symposium on Legal Outsiders in American Film." *Suffolk University Law Review* XLII (2009), pp. 755-768.

Singer, B. "Modernity, Hyperstimulus, and the Rise of Popular Sensationalism." In L. Charney and V. Schwartz (eds), *Cinema and the Invention of Modern Life*. Berkeley: University of California Press, 1995.

Spivak, Gayatri (1988), *In Other World: Essays in Cultural Politics*. London: Routledge.

_____. "Can the Subaltern Speak?" in Cary Nelson & Lawrence Grossberg (eds.), *Marxism & the Interpretation of Culture*. Champaign: U of Illinois P, 1988, pp. 271-313.

_____. "Feminism & Critical Theory" in Donna Landry & Gerald MacLean (eds.), *The Spivak Reader*. New York: Routledge, 1996, pp. 53-74.

_____ (1993). *Outside In the Teaching Machine*. London: Routledge.

_____. "Subaltern Studies: Deconstructing Historiography" in Ranajit Guha & Gayatri Spivak (eds.), *Selected Subaltern Studies*. Oxford: Oxford UP, 1988, pp. 3-32.

Staiger, Janet, *Interpreting Films: Studies in the Historical Reception in American Cinema*. Princeton: Princeton UP, 1992.

_____. *Perverse Spectators: The Practices of Film Reception*. New York: New York UP, 2000.

Stafford, Roy, *Understanding Audiences and the Film Industry*. London: BFI, 2007.

Strickland, Rennard, Teree E. Foster and Taunya Lovell Banks, eds. (2006), *Screening Justice-The Cinnema of Law: Significant Films of Law, Order and Social Justice*. Buffalo, New York: William S. Hein and Company.

Syme, Holger Schott. "(MIs)representing Justice on the Early Modern Stage." *Studies in Philology* 109 (Winter 2012), pp. 63-85.

de Sutter, Laurent. "Piracy as Method: Nine Theses on Law and Literature." *Law & Humanities* 5.1 (2011), pp. 63-72.

Stierstorfer, Klaus. "Law and (which?) Literature: New Directions in Post-Theory?" *Law & Humanities* 5.1 (2011), pp. 41-51.

Techcabal (2015.4.15.), iROKOtv has Announced It is Providing Content For Netflix's African Section. http://techcabal.com/2015/04/15/irokotv-has-announced-it-is-providing-content-for-netflixs-african-section/

This Day Live (2015.12.15.), "IMAX signs agreement with Filimhouse Cinemas." http://www.thisdaylive.com/articles/imax-signs-agreement-with-filmhouse-cinemas/213308/

Time (2011.7.20.), "Welcome to Nollywood: Nigeria's Film Industry is More Prolific than Hollywood - and Faces Even More Piracy."

http://content.time.com/time/world/article/0,8599,2084382,00.html

Trinh, Minh-ha, "Difference: A Special Third Word Woman Issue." *Discourse* 8 (Fall-Winter 86-87), pp. 10-37.

Turner, J. Neville, Pamela Williams (1994), *The Happy Couple: Law and Literature.* Federation Press.

Vanguard (2009.10.17.), "Stephanie's Through the Glass goes to Ghana, Kenya . . . grosses N10m."

http://www.vanguardngr.com/2009/10/steph%E2%80%99s-through-the-glass-goes-to-ghana-kenya-grosses-n10m/

Variety (2015.3.2.), "Netflix Makes Another Big Splash With 'Beasts of No Nation'."

http://variety.com/2015/film/news/netflix-makes-another-bigscreen-splash-with-beasts-of-no-nation-1201444716/

Ward, Jones E. and Samantha Vice (2011), *Ethics at the Cinema.* Oxford: Oxford UP.

Watt, Gary. "The character of social connection in law and literature: lessons from Bleak House." *International Journal of Law in Context* 5.3 (2009), pp. 263-280.

Wilinsky, Barbara, *Sure Seaters: The Emergency of Art House.* Minneapolis: U of Minnesota P, 2001.

iROKOTV.com 홈페이지 (http://irokotv.com/)